本书从近年发生的经济危机中收获了一些鲜为人知的见解，并借此揭示了从牛顿物理学中借鉴的所谓正统新古典主义经济理论在解释和预测近期经济史上的灾难性事件方面的缺陷。本书提供了一种新的视角去理解美国财政政策如何导致史无前例的大财团资产管理资本主义（Asset Manager Capitalism，简称资管资本主义）的兴起——这造成了在 2008 年金融危机期间及之后西方发达世界长达十年的经济停滞，同时，全球贫富差距和收入分配鸿沟被急剧拉大。全球金融危机并没有扼杀金融化，反而加速了它。经济的金融化带来了一系列重大挑战。全球经济生态系统高度相互连接，不确定性极高，难以置信地复杂，并且在不断变化。新古典主义经济学在解释世界方面已变得无关紧要。进而本书指出，新的经济学理论框架亟待建立，经济需要被视为一个复杂、混沌的系统，就像科学家看待自然一样，而不是一个寻求平衡的牛顿式构造。

**图书在版编目（CIP）数据**

失控的资本：发条经济学的终结 /（美）汤迟·厄泽利（Tunch Ozelli）著；沈吉，郭放译. —北京：机械工业出版社，2024. 1

书名原文：The Financial and Conceptual Foundations of Intangible Asset Manager Capitalism

ISBN 978-7-111-74937-0

Ⅰ.①失… Ⅱ.①汤… ②沈… ③郭… Ⅲ.①经济危机–研究 Ⅳ.①F039

中国国家版本馆 CIP 数据核字（2024）第 069007 号

机械工业出版社（北京市百万庄大街 22 号　邮政编码 100037）
策划编辑：侯春鹏　　　　　责任编辑：侯春鹏
责任校对：龚思文　张　薇　责任印制：常天培
北京科信印刷有限公司印刷
2024 年 5 月第 1 版第 1 次印刷
160mm×235mm·26.5 印张·3 插页·292 千字
标准书号：ISBN 978-7-111-74937-0
定价：89.80 元

电话服务　　　　　　　　　　网络服务
客服电话：010-88361066　　机 工 官 网：www.cmpbook.com
　　　　　010-88379833　　机 工 官 博：weibo.com/cmp1952
　　　　　010-68326294　　金 书 网：www.golden-book.com
**封底无防伪标均为盗版**　　机工教育服务网：www.cmpedu.com

# 前　言

　　本书从两份"尸检报告"——雷曼兄弟（Lehman Brothers）和 2010 年 5 月 6 日的美股闪崩——收获了一些鲜为人知的见解，并借此揭示了从牛顿物理学中借鉴的所谓正统新古典主义经济理论在解释和预测近期经济史上的灾难性事件方面的缺陷。本书提供了一种新的视角去理解格林斯潘（1987—2006 担任美联储委员会主席）的财政政策对美国金融波动的影响——格林斯潘倒向宽松的货币政策导致了史无前例的大财团资产管理资本主义（Asset Manager Capitalism，简称资管资本主义）的兴起——这造成了在 2008 年金融危机期间及之后西方发达世界长达十年的经济停滞，同时，全球贫富差距和收入分配鸿沟被急剧拉大。

　　本书试图阐明日益全球化的法律法规的发展，这些法条保护不同形式的有形和无形财产，以保护所有权主张不受国家及其国家法院的质疑。本书试图表明，主要经济体内部和之间的支出与储蓄、储蓄与投资之间的持续不平衡，是如何导致不平等加剧，从而造成美国制造业商品过剩、失业和债务增加的，这是对"华盛顿共识"的全球一体化承诺在经济上和金融上的扭曲。矛盾的是，自布雷顿森林固定汇率体系终结以来，反而出现了一个更加以美元为中心的全球金融体系，而美国作为一个放松管制的创业型金融市场，一个低生产率增长经济体，却成为全球货币的主要供应者，以扩张其全球价值链（GVC）。中国是一个高生产率增长的大型经济体，其金融市场尚未在全球范围内充分发展起来，对美元仍有较大依赖性。20世纪末建立的后 WTO 全球经济秩序正面临压力。世界正从一个以原油为最有价值资源的世纪迈入一个以数据为最重要资源的世纪。金融市场波动是 19 世纪和 20 世纪初的一种现象，现在又携其所有的政治甚至军事解决方案回来了。

本书简要介绍了以布雷顿森林协议为框架的以民族国家为基础的经理式资本主义（Managerial Capitalism）<sup>⊖</sup>向全球资管资本主义的过渡历史，并期许为中美两国的争端解决带来启发。特朗普总统之后的美国政府试图制造两极世界来肢解中美联系，并利用后 WTO 时代相互依存的全球供应链体系为武器以推行技术冷战。美国对华为的制裁开启了中美两国 IT 基础设施和供应链的脱钩，预计这种脱钩将继续下去。但在全球竞争中，中国和美国并不是唯二重要的经济

---

⊖ 在 20 世纪的大部分时间里，资本主义的普遍组织形式是，市场由受薪高级经理人团队领导的大型官僚组织所主导。这与早期的资本主义形式不同，在早期的资本主义中，决策和大多数日常管理职能是由所有者直接进行的。在许多评论家看来，由于一系列因素，包括信息技术的出现，知识资本的重要性不断增加，以及新的组织结构和职业发展模式的出现，经理式资本主义在 20 世纪后期开始衰弱。

体。欧盟、日本、韩国等国家和地区都在世界 IT 系统中发挥着关键作用。所有这些经济实体，无论是在政府还是公司层面，它们的利益与美国政府的倡议相左，而且经常相互冲突。如果它们不能就数字领域的共同规则达成一致，中国最终可能会通过数字丝绸之路等倡议另辟蹊径。

全球在技术领域的相互依存是推行"华盛顿共识"所带来的结果，这一共识在 2007—2008 年的濒死经历中幸存下来，甚至在当今的贸易战中得到巩固和加强。如今的竞技场包括金融、技术和地缘政治等因素。中美竞争的主线贯穿前沿技术、人工智能、5G 网络、数字货币和量子计算，其中每一项都有可能改变经济、政治、军事、网络安全和社会领域的地缘政治力量平衡。这有助于我们看清在当今的政治世界中，技术因素如何变得越来越像地缘因素。基于地缘政治看待世界的方式诞生于 19 世纪，并在 20 世纪彻底改变了战略思维，它源于这样一种理念，即物理世界的地理因素对国家之间的关系至关重要。当今新兴的技术政治学（Techno Politics）的分析单元是平台：其他技术赖以建立的技术——随之而来的是越来越多的生意、治理和生活方式的改变。所有平台的平台是由 20 世纪地缘政治现实锻造的互联网（Internet）演变到今天的"互裂网"（Splinternet）。就像地理上的领土一样，这些平台也有自己的政治。它们有自己的用户群，主要是用户、程序员和其他公司。它们有自己的法律，规定了谁可以更改代码和访问数据。它们在与其他支撑性、竞争性平台或建立在它们基础之上的其他平台的交往中有着自己的立场，就像领土定义了与邻国的关系一样。它们有自己的治理体系。一些是"开放的",另一些是"封闭的",像绝对的君主制一样运行。至此,技术冷战的主要战士和战场确定了。下一次全球危机是否会是全球金融和经济体系的又一次崩溃,或者是否会以政治甚至军事冲突的形式出现,这是无法断言的。两者似乎都不是不可避免的。

本书展示了盖亚理论(Gaia Theory)如何为经济增长带来新的曙光,模糊逻辑如何影响国家的财政,会计系统如何高估了公开交易的跨国公司资产负债表的价值,以及网络理论如何揭示关系的价值,并认为经济需要被视为一个复杂、混沌的系统,就像科学家看待自然一样,而不是一个寻求平衡的牛顿式构造。

# 目　录

# 失控的资本

发条经济学的终结

The Financial and Conceptual
Foundations of Intangible Asset
Manager Capitalism

# 第一章

# 世界经济的演出现场

在自我监管的银行系统中，随着1999年克林顿总统签署的《金融服务现代化法案》（Gramm-Leach-Bliley Financial Services Modernization Act）生效，1933年的《格拉斯-斯蒂格尔银行法》（Glass-Steagall Banking Act）就此终止，新法案得到了美联储主席艾伦·格林斯潘（Alan Greenspan）、财政部长罗伯特·鲁宾（Robert Rubin）及其副手拉里·萨默（Larry Summer）精心策划的热情宣传和游说的支持。新的立法加速了美国金融公司的集中，进一步削弱了美联储的控制。2020年，超过四分之三的美国金融资产由十家最大的金融集团控制，它们不仅大到不能倒，且彼此太过牵连，以至于不能发生任何问题。回溯到1990年，当时美国最大的十家公司仅控制了10%的金融资产。正如兰德尔·雷（L. Randall Wray）在《现代货币：主权货币体系宏观经济学入门》（*Modern Money：A Primer on Macroeconomics for Sovereign Monetary Systems*）[1] 一书中所解释的那样（Wray，2012），钱是借来的，条件是要连本带利偿还。换句话说，货币是以这样一种方式创造出来的，它的存在本身推动了经济的增长。部分准备金银行制度创造的货币对经济增长并不是无可无不可的。它是增长的推动器。对于所有那些要连本带利偿还的贷款，借款人必须让钱以至少与利率一样高的速度增长。如果借款人破产，当实现的增长率低于贷款利息时，财富将从借款人转移到贷款人。除了推动增长之外，部分准备金银行制度既能助长繁荣，也能强化萧条，相比由国家作为公共服务控制的更为稳定的恒定货币供应制度，它使经济变得更不稳定。银行不创造法定货币；只有政府才能这么做。但银行确实创造了债务和惯常的支付手段。

摩根·里克斯（Morgan Ricks）在《货币问题：重新思考金融监管》（*The Money Problem：Rethinking Financial Regulation*）[2] 一书中阐述：银行机制的这些双重观点反映了当前货币框架中交易媒介的双重性质。今天，我们有两种主要的交易媒介，即政府发行的法定基础货币和银行发行的支票存款。教科书上的故事主要强调基础货币：基础货币构成了进出商业银行的"资金"。相比之下，凯恩斯主义故事的重点是存款：存款是"资金"，由商业银行发行（Ricks，2016，p. 61）。他继续补充说，我认为……我们对恐慌的反应——大多是对金融部门短期债务进行公共支持的长期承诺——实际上可能是造成"债务驱动的泡沫""信贷繁荣""过度杠杆化"或其他类似名目的主要原因。换句话说，这种过度行为可能在很大程度上是我们应对恐慌的方法有缺陷的产物。……最重要的目标不应是防止一般意义上的金融危机，而是防止恐慌，恐慌是通向短期债务危机的快速路径。换句话说，金融不稳定主要与私人资金有关。事实上，一直都是这样（Ricks，2016，pp. 141-142）。美国银行监管的历史进程是采取越来越积极的措施来防止银行货币债务违约。这一历史演变最终采取了政府与社会资本合作的方式，以达成一种史无前例的、稳定的、无恐慌的状态。只是随着影子银行的出现——在受保的银行体系之外创造私人货币——不稳定才卷土重来（Ricks，2016，p. 163）。

## 影子银行

正是在格林斯潘的监管下，影子银行达到了前所未有的高度，在他离开后的一年里，影子银行开始拖垮全球金融体系。迈克尔·J. 豪厄尔（Michael J. Howell）在《资本战争：全球流动性的上升》（*Capital Wars：The Rise of Global Liquidity*）[3]中指出：问题在于，（在格林斯潘的监管下）全球金融体系已从基于零售银行的信贷供应转向基于批发市场的供应，后者的流动性来源是回购协议而不是银行存款，融资总额（即再融资和债务展期）主导了净信贷供应（即新融资）……深入研究国际资产负债表中的细节可以发现，大部分跨境资本流动是投机性证券组合流动和银行融资流动，而不是外国直接投资（FDI）。尽管资本似乎是从高储蓄的新兴市场经济体输出到国内需求增长相对缓慢的少数发达经济体，但实际情况并非如此。总资产负债表分析显示，大规模的银行和投资组合资金流向这些高风险的新兴市场，而稍大一些的资金则回流到位于纽约、伦敦和法兰克福等大型货币中心的更深层次的资本市场，通常是为了寻找"安全"资产。换句话说，追求风险的资本进入，厌恶风险的资本离开。更重要的是，前者往往比后者更具长期性。新古典主义经济学也忽略了这一总融资维度的重要性，因为它将每一笔信贷都视为债务（借方），每一笔债务都视为信贷：因此，根据定义，资产和负债必须匹配，系统总是平衡到零。因此，它从不承认这些流动的性质，也不承认这些总数有多大。无论系统中有多少信贷或债务，净数字总是相同的（Howell，2020，p. 30，p. 34）。他补充道，现代金融不可避免地倾向于为现有债务再融资，而不是继续提供新的信贷。因此，虽然影子银行通常参与了三分之二的融资，也就是对现有贷款进行"重新打包"，但据国际货币基金组织（IMF）估计，它们仅提供了15%的新增信贷。影子银行本质上是通过更长、更复杂的中介链条，对传统银行资产和负债进行再融资改造（Howell，2020，p. 238）。

伯南克于2006年取代格林斯潘，并于2007年开始应对新出现的危机。金融体系的脆弱性在2007—2008年的金融危机中得到了灾难性的证明。当危机袭来时，世界开始意识到，证券化非但没有分散风险，反而导致风险集中在银行系统本身。这场危机揭示了银行体系与在银行监管之外形成的复杂信贷中介体系——影子银行体系——之间的紧密联系。影子银行体系实际上经历了一种类似于银行挤兑的情况，即突然和自我强化的资金撤出需要大甩卖式的资产清算。银行资产负债表上受损的"有毒"资产从影子银行系统的回归对银行本身造成了严重影响，银行业承受了2.6万亿美元的损失（Thiemann，2018，pp. 1 – 2）。[4]

这个影子银行系统是一个在银行监管之外从事信贷中介活动的网络，其中银行是主要参与者。它建立在银行、经纪交易商、资产管理公司和小资本资产负债表外实体之间的共生关系的基础上，这种共生关系是在过去三十年中形成的，从格林斯潘治下的美国金融业开始。这一网络高度依赖于流动性批发融资和全球债务市场，是银行适应来自投资银行、货币市场共同基金的竞争挑战以及方便更多客户更容易进入资本市场的结果。银行不是仅仅与新的竞争对手对抗，而是寻求调整业务模式，将资本市场和这些新的存款竞争对手（如货币市场共同基金）的业务领域纳入自身的势力范围。它们为客户进入资本市场提供便利，并为新的大型机构投资者（如养老基金、资产管理公司和货币市场基金）量身定制产品。它们通过一个复杂的金融中介网络来实现这一点，通常不体现在资产负债表上，而是借助中介网络在批发市场上为自己再融资。银行的这些影子银行活动通常只会为相关银行带来很低的利润，从而增加了大量交易的需求（Thiemann，2018，p. 25）。

"2008 年危机后，美国、英国和欧盟的改革已经解决了银行的安全问题，但它们几乎没有阻止私人资金的大量涌入。"卡塔琳娜·皮斯托尔（Katharina Pistor）写道（Pistor，2019，p. 108）。[5] 当谈到债务市场时，自由市场就不是什么灵丹妙药了。问题甚至不在于监管或放松监管。从本质上讲，所有这些资产（私人资金）都是简单的借据——承诺在未来某一天支付一定数额。这种承诺可以建立在个人关系的基础上，也可以被框定为具有约束力的法律承诺，将它们隐藏在资本代码的模块中，使它们成为对投资者有吸引力的金融资产。财产和担保法确立了优先权；信托法和公司法分割资产，保护它们免受过多债权人的侵害；破产法可以被设计成让一些债务制造者享有先人一步的优势，即使他们从未签订合同或为此支付溢价。

债务，即自资本主义诞生以来一直推动其发展的私人资金，被法律编码成各种形式，并最终依赖于国家的支持。各国应认识到这一点，并控制私人货币的膨胀。因为在繁荣时期，它们越是屈从于私人债务制造者的意愿，那么在经济无法承受他们制造的债务负担时，就会有更多的钱陷入困境（Pistor，2019，p. 109）。她补充道，它们都被编入法律，只存在于私人精心打造的权利主张中，而不存在于公法中，但私法最终依赖于国家权力；如果没有这种资本的法律编码，这些工具甚至不会存在（Pistor，2019，p. 109）。从根本上说，资本由两个要素构成：资产和法律法规。有了正确的法律编码……资产可以转化为资本，从而增加其为持有者创造财富的倾向（Pistor，2019，p. 2）。用于对资产进行编码的合法机制包括……合同法、财产权、担保法、信托法、公司法和破产法（Pistor，2019，p. 3）。全球资本在没有全球性政权或全球性法律的情况下存在并蓬勃发展。对此的解释是，法律已经变得可以移植；有可能在一个法律制度的模块中对资产进行的编码，在另一个国家的法院和监管机构那里仍然得到了尊重和执行。通过这种方式，单一的国内体系可以维持全球资本主义。在实践中，有两个主体占主导地位，分别是英国和纽约州的法律（Pistor，2019，p. 168）。

## 格林斯潘对策

在 2000 年 3 月纳斯达克网络泡沫破裂后，格林斯潘对策（Greenspan Put）——许多美国投资者长期以来的信念，即格林斯潘的美联储将在证券价格下跌太多时降息以支撑证券价格——在通货膨胀中起到了重要作用，格林斯潘在 21 世纪初将货币基准价格（利率）保持在 2% 以下的时间太长了。这导致了美国和世界其他地区的房地产泡沫。2007 年，这些泡沫开始破灭，并最终导致了 2008 年全球金融危机的爆发。全球众多国家的中央银行和政府不得不对金融体系进行了大规模的救助。

在格林斯潘掌舵货币政策的 19 年间（1987—2006），他一有机会就在国会山向立法者发表演讲，鼓吹不受阻碍的市场竞争如何带来最大的福利，以及创造货币和分配货币的金融机构对经济的实际均衡没有独立影响，但他实际上只是代表消息灵通的主权消费者（sovereign consumers）行事。与此同时，在他执掌美联储期间，华尔街的银行家们拿到了前所未见的巨额奖励，因为他们从纳斯达克的互联网泡沫中获得了利润——这就是格林斯潘对策的结果——格林斯潘称之为"非理性繁荣"，而"非理性繁荣"启动了无形经济。就在泡沫开始破裂时，罗伯特·J. 席勒（Robert J. Shiller）出版了《非理性繁荣》（*Irrational Exuberance*）（Shiller，2000）一书。[6] 除了强调心理因素的作用外，他还指出，周期调整市盈率（Cape）已达到45 倍，这是有记录以来的最高值。在互联网泡沫之前，其历史最高值是 1929 年经济崩盘前夕的 33 倍。事实上，由于利率如此之低，2020 年美国股票价格的大幅上涨可能仍然是合理的。的确，与无风险政府债券的实际收益率相比，股票价格具有吸引力。股票并不一定要超过历史回报率才值得持有。它们只需要实际收益率比债券高出一个可观的幅度，就可以补偿持有它们的风险。

这种想法的一个关键支柱是，收益率——市盈率的倒数——是对股票预期回报的合理预测。席勒的实证研究总结道，股票收益率有助于预测长期回报。股息率——股息价格比——和三种不同的收益率指标都显示出一定的预测能力，也就是说，它们至少解释了未来回报的部分变化。衡量回报的时间跨度越长，预测就越准确。最好的衡量标准是几年收益的平均值，因为利润从一年到下一年的变化是充满"噪声"的。这种预测关系背后的直觉是直接的。如果股票价格相对于基本价值的衡量标准（如收益）较高，那么随后的回报往往较低，反之亦然。这种收益—预测—回报分析适用于股票以外的资产。相对于租金而言的高房价意味着低回报，而不是租金的上涨。债券的信用利差是回报的信号，而不是违约概率。1990 年 12 月，技术成分在标准普尔指数中的占比仅为 6.5%，到 2000 年 3 月，这一比例超过了 34%，到 2001 年 7 月，这一比例又骤降至 17%。[7]

纳西姆·尼古拉斯·塔勒布（Nassim Nicholas Taleb）在《黑天鹅：如何应对不可预知的未来》（*The Black Swan: The Impact of the Highly Improbable*）一书中总结了格林斯潘留下的金融系统系统性风险监管制度。"我们以前从未生活在全球崩溃的威胁之下。金融机构一直在合并为数量较少的大型银行。现在几乎所有的银行都是相互关联的。因此，金融生态正在膨胀成庞大的、混乱的、官僚的银行（对其风险的衡量通常被高斯化）——当一家银行倒闭时，所有银行都会倒闭。银行集中度的提高似乎降低了金融危机发生的可能性，但当危机发生时，其规模更具全球性，对我们的打击也更大。我们已经从拥有不同贷款政策的小银行的多样化生态，转变为一个由彼此相似的公司组成的更加同质的框架。"（Taleb, 2007, p. 225 – 226）[8]
塔勒布和伯努瓦·曼德尔布罗特（Mandelbrot, 2004）[9] 对使用波动率作为风险度量提出质疑，并强调使用高斯分布（或钟形曲线）对风险事件建模的隐含荒谬性。

我们在不知不觉中创造了一个我们既不了解也无法控制的复杂的适应性金融体系。在其创建的每一个阶段，我们都以增加收益的名义积累了额外的复杂性：将市场彼此连接起来将确保迅速消除价格差异，拥有高频交易员（HFT）将保证任何交易都有一个现成的交易伙伴，使用衍生品将为农民提供一种对冲恶劣天气风险的手段，并为养老基金提供一种为其投资组合保险的手段，等等。虽然每一件独立的作品都有意义，但它们的累加却可能没有意义。2010 年 5 月 6 日的闪电崩盘不是故意发生的，而是突然发生的（Miller，2015，62）。[10]

大多数立法者，从他们投票的方式来看，似乎已经接受了格林斯潘的官方故事情节，即使这一官方故事情节与银行系统的彻底结构转型形成鲜明对比，如华尔街和商业银行业务的捆绑，影子银行的快速发展，以及纽约证券交易所（New York Stock Exchange，简称纽交所）从一个由 600 多家规模相当的无限合伙企业组成的相对透明的互助组织，转变为由经纪交易商拥有的分散市场暗池组成的追求利润的寡头垄断组织（Mattli，2019）[11]。

## 暗流涌动

埃斯瓦尔·S. 普拉萨德（Eswar S. Prasad）在《货币的未来：数字革命如何改变货币和金融》（*The Future of Money：How the Digital Revolution Is Transforming Currencies and Finance*）一书中指出，21 世

纪初，发达经济体的金融市场经历了重大发展，表面上看，这些发展将使金融更安全、更高效。这一时期见证了旨在改善金融市场功能的新产品的诞生。这些创新将更容易连接贷款人和借款人，同时也促进了风险管理……由于银行可以将贷款打包成证券出售给投资者，它们将更愿意放宽贷款资格要求，让借款人更容易获得购买房屋和汽车的信贷……这些创新的背后是一种狂妄自大的观念，即复杂的建模可以消除风险，纯粹的金融工程可以创造价值……事情并不完全是这样发展的。奇异的产品和宽松的监管实际上加剧了金融体系的内在脆弱性。金融机构寻求提高短期利润，而投资经理则渴望通过承担危险的高风险来获得更高的奖金，通常使用大量廉价的借款。在房价和股市看起来只会上涨的几年里，关于这些资产的价格可能会下跌的警告遭到了漫不经心的怀疑。此外，在金融体系的特定部分更多地汇集风险，而不是分散风险，使整个体系更容易失败。雷曼兄弟（Lehman Brothers）等一些实力雄厚的大银行曾被视为稳定之锚，但由于许多其他银行与它在财务上纠缠不清，雷曼反而成了导致金融危机的脆弱转折点。当雷曼兄弟的金融赌注出现问题并破产时，许多银行也被拖到了悬崖边上。国际方面的情况也没有好转，全球金融市场开始表现出奇怪的行为。经济学教科书告诉我们，资本应该从富国流向拥有大量投资机会的穷国，促进它们的经济增长，同时增加投资者的回报。相反，资本从金融体系薄弱的穷国流向了入不敷出、贸易赤字巨大的富国，富国的进口往往超过了出口。中国作为一个发展中国家，长期持有大量的美元外汇储备，实际上为一个富裕得多的经济体的贸易赤字提供了融资，这是这种明显功能失调的一个主要例子。美国并非独特的——许多其他发达经济体，如澳大利亚、英国，多年来也一直存在贸易逆差，然而资金持续流入这些拥有成熟金融市场的发达经济体，这进一步助长了投机行为。发达经济体资本市场以及国际资本市场的功能失调最终导致了2008—2009年的全球金融危机。几年后，欧元区债务危机接踵而至（Prasad et al, 2021, pp. 6 – 7）[12]。到目前为止，国际资本流动的模式似乎在2021年的金融大危机和新冠病毒流行中幸存了下来。

金融市场现在已经完全自动化了。几乎所有提交给股票市场的交易信息都来自自动订单处理系统。虽然那些根据商业基本面进行投资的人有着不同的动机，其行为也与短线交易者不同，但短线交易者使用的许多执行工具和算法也被大型基本面投资者所使用。高频交易（HFT）是算法交易的一个子集，具有最短的持有时间、最小的头寸和最大的频率。除了高频交易，其他形式的技术交易的数量也在不断增加。高频交易是一个多样化的群组，采取短期和投机性的利润驱动策略。

在维持了200年的非营利模式之后，会员制的美国交易所已经转变为营利性模式，事实证明，这种模式对投资者来说代价高昂，对经纪自营商（broker-dealers）来说不公平，而且交易所本身也充满了冲突。旨在为股东服务的交易所已经演变为有利于高频交易员。机构投资者进入了黑暗、不透明的资金池。2007年，纽交所启动了一项5亿美元的Alpha项目，在新泽西州的Mahwah建立了一个庞大的计算机交易设施。随着Alpha项目的推出，高频交易正式接管了纽交所。斯科特·帕特森（Scott Patterson）在《暗池：机器交易员的崛起和美国股市的操纵》（*Dark Pools*：*The Rise of the Machine Traders and the Roging of U. S. Stock Market*) 一书中解释道，虽然交易大厅仍在营业，但它已是昔日的影子，就像电视上的木偶剧，纽交所的交易份额从 70%~80% 跌至 20% 左右（Patterson，2012）。[13] 据《经济学人》[14] 报道，截至 2019 年 9 月 25 日，美国股票交易市场股票场外交易的 5 天平均值为 36%；纽交所为 21%；纳斯达克为 20%；芝加哥期权交易所为 19%；IEX 为 4%。芝加哥期权交易所专注于交易所交易基金。IEX 成为普通投资者的捍卫者，以公平和明晰的费用对抗被操纵的市场。[15] IEX 还通过"减速带"（speed bump）发送订单，"减速带"可以将订单进入市场的时间延后 350 微秒。2020 年，从多伦多到莫斯科的交易市场都宣布，他们打算引入类似的"减速带"机制来支持普通投资者。

唐纳德·麦肯齐（Donald Mackenzie）在《光速交易：超快算法如何改变金融市场》(*Trading at the Speed of Light：How Ultrafast Algorithms Are Transforming Financial Markets*) 一书中告诉我们，高频交易是"专有的"自动交易，其发生的速度远远快于人类的交易速度，而且交易的盈利能力本质上取决于速度。自营交易的目标是直接交易以获取利润，而不是（例如）通过代表他人执行交易来赚取中间费用。尽管高频交易公司雇佣的设计和监督交易算法的人经常称自己为交易员，但交易本身实际上是由这些计算机算法完成的。人类编写算法，有时会在交易日中调整参数（和高频交易早期相比，这种操作变少了），但出价购买和出价出售的决定是由算法做出的，而不是人类。高频交易算法既相互交易，也与其他类别的算法交易，例如机构投资者以及代表这些投资者的银行或其他经纪人使用的

"执行算法"，将买卖股票（或其他金融工具）的大订单分解为小得多、低调的"子"订单。高频交易公司的算法还与人工订单进行交互，例如那些被市场参与者称为"散户"（个人投资者）的人。不过，只有少数零售订单最终在纽交所等交易所交易。大多数是由所谓的批发商（通常是高频交易公司的分支机构）直接执行的。……今天大多数交易的匿名性使得在大多数情况下很难确定其中有多少是高频交易，但观察人士估计，高频交易约占世界上许多最重要市场所有交易的一半左右……以 Virtu 为例，它是一家高频交易公司，其主要活动是"做市"——不断发布购买股票或其他金融工具的出价和以略高的价格出售它们的报价——它的交易涉及 36 个国家的 25000 多种不同的金融工具。例如，它负责大约五分之一的美国股票交易。它上升到了主导地位，同时只雇用了 150 人（Mackenzie，2021，pp. 4-5）。[16]

洲际交易所（Intercontinental Exchange）旗下拥有各种金融市场平台，包括纽交所，该交易所成立于 2000 年，是一家重要的国际商品交易所，到 2020 年，该交易所在全球运营 12 家交易所，并运营 6 家清算所，以管理金融交易的交易对手风险。自 2013 年收购纽交所以来，它改造了其交易平台，并翻新了其历史悠久的总部。

2019 年，美国股票市场的交易分为 12 个公共交易所和更多的场外交易场所，包括大约 40 个"暗池"<sup>⊖</sup>，以及 200 多个内部化的经纪自营商。这种分裂不仅是股票市场的特征，也是其他市场的特征，

———

⊖ 暗池是一种交易平台，可以匹配买卖订单，但不显示报价。暗池在执行交易后报告交易价格和数量。

包括期权市场和外汇市场。2016 年 4—6 月，瑞银、瑞士信贷、德意志银行和巴克莱银行构成了纽交所 43.5% 的内部化暗池。其余由摩根士丹利（Morgan Stanley）、摩根大通（J. P. Morgan）、花旗集团（Citigroup）、美银美林（Bank of America Merill Lynch）和高盛提供。它们使机构投资者能够远离公开报价市场买卖大额股票订单、大宗订单，信息泄露风险和价格影响最小。

在欧洲和亚洲部分地区，分散的资本市场及其高频和算法交易日益成为现实。在这个超高速分散的全球市场中，算法与算法争夺交易主导权、优先交易执行权，最先进的交易超级计算机不仅处理证券，而且越来越多地处理跨资产类别的交易，包括期货、固定收益、货币和大宗商品，并跨越数百个市场和数十个国家。《全球算法资本市场：高频交易、暗池和监管挑战》（*Global Algorithmic Capital Markets：High Frequency Trading，Dark Pools，And Regulatory Challenges*）（Mattli，2018）[17]一书展示了纽约、伦敦和芝加哥交易大厅里交易员的疯狂操作如何被算法交易所取代，以及通过专有光纤和微波连接的巨型数据中心里的超级计算机如何变得异常复杂和不透明（以毫秒和微秒计算），这些交易已经超出了人类的感知范围。第二次世界大战结束时，一只股票的平均持有期为 4 年。到 2000 年，是 8 个月。到 2008 年，是 2 个月。到了 2011 年，这个数字变成了 22 秒。

格雷戈里·斯科皮诺（Gregory Scopino）在《算法机器人与法律：技术、自动化和期货及其他衍生品的监管》（*Algo Bots and the Law：Technology，Automation，and the Regulation of Futures and Other Derivatives*）一书中补充道：自动交易系统（ATS）被合理地归类为

观察和分析市场和互联网的机器人，以获取与衍生品交易策略相关的信息，然后独立实施。复杂的 ATS 使用"多重链接算法"，该算法具有"数千个输入、因子和函数"以及"动态"和"能够自我改进"等特性。基于上面的描述，ATS 清楚地感知、思考并针对现实情况采取行动，因此似乎符合机器人的一般定义。简单地说，难怪自动交易系统被视为自动机器人——或者通俗地说，算法机器人——尽管它们不是机械的、具有物理形状的机器人，自动交易系统拥有自学习的自主系统，其交易影响着参考商品价格的衍生品市场。在许多情况下，商品期货和其他衍生品的价格与人们购买面包、蔬菜甚至汽油的价格直接挂钩。这意味着通过算法机器人进行交易可以影响世界各地人们为这些重要商品支付的价格（Scopino，2020，pp. 46 – 47）。[18]

## 走向失控的金融

格雷戈里·祖克曼（Gregory Zuckerman）在《征服市场的人：吉姆·西蒙斯如何发动量化革命》（*The Man Who Solved the Market：How Jim Simons Launched the Quant Revolution*）[19] 中声称，定量投资者业已成为金融行业的主导者。截至 2019 年年初，他们的交易占全部股票市场交易体量的三分之一，这一比例自 2013 年以来已经翻了一倍多……对冲基金公司 Two Sigma<sup>⊖</sup> 已经建立了一个计算能力超过 100 万亿次浮点运算的计算系统，这意味着它每秒可以处理 100 万亿

---

⊖ 国内称为"双西投资"，其字面意思是"双西格玛"。"西格玛"是希腊字母，通常表示股票或资产收益的波动率。——译者注。

次计算，内存超过 11 拍字节<sup>⊖</sup>，相当于所有学术图书馆存储数据的 5 倍。……2019 年 6 月，文艺复兴基金<sup>⊜</sup>管理着总计 650 亿美元的资金，使其成为世界上最大的对冲基金公司之一，有时甚至占到股市日交易量的 5%，这还不包括高频交易员（Zuckerman，2019，p. 310，p. 312，p. 316）。

在 21 世纪第一个十年的前五年，格林斯潘面临着四大挑战。第一个挑战也是他自己制造的，即 2000 年 3 月互联网股票泡沫的破裂。第二个挑战是肇始于 2001 年 3 月的周期性衰退，这是发达经济体经济放缓的一部分。第三个挑战是造成了 400 亿美元保险损失的 9·11 恐怖袭击，随后 9 月 11 日至 14 日的股票交易暂停造成了自 1933 年以来最惨烈的股市单日下跌跌幅 7.1%。第四个挑战是中国于 2001 年 12 月正式加入世界贸易组织（WTO），作为历史上最大规模的劳动力资源池和资本聚集地，冲击了全球价格，这种压力自此一直没有减轻。格林斯潘为了对抗通货紧缩——对所有央行行长来说，这都是噩梦——在 2004 年 11 月之前一直将联邦基金有效利率维持在 2% 以下。现在来看，这么低的利率通常被批评为"过低且持续时间过长"。低利率为 2007 年破灭的房地产泡沫和次贷危机提供了资金。次年，全球金融危机爆发，银行业和国际货币体系几近崩溃。

---

⊖　1 拍字节即 1 千兆兆字节。——译者注。

⊜　全称是 Renaissance Technologies，由詹姆斯·西蒙斯创立并领导。
　　——译者注。

格林斯潘将联邦基金利率保持在通胀率之下长达 3 年，这实际上是给住房抵押贷款提供者送了一份免费的礼物，而此前美国政府早已多措并举——通过减免抵押贷款利息税和取消大部分住房资本利得税——来为房地产行业提供政策便利。此外，美国政府还通过联邦住房管理局（FHA）提供贷款担保，并通过联邦住房贷款银行和私人/公共实体（即房利美和房贷美）提供低息抵押贷款。到 2007 年年底，政府资助的抵押贷款占美国所有抵押贷款的 81%，到 2010 年，这一比例上升到了 100%。亨特·刘易斯在《美国的裙带资本主义：2008—2012》（Lewis, *Crony Capitalism in America*：2008 – 2012, 2013）[20] 中对此提供了详细的总结。

马修·C. 克莱恩（Matthew C. Klein）和迈克尔·佩蒂斯（Michael Pettis）在《贸易战是阶级战争：日益加剧的不平等如何扭曲全球经济并威胁国际和平》（Klein and Pettis, *Wars Are Class Wars*：*How Rising Inequality Distorts the Global Economy and Threatens International Peace*, 2020, pp. 208 – 209）[21] 中写道：

"在 20 世纪 90 年代，美国人通过利用家庭财富，每年可支配收入增加约 2%~3%。这主要来自房屋出售时的资本收益，而不是额外的借贷。然而，从 2004 年年初到 2006 年年中，房屋净值提款使美国人的可支配收入增加了 10%——每年约 1 万亿美元。在整个泡沫过程中，从 2002 年年初到 2007 年年底，美国人从他们的房子中提取了 4.7 万亿美元的财富。相应的债务繁荣解释了为什么美国人的房产财富只增加了不到 2 万亿美元，而美国的房屋价值却增加了大约 7 万亿美元。这也解释了为什么如此多的美国人在 21 世纪头十年的储蓄率为负：从他们的角度来看，房价上涨实际上是在为他们储蓄，是在让他们从微薄的工资中释放出现金来购买更多的商品和服务。到 2008 年年中，美国人的房屋已经不再为他们提供钱财了。尽管抵押贷款债务激增，但美国并未经历经济繁荣。美国毕竟不是希腊、爱尔兰或西班牙，而是与德国类似，急剧上升的不平等、萎靡的企业支出和相对紧缩的财政政策都抑制了美国的国内需求。在 2014 年之前，扣除折旧和通胀后的私人固定投资支出一直低于 2000年的峰值。同样也没有出现消费热潮。与 1947—2000 年相比，2000—2006 年的人均实际家庭消费支出增长略有放缓。2000—2003年间，私营部门的就业人数下降了 3%，而且从未增长到足以跟上人口增长的步伐。通货膨胀已经令经济濒临崩溃，以至于美联储担心物价下跌。"

几乎在同一时期，中国经历了自 19 世纪欧洲和美国工业革命以来最大的经济转型，成为世界工厂，生产从家用电器到 iPhone 等包罗万象的产品。到 2008 年，中国一天的出口量就超过了 1978 年全年的出口量。哈维尔·布拉斯（Javier Blas）和杰克·法奇（Jack Farchy）在《出售世界：金钱、权力和交易地球资源的商人》（*The World for Sale：Money，Power，and the Traders Who Barter the Earth's Resources*）[22] 中写道："中国经济转型对大宗商品需求的影响是巨大的……在世界各地，北美、欧洲和日本等工业化国家以外的许多国家的经济进入了新的发展阶段，需要比以前多得多的自然资源。同步的自然资源密集型增长创造了经济学家所称的大宗商品超级周期：原材料价格远高于其长期趋势的一般水平，持续时间超过正常商业周期，通常会持续数十年。超级周期以需求为导向，持续时间更长。大宗商品价格周期通常是短暂的，受供应冲击影响较大，如农作物歉收或矿山关闭。价格的上涨刺激了额外的供应并冷却了需求，市场重新平衡。另一方面，超级周期往往与全球经济中的快速工业化和城市化时期相吻合。"（Blas & Farchy，2021，pp. 179 – 180）

布拉斯和法奇（Blas & Farchy，2021，pp. 180 – 181）认为，第一次大宗商品超级周期是由 19 世纪欧美工业革命引发的。第二次大宗商品超级周期源于第二次世界大战前的全球重整军备。第三次大宗商品超级周期是在 20 世纪 50 年代和 60 年代初，"美式和平"（Pax Americana）带来的经济繁荣以及欧洲和日本的重建。第四次大宗商品超级周期始于世纪之交，"金砖四国"加上印度尼西亚、墨西哥和土耳其占世界金属消费增长的 92%，能源消费增长的 67%，食品消费增长的 39%。大宗商品行业准备不足，无法满足需求的增长。当需求激增时，产量却无法提高。失控的需求和停滞的供给对价格产生了爆炸性的影响。原油价格在 1998 年曾跌至不到 10 美元的低点，到 2004 年年中涨到了 50 美元以上。镍的价格在同一时期翻了两番。铜、煤炭、铁矿石和大豆价格均大幅走高。价格飙升充实了澳大利亚、巴西、智利、沙特阿拉伯和尼日利亚等大宗商品富裕国家的金库，形成了一个良性循环，中国和其他国家的经济增长推动了大宗商品的需求和价格，刺激了大宗商品富裕国家的进一步增长，而这些国家反过来又需要更多来自中国的制成品。2004—2007 年间，全球经济增长加速，平均增长率超过 5%，新兴市场平均增长率接近 8%，均为 30 多年来的最高水平。

"到 21 世纪初，一些大型交易商已经积累了石油、金属和农业的很大份额——直到今天，这一格局一直保持着惊人的稳定。在农业方面，嘉吉公司通过吸收大陆集团的产品，约占美国出口总额的40%。在石油方面，维多已经扩张成为领先的交易商；嘉能可是金属行业的主导力量……与贸易行业的合并同样重要的是，主要商品生产商之间也在进行类似的合并，这一过程进一步缩小了贸易商的竞争格局。埃克森公司于 1996 年收购了美孚公司，雪佛龙公司于2000 年收购了德士古公司。1998 年和 1999 年，法国石油巨头道达尔（Total）与竞争对手菲纳（Fina）和埃尔夫阿基坦（Elf Aquitaine）合并，将三家贸易公司合二为一。类似的事情也发生在采矿业。比利顿（Billiton）和佩希内（Pechiney）等公司在经营采矿和冶炼业务的同时，还经营着大型贸易业务，但由于兼并收购，它们基本上退出了市场。在这种疯狂的交易中，两家大型石油公司不仅保留了内部交易业务，而且还扩大了业务。在世纪之交，英国石油公司（BP）和壳牌公司（Shell）都对其贸易业务进行了重组和集中，成为维多（Vitol）、嘉能可（Glencore）和托克（Trafigura）等贸易公司的强大竞争对手。"（Blas & Farchy，2021，pp. 170 – 174）

从 2007 年 12 月持续到 2009 年 6 月的大衰退，给美国及其他地区的社区和家庭留下了永久的伤疤。从 2007 年 12 月到 2010 年年初，有 870 万人失业……与此同时，止赎危机吞噬了 8 万亿美元的房产财富，估计有 630 万人——包括 210 万儿童——在 2007—2009 年间陷入贫困。[23]根据旧金山联邦储备银行（FRBSF）的数据，到 2010年 1 月，奥巴马总统取消了财政刺激，当时失业率高达 9.8%，从

2008—2018年，美国经济失去了高达7%的产出潜力。根据FRBSF的数据，十年来经济增长低于平均水平，让美国的每个男人、女人和孩子付出了相当于7万美元的代价，奥巴马开始相信，当全国各地的家庭都在紧缩开支时，联邦政府也应该紧缩开支。大衰退造成了不成比例的自我伤害。

在格林斯潘统治美联储期间，财政部和美联储的预测模型里并没有金融部门的影子。在一个将三权分立写进宪法的国家，联邦政府的计量经济学家们肯定和立法者们一样，笃信了格林斯潘大师基于新古典主义经济学理论所构建的故事情节，并因此建立起一个无需金融部门的美国经济模型。故事主线的假设是，尽管金融狂热和恐慌持续不断，但未来价格将与当前预期一致，这消除了对金融崩溃采取预防措施的任何必要性。为了最大限度地减少监管，主流经济学界所广泛采用的**动态随机一般均衡**模型忽略了金融部门，因此没有区分经济衰退和金融资产价格下跌，模糊了经济衰退和金融市场低迷之间的差异。在格林斯潘的看护下所形成的金融新秩序在那些负责为美国经济建模的计量经济学家们的监控屏幕上被彻底屏蔽掉了。

金融市场的行为并不像人们通常认为的那样，帮助完成经济体的某些功能，而是自成一体——如套息交易的兴盛，以及金融波动被抑制。套息交易的兴起可以被理解为一个更广泛现象的一部分。套息交易是一种金融交易，当基础资产价值发生重大变化时，通过使所有者承担突然损失的风险来产生定期的会计利润流。从这个意义上说，套息交易与销售保险密切相关，这是一种提供稳定保费收入的活动，但会使卖方偶尔遭受巨大损失。套利交易者有两种功能：一种是像保险公司一样承担风险，另一种是像金融市场的做市商一样提供市场流动性。经典的套利交易发生在外汇市场，交易员借入低利率货币，并将收益投资于高收益货币。货币市场的世界可以分为低利率货币和高利率货币，低利率货币往往是"融资货币"——投资者欲借入该种货币来为套利交易融资，而高利率货币是"接收货币"——投资者投资货币以从其高利率中获益。

日本中央银行是第一个在 20 世纪 90 年代初将短期利率降至接近零的央行，以应对 1989 年股市崩盘和房地产泡沫破裂后的经济残局。因此，早年间的套息交易就是拿日元作为融资货币的。货币套息交易对货币汇率的影响有两方面：如果套息崩溃意味着套息"接受货币"的崩溃，那么它也可能意味着融资货币价值的"融化"。1998 年 10 月，在俄罗斯和东南亚危机接近尾声时，美元兑日元汇率暴跌 15%，这是套息交易兴起的关键时刻，日元"熔毁"。《套息交易的崛起：抑制波动性的危险后果以及增长衰退和危机重现的新金融秩序》（*The Rise Of Carry*：*The Dangerous Consequences of Volatility Suppression and the New Financial Order of Decaying Growth and Recurring Crisis*）（Lee & Lee，2020，p. 26）[24]一书中写道："格林斯潘直言不讳地表达了他对信贷息差急剧扩大的担忧，这是 1998 年套息崩溃的标志，他还出人意料地迅速放宽了美国货币政策，在 1998 年9 月至 11 月连续三次降息。当时的美国经济非常强劲，根本没有必要继续下调本就已经相当低的利率。通过这样做，美联储首次开诚布公地认定金融市场的稳定，特别是信贷息差水平的稳定，是央行的明确责任和优先事项。这一决定影响了所有的市场行为，因为它为不断扩大的套息泡沫奠定了基础。由于知道美联储和其他央行的影响力，套息交易者对低金融波动性的杠杆押注更有信心。2002 年，尽管日本短期利率几乎为零，但日元在外汇市场上又开始升值。在七个月的时间里，日本央行积累了超过 2500 亿美元的外汇储备，试图阻止日元升值。"

　　然而，格林斯潘的第一次打压是在 1987 年 10 月 19 日的"黑色星期一"。1987 年，格林斯潘获得任命仅几个月后，他的出击就立竿见影。可以说，这为随后的套息时代的来临奠定了基础。格林斯潘向投机者发出了一个强烈的信号：美联储在背后支持他们。从美联储的量化宽松政策到欧洲央行的"不惜一切代价"，各国央行纷纷采取实验性的货币政策，包括愿意扩大资产负债表以支持金融市场。央行的量化宽松本身就是一种套利交易。央行购买高收益债务工具，并通过发行自己的低收益或零收益债务（央行本身就是其强力货币的垄断供应商）为这些购买行为融资。风险的错误定价与关于风险相关性的错误数学计算关系不大，更多的是与现实有关，即损失的风险将由广大公众承担，而回报将由金融投机者获得。《套息交易的崛起》一书补充道："我们的目标是传达套息或卖出波动性（volatility-selling）交易的预期回报是如何嵌入美国股市的波动性和回报结构中的。这可以解释成——要求市场为套息交易者提供回报，以补偿他们作为市场流动性提供者的行为。一个杠杆更多的世界——这种情况当然适用于当今世界——是一个卖出波动性的溢价应该更高的世界。这意味着套息交易的高回报，尽管不时会出现套息崩盘。中央银行的干预创造了一个具有更大的套利泡沫和套利崩溃的套利机制——在这种情况下，央行自己扮演了强大的套息交易者的角色。在套息泡沫期间，风险被严重错误定价。"作者指出："标准普尔500指数在过去30年的一个稳定特征是市场波动在不同的测量范围之间呈现出系统性的差异。具体而言，短期（如一天）的波动性高于长期（如一个月）的波动性。这意味着，以较高的波动率、较短的期限出售已实现的伽马，并以较低的波动率、较长的期限买回，是有利可图的。……如上所述，卖出一个日实现伽马并买入一个月实现伽马的策略的利润与日方差和月方差之间的差值成正比，即与日波动率的平方减去月波动率的平方成正比。"（2020，p. 154）每日波动率超过每月波动率的观察结果表明，回报是均值回归的，一个方向上的短期大幅波动可能会在较长时期内实现部分的逆转。

作者总结道："央行推动下的套利交易的扩张使它们在一段时间内利润过高，更多的资本被吸引其中。在某种程度上，这抑制了预期收益，足以导致严重的套息崩溃。但套息泡沫和套息崩溃的循环引起了金融市场和经济中更高水平的杠杆。更多的杠杆意味着一种波动性结构，这种结构进一步刺激了套息——套息交易生生不息、不断壮大。于是，这种套息制度决定了经济的进程：创造了一种由消费驱动的经济增长模式和由投机驱动的资本配置模式，而不是由储蓄对未来增长潜力进行投资驱动的经济模式——显然后者更健康。考虑到随之而来的过度杠杆和债务背景，世界经济将为此付出长期代价。"（2020，p. 162）"套息交易——在金融和极端意义上——是从监管当局自身的垄断权力中汲取收入，特别是中央银行对货币供应的垄断权力和政府的征税权力。这以微妙的方式指向通常所说的'管制俘获'（regulatory-capture）。在这种情况下，监管者——政府或中央银行——本应为公众利益行事，但最终却主要为被监管者——在这种情形下是为金融业，特别是投机性金融——的利益行事。"（2020，p. 176）

在劳伦斯·萨默斯（Lawrence Summers）、罗伯特·鲁宾（Robert Rubin）和阿瑟·莱维特（Arthur Levitt）的热情游说下，格林斯潘说服了立法者将金融业从监管中解放出来，并缩小了剩下的监管机构的规模，在十年内，被松绑的金融业失去了控制，并发生了内爆。但在2007—2008 年的内爆前几个月，美国总统乔治·W. 布什任命本·伯南克（Ben Bernanke）执掌美联储。他是一位能力卓著的经济史学家，深受米尔顿·弗里德曼和安娜·J. 施瓦茨的《美国货币史：1867—1960 年》[25]的影响，而这本书可以说是一本关于央行该如何管理金融危机的剧本，更确切地说，该书描述了美联储对 1929 年内爆的管理是如何导致灾难性后果的。伯南克的学术声誉建立在他对大萧条的研究之上，特别是 1933 年罗斯福接替胡佛成为美国总统的关键一年。

2007—2008 年的金融危机始于美国多地的一些房主买了他们事实上买不起的房子，并发现自己无力支付每月的抵押贷款，导致英国北岩银行（Northern Rock）150 年来首次遭遇银行挤兑。金融监管机构未能理解银行网络体系的内在动态变化，加剧了市场固有的不稳定性。在危机之前，那些得到格林斯潘保证的监管机构的工作基于这样一种假设，即网络总是用来分散风险的，因此它们制定的法规只监控网络中的节点——个别银行——而不是监督它们相互联通的性质。美国宽松的货币政策通过跨境流动蔓延到许多新兴市场经济体同样宽松的本地货币环境，并使现金得以在离岸欧洲美元融资市场积聚。海外金融机构发行大量以美元计价的现金等价物（通常被称为欧洲美元，即 Eurodollar）——2020 年它们依然在这样做。它们通常发行给总部位于美国的机构，大部分通常会投资回美国信贷市场。它涉及发行以美元计价的现金等价物，但在美国货币和银行当局的管辖范围之外。"欧洲美元在 2007 年达到 4.9 万亿美元的峰值，使欧洲美元成为金融危机前夕最大的美元货币债权类别——甚至超过了担保存款（4.3 万亿美元）和短期回购（4.1 万亿美元）。与其他私人货币市场一样，欧洲美元市场在金融危机期间承受了巨大压力。作为回应，美联储向外国机构提供了惊人的 5830 亿美元（峰值水平）贷款，以支持它们的短期美元融资。它通过与外国央行的流动性互换间接地提供了这种支持。"（Ricks，2016，p. 238）

金钱可以跨越国界流动，但法律却不能。1944 年，当同盟国代表在新罕布什尔州布雷顿森林开会设计战后金融架构时，他们敏锐地意识到不受控制的货币流动所带来的危险，以及它所具有的传播不稳定和破坏民主的力量。同盟国创建的这一制度并没有像其创建者所希望的那样持续很长时间，而且在其存在期间饱受批评，其中包括参与国政府征收的高额税率，但回顾起来，其成就是显著的。从 1948 年到 20 世纪 70 年代初，世界取得了前所未有的进步和稳定。世界国内生产总值每年增长 2.8%，高于前一时期和后一时期的同等增长率。在那些年里，没有发生过一次全球经济衰退。但自 1971 年尼克松总统放弃美元与黄金挂钩以来，这一体系就崩溃了。

　　由于伦敦银行家齐格蒙德·沃伯格（Siegmund Warburg）使大量匿名资金成为可能，未能实现布雷顿森林体系参与者将投机资金锁定在国内的目标。沃伯格的债券发行被称为"欧洲债券"，这种债券支付非常方便，利率很高，没有人需要支付任何形式的税款，而且可以在任何地方变成美元现金。这是离岸的终极表达……这就是所谓的"不记名债券"。谁拥有债券，谁就拥有它们。没有所有权登记，也没有任何义务记录你的持有，你的持有没有写在任何地方……在欧元债券之前，隐藏在瑞士的美元财富并不能真正起多大作用；但现在它可以购买这些神奇的纸片，这些纸片可以携带到任何地方，在任何地方赎回，并一直向其所有者支付利息（免税的）。它们就像面值1000美元的有息旅行支票……这是第一批富人打开通往金钱王国魔法花园大门的时刻：聪明的伦敦银行家创造了一个虚拟国家，在那里，如果你足够富有，无论你是谁，无论你的钱来自哪里，法律都不适用于你……1963年下半年，发行了3500万美元的欧洲债券。1964年，市场规模为5.1亿美元。1967年，总销售额首次超过10亿美元，成为当时世界上最大的市场之一。就连美国公司也放弃了纽约令人厌烦的监管规定，开始发行欧洲债券，尽管这意味着需要在扭扭捏捏的游戏中采取新的行动，以避开政府对热钱激增的某种控制……因此，这就是无边界货币和有边界国家之间不可避免的紧张关系的根源（Bullough，2019，pp. 40 – 45）。[26] "离岸"——法律上不存在而实际存在——是描述这类金融交易的恰当术语。

　　2010年，美国国会通过了《海外账户税收合规法案》（FATCA）。欧洲国家相互交换信息的协议、与英国交换数据的各种英国避税天堂协议最终形成了《共同申报准则》（CRS），根据该准则，各国同意自动交换有关彼此居民在彼此银行持有资产的信息。以前，各国只是在有请求的情况下交换信息，这意味着税务当局在提交请求之前必须知道他们在寻找什么。该准则可能会阻碍"金钱王国"背后最强大的推动力，即执法在国家边界停止，但金钱并没有停下脚步。在新的监管制度中，各国税务机关之间自动交换信息，但它有一个结构性的弱点。CRS 是一种愿望，如果还没有成为现实——每个人都与其他人交换信息。但美国不是 CRS 的成员，它有自己的系统。与 CRS 不同的是，首次折断瑞士保密制度脊梁的美国法律 FATCA 只在单方向上起作用。100 多个国家的金融机构必须共享美国公民或居民持有的资产信息；但美国机构不需要返还任何信息。美国机构将充分了解世界其他地方正在发生的事情，但其他国家的同行只能对美国正在发生的事情完全视而不见（Bullough，2019 pp. 239 – 243）。美国胁迫世界其他国家取消金融保密，但自己却没有采纳同样的标准。

正如塔勒布在《反脆弱：从无序中获益的事物》（*Antifragile*：*Things That Gain from Disorder*）一书中所解释的那样，这次崩溃清楚地表明，一个网络结构可以是稳健的，也可以是脆弱的。[27]网络结构通常表现为一个强大的减震器，但随着网络特性的演变，这种正向功能转变为一个脆弱的冲击放大器。这导致美国金融的五大支柱在 2008 年消失。

"在 2008 年全球金融危机之后，世界各国政府寻求调整其现有的监管框架，并引入新的法规，目的是遏制导致危机的过度行为，并防止未来的危机。结果是……美国《多德—弗兰克法案》（Dodd-

Frank Act）超过 2300 页，其中包括上千页详细的规则。由此产生的效果是建立了一个既极其昂贵又不是特别有效的系统。仅在美国，银行每年在反洗钱（AML）合规方面的总花费就超过 500 亿美元。然而，尽管有这笔开支，据估计，全球每年的洗钱交易总额为 1 万亿至 2 万亿美元，其中只有不到 1% 被当局查获。"亨利·阿尔斯拉尼安（Henri Arslanian）和法布里斯·费希尔（Fabrice Fischer）在《金融的未来：金融科技、人工智能和加密技术对金融服务的影响》（*The Future of Finance*：*The Impact of Fintech*，*Ai*，*and Crypto on Financial Services*）一书中写道（2019，pp. 45 – 46）。[28]

据《经济学人》[29]报道，2020 年全球银行因洗钱违规被罚款 104 亿美元，比 2019 年增加了 80% 以上。美国第一资本银行（Capital One）被罚款 3.9 亿美元，丹斯克银行（Danske Bank）仍在处理 2018 年爆发的丑闻的余波，他们通过在爱沙尼亚的分行洗了 2000 亿美元。全球反洗钱体系存在严重的结构性缺陷，主要是因为各国政府将许多本应由自己完成的监管工作外包给了私营部门。沃尔斯伯格集团（Wolfsberg Group）前主席约翰·库萨克（John Cusack）和帮助制定反洗钱标准的银行协会（Association of Banks）发布的《全球威胁评估》（The Global Threat Assessment）报告估计，2018 年发生的金融犯罪涉案金额达 5.8 万亿美元，相当于全球 GDP 的 6.7%。

## 金融体系更健全了吗

在美联储，接任格林斯潘的伯南克的第一步举措是降低利率，并延长美联储贴现窗口向银行直接贷款的期限。由于商业银行反应迟缓，流动性状况恶化，美联储宣布创建定期拍卖工具（Term Auction Facility），使其贴现窗口的贷款更便宜且匿名。构成系统性威胁的机构不仅包括商业银行，还包括（如果不是主要的话）投资银行以及抵押贷款公司和保险集团。几十年来，越来越多的华尔街高管获得了天文数字般的奖金，尽管这些公司极度缺乏资本。在2008 年之前的 20 年里，没有渠道获得零售存款的投资银行的资金基础一直是最不稳定的。它们的资产往往风险很大，同时它们之间、它们与对冲基金和商业银行之间进行着大量的交易。1980 年，金融部门债务仅是非金融债务的 10%。2008 年，这一比例为 50%，这将投资银行变成了彼此之间大量交易的机器，并报告了可观的利润，这为银行家们获得并保留天文数字般的奖金提供了充分的理由。

银行业的杠杆比率超过了对冲基金。塞巴斯蒂安·马拉比（Sabastian Mallaby）在《比上帝更有钱：对冲基金与新精英的诞生》（*More Money Than God*：*Hedge Funds and the Making of a New Elite*）中指出，对冲基金平均借入的资金只是投资者资金的一到两倍，即使是那些被认为是高杠杆的基金，借入的资金也不到十倍。与此同时，高盛或雷曼兄弟等投资银行在危机前的杠杆率为 30∶1，而花旗等商业银行的杠杆率甚至更高。（Mallaby，2010 12）[30]政府本身以及相应的国家经济也不是没有杠杆。总结一下联邦、州、地方政府、公司和家庭的负债情况：2008 年，每产出 1 美元，就背负 3.7 美元的债务。在 2008 年后回顾过去的情况，很明显，在 2008 年之前的许多年里，靠债务融资的财富转移和美国 GDP 增长是不可持续的。

在全球金融危机爆发后不久，所有主要中央银行都充当了最后贷款人，以维持正常运作的结算系统。人们认为，通过央行大规模注入准备金来放松货币政策，对于克服金融危机至关重要，因为当时银行因不良贷款问题而陷入瘫痪。美联储向银行提供了紧急贷款，并与14个不同国家签订了货币互换协议，以确保它们能够获得所需的美元。

然而，最重要的结果是，世界各地的关键利率急剧下降。美国联邦基金目标利率从2007年8月的5.25%降至2008年12月的0.25%。同样，英格兰银行将其基本利率从2008年10月的5.0%降至2009年3月的0.5%。2008年10月，危机加剧，导致6个主要中央银行进行国际协调降息。

截至2016年，货币政策制定者已降息637次。随着这种情况在后危机时期持续下去，并为全球经济建立了低利率环境，当今数字经济的部分关键有利条件开始出现。但要付出代价。救助计划要求世界各国政府拯救全球主要银行，而这些银行的净值已被证明是虚构的，十年来，救助计划继续带来沉重的社会成本，包括公共债务内爆、公共预算紧缩、沉重的家庭债务和储蓄者的负回报。

为应对危机，世界主要央行制定了越来越复杂的货币创造计划，统称为"量化宽松"（QE）。具体而言，量化宽松包括向这些银行部门提供期限越来越长的贷款（三个月、六个月甚至一年，而不是几天或几周），并购买私人企业和政府发行的期限更长（几年）、数量更大的债券。美联储是第一个做出反应的。2008年9月至10月，其资产负债表从相当于GDP的5%增加到15%；换句话说，美联储在几周内创造了相当于美国GDP的10%的货币。这种积极主动的姿态在此后几年继续下去：到 2014 年年底，美联储的资产负债表规模已升至 GDP 的 25%；自那时以来，它略有下降，但仍然比危机前大得多（2018 年年底占 GDP 的 20%，而 2008 年 9 月中旬为 5%）。在欧洲，一开始反应要慢一些。然而不久之后，欧洲央行加快了购买公共和私人债券的步伐，截至 2018 年年底，欧洲央行的资产负债表规模占欧元区 GDP 的 40%（Piketty, 2020, p.698）。[31]托马斯·皮凯蒂（Thomas Piketty）指出，从严格的技术角度来看，美联储或欧洲央行可以创造相当于 GDP 600% 的美元或欧元，并收购美国或西欧的所有私人财富。但这将引发严重的治理问题：央行及其理事会并不比苏联的中央计划者更有能力管理一个国家的所有财产。（Piketty, 2020, p.700）

在 2008—2014 年期间，伯南克的美联储在美国启动了三个不同的量化宽松计划，总额达 4.1 万亿美元。在英国，英格兰银行在 2009—2012 年期间实施了 3750 亿英镑的量化宽松政策。在欧洲，欧洲央行承诺在 2015 年 1 月至 2017 年 3 月期间每月提供 600 亿欧元。截至 2016 年年底，世界各国央行购买了价值超过 12.3 万亿美元的毫无价值的"资产"。使用量化宽松的主要理由是，它应该降低其他资产的收益率。如果传统货币政策主要通过改变短期利率来操作，那么量化宽松预计将影响长期利率和另类资产的收益率。

假定资产不是彼此的完美替代品，取消或限制一种资产的供应应该会对其他资产的需求产生一些影响。特别是，降低美国政府债券的收益率应该会增加对其他金融资产的需求，提高股票价格，从而创造股东财富，前提是美国政府债券的最大持有者们，即各国"独立"央行不出售，更好的是不被国际货币基金组织允许出售。尽管证据仍不确定，但量化宽松政策似乎确实产生了效果。公司债券收益率下降，股市飙升，直至 2018 年 9 月。这可能对美国经济的所有部门都产生了影响，因为自 2007 年以来，经济复苏在很大程度上依赖于 4.7 万亿美元的新增企业债务。

美联储于 2017 年 9 月宣布了逐步解除其 4.1 万亿美元资产负债表的计划，该资产负债表在过去十年中因量化宽松政策而膨胀，以缓解全球金融危机的有害影响。计划是设定一条路径，然后进入"自动驾驶"模式。人们希望，这将避免退出的速度被视为利率走向的信号。它将缓慢启动，从 2017 年 10 月开始每月只有 100 亿美元，然后平稳地加快步伐。到 2018 年 10 月，它已经按计划提升到 500 亿美元。这恰逢一轮市场动荡的开始。标准普尔领先 500 指数在 2018 年最后 3 个月下跌了 14%。

伯南克的美联储在 2008 年宣布扩大资产负债表，以向银行提供它们迫切需要的流动性；向市场发出信号，表明货币政策将在相当长的一段时间内保持宽松，并降低债券收益率，鼓励投资者购买风险较高的资产。量化宽松政策来了三轮。第一轮 QE1 从 2008 年 11 月持续到 2010 年 6 月。第二轮 QE2 从 2010 年 11 月开始，一直持续到 2011 年 6 月。第三轮 QE3 从 2012 年 9 月开始，持续到 2014 年 10 月。结果是基础货币供应量，即流通中的现金，从 8000 亿美元增加到 4.1 万亿美元。其影响仍在争论中。大多数人都认为，第一轮量化宽松政策是对流动性危机的恰当回应，这场危机在 2008 年 9 月 15 日雷曼兄弟破产时达到顶峰。一些人认为，QE2 和 QE3 是伯南克的实验，没有历史先例，结果也不确定。

　　量化宽松政策的批评者声称，这种规模的狭义货币供应量激增将产生大规模的通胀浪潮，但事实证明这种说法是错误的。正如理查德·库（Richard Koo）解释的那样[32]，投资者和消费者都在储蓄，偿还债务，重建资产负债表。伯南克的量化宽松政策背后有一个学术理论，叫作投资组合平衡渠道（Portfolio Balance Channel）。这个想法是投资者的钱必须去某个地方。通过购买长期国债，美联储降低了它们的总回报，降低了它们对投资者的吸引力。反过来，这使得股票和房地产在相对基础上更具吸引力。随着投资者资金流向股票和房地产渠道，这些资产的价值将会更高，而更高的资产价值将为更多的借款提供抵押品。

　　到2015年，量化宽松和零利率政策结束。批评者对通胀的看法是错误的，美联储对刺激政策的看法也是错误的。在2009年6月衰退结束后的9年里，美国经济的平均增长率为2.2%，远低于长期趋势增长率，这是美国历史上最弱的复苏。通胀和趋势增长都没有到来。十年的低利率和膨胀的资产负债表并没有达到批评者最担心的程度，也没有达到政策制定者的巨大期望。然而，量化宽松和零利率确实有一个效果。这与格林斯潘、互联网泡沫和房地产泡沫产生的影响是一样的。格林斯潘的房地产泡沫仅限于抵押贷款。相比之下，到2018年年末，泡沫出现在股票、债券、高端房地产、新兴市场和信贷领域。

　　西方和日本货币当局面临的最大挑战是，如何在不将债券收益率或汇率推升至极高水平的情况下，解除数万亿美元的量化宽松政策。量化宽松政策的支持者强调了它们最初的好处，却忽视了日后吸收超额准备金的潜在高成本。与没有实施量化宽松政策的经济体相比，那些实施了的经济体最终可能会复苏得更慢，因为它们在摆脱量化宽松陷阱的过程中将承受更高的利率和汇率。

2010—2017 年，美国汽车贷款余额从 6500 亿美元飙升至 1.1 万亿美元，其中 2800 亿美元为次级贷款。同期，拖欠的汽车贷款增加了 230 亿美元。企业信贷的状况并不比消费信贷更好。根据国际清算银行（BIS）的数据，截至 2017 年，美国企业未偿债务为 5.9 万亿美元，新兴市场企业发行的美元计价债务超过 9 万亿美元。这些股票和信贷泡沫在银行和企业的资产负债表上清晰可见。截至 2017 年年底，美国最大的五家银行持有 157 万亿美元的衍生品（按名义总值计算），比 2008 年金融危机前的可比衍生品数量增加了 12%。12% 的增长并不是全部，因为数万亿的衍生品已经被转移到了第三方清算所。票据交换所不能消除风险。它们只是以难以辨别的方式转移风险。就衍生品而言，金融体系并没有变得更小、更安全、更健全。

"经济增长是以家庭债务的进一步增加为代价的。持续的低利率甚至负利率导致了对收益的追求，助长了不同资产类别的投机泡沫，包括纽约、伦敦和巴黎等全球城市的房地产价格。投资银行，特别是美国的投资银行，在一波由贷款抵押债券（曾被称为有毒的结构性债务产品）融资的杠杆贷款收购浪潮中，盈利能力达到了新的高峰。现在，'非银行机构'已经出现，并向风险更高、收益更高的借款人提供贷款——而银行则为它们提供融资。总体而言，以资产为导向而非以需求为导向的增长所推动的金融化资本主义似乎已经恢复，并避免了对金融的任何侵入性改变。可以说，这一趋势在影子银行的监管处理中表现得最为明显。在金融危机后，在银行资产负债表之外提供信贷往往涉及银行。在当前的官方话语中，影子银行被重新命名为'基于市场的金融'，并将被警惕的监管机构转变为具有弹性的基于市场的金融，允许在一个被视为过于依赖银行的金融体系中实现资金来源的进一步多样化。然而，一个明显的疏漏是，没有制定任何反周期法规来遏制金融体系中该部门的繁荣，这些法规也不会出台。公平地说，我们正在见证一场由金融驱动的周期性上升，如果没有监管干预，很可能会导致另一场危机。但事实上，监管的钟摆似乎已经偏向了金融业。美国政府寻求解除金融危机后施加的大部分监管负担，这强化了这种印象。截至 2017 年 10 月，美国国会通过了 19 项措施来撤销或降低危机后的监管。"（Thiemann，2018，pp. XI – XII）

最具戏剧性的是在 1998 年 9 月和 10 月，当时格林斯潘在三周内两次降息，包括一次计划外的紧急降息，以遏制美国大型对冲基金长期资本管理公司（Long-Term Capital Management）倒闭造成的影响。伯南克对策在许多场合都得到了展示，特别是 2010 年 11 月在第一轮量化宽松未能刺激经济后推出的第二轮量化宽松，以及 2013 年 9 月美联储缩减长期资产购买规模，以应对 2013 年 5 月仅仅是"缩减言论"（taper talk）导致的新兴市场崩溃。在 2015 年 8 月人民币贬值和随后的美国市场崩溃后，耶伦将美联储九年来的首次加息从 2015 年 9 月推迟到 2015 年 12 月，以稳定市场。耶伦对策在 2016 年 3 月再次使用。2016 年 1 月，美联储将预期的加息推迟到 2016 年 12 月，以应对另一次人民币贬值和美国市场崩溃。

最极端的例子发生在 2008 年，当时伯南克和其他监管者不顾联邦存款保险公司（FDIC）的保险限额，为美国的每一只货币市场基金和每一笔银行存款提供担保，将利率降至零，印钞，收购不良资产，并与欧洲央行（ECB）和其他银行进行了超过 10 万亿美元的隐性货币互换。在 21 世纪第二个十年的全球货币运作中，自由市场中市场清晰、坏银行倒闭的想法已经过时了。"太大而不能倒"（too big to fail）进入了现代词汇。在新冠疫情期间，这种完全支配和混乱交织的银行形象所带来的危险似乎被夸大了。资本市场的新一轮创新浪潮改变了证券化和债务发行，并导致其他金融公司更多地直接放贷，从而抢了这些庞然大物的风头。银行的企业贷款占 GDP 的比重一直停滞在 12% 左右，尽管银行在 2008 年接受救助后重建了资产负债表，美国企业亦沉迷于借贷热潮。即使当银行在 2020 年拥有充足的资本和流动性时，也是资本市场为企业债务的增加提供了大部分资金。

银行的停滞及其风险厌恶对央行应对危机的方式产生了影响。2007—2009 年间，美联储干预了资本市场，但对商业银行和投资银行的注资力度要大得多。然而，在 2020 年，随着资本市场失灵，银行相对未受影响。美联储没有充当银行的最后贷款人，而是成为了最后的做市商，干预信贷市场的总规模约为 23.5 万亿美元。央行利用其资产负债表来影响资产价格和金融状况，而不仅仅是改变短期利率。大规模资产购买（LSAP），或等同于量化宽松（QE），是非常规货币政策的一个例子，自 2008 年金融危机以来就很常见。这些资产负债表政策不同于利率政策，因为短期政策利率的水平可以独立于系统中银行准备金的数量而设定。主要的传导渠道是通过改变私人部门资产负债表的构成来运作的。央行买卖的资产类型在其指导的信贷中变得很重要。纯粹的干预让美联储进入了一个新的领域。正如国际清算银行（BIS）在其年度报告中指出的那样，如此大规模地救助资本市场的后果可能会持续下去。广泛而有力的流动性供应遏制了市场失灵，但也在广泛的风险范围内支撑了资产价格。这可能会影响未来的市场定价。美联储 2020 年的干预规模超过了其历史上的任何一次。

亚当·图兹（Adam Tooze）认为[33]，2020 年的大规模政策干预，就像 2008 年一样，具有两面性。一方面，干预的规模打破了新自由主义限制的界限，证实了凯恩斯对干预主义宏观经济学的基本诊断。这些干预目前看上去已经成为超越新自由主义的新管理体制的先驱。另一方面，这些干预是自上而下进行的。它们在政治上是可行的，只是因为没有遭遇来自左翼的挑战，它们的紧迫性是由稳定金融体系的需要推动的。它们做到了。2020 年，美国家庭净资产增长超过 15 万亿美元。（Tooze，2021，pp. 15 – 16）

但这只是极大地惠及了最富有的 1% 的人，他们持有股市近 40% 市值的股票。最富有的前 10% 的人拥有股市 84% 市值的股票。如果这确实是一个"新的社会契约"，这是一个令人震惊的"单相思"事件。然而，如果认为对 2020 年危机的反应仅仅是不断升级的掠夺，那就错了。（Tooze，2021，pp. 15 – 16）

世界其他地区发生了显著转变，资本市场在这些地区的作用历来较小。根据金融稳定委员会（FSB）的数据，2007年全球非银行金融资产为100万亿美元，相当于全球GDP的172%和总金融资产的46%。到2020年，这些资产达到183万亿美元，占GDP的212%，或世界金融资产的49%。金融市场的一个重要结构性变化是，许多工业企业已成为银行批发资金的提供者，而不是净借款者。到2020年，大多数信贷将以抵押贷款的形式出现，这些贷款来自批发货币市场，而不是银行。它们最终来源于公司和机构现金池（CICP），主要用于融资，即现有头寸的再融资，而不是为新投资借款。在一个为巨额未偿债务展期提供资金的世界里，与大规模新资本项目的融资相比，资产负债表能力（即流动性）比利率水平（即资本成本）更重要。流动性具有私人部门和中央银行两个维度，私人部门依赖于能够捆绑优质、期限较长的证券作为抵押品，而中央银行则在紧急情况下充当流动性后盾。我们需要不断为巨额债务进行再融资，这意味着当融资停止或放缓时，危机就会发生，而这反过来又可能是因为缺乏足够的优质抵押品和/或央行收回流动性支持。当两者结合在一起时，比如2007—2008年，一场重大危机就可能发生。结论是，量化紧缩（QT）和减少政府债券供应的公共部门紧缩政策形成了一种危险的组合，可能导致金融市场出现严重而持续的波动。

美国资本市场的逐渐崛起可以追溯到20世纪40年代和50年代，当时共同基金筹集的资金开始膨胀。20世纪80年代，公司掀起了一股债券发行热潮，尤其是垃圾债券。然后，家庭债务激增，通过证券化的新金融技术在资本市场上清盘，或将贷款捆绑成债券并转售，最终导致了崩溃并促成了 2007—2008 年的危机。这场危机表明，银行仍处于金融体系的中心，扮演着交易商和投机者的角色。随后的规则变化将它们从聚光灯下推了出来。2010 年美国《多德—弗兰克法案》和国际监管机构巴塞尔协议框架要求银行增加资本金，鼓励银行降低风险。因此，到 2020 年，美国银行的资产负债表上有价值近 2 万亿美元的核心资本。几乎是 2007 年的两倍。这些规则中有许多都是为了抑制美国银行和摩根大通等大公司下属的投资银行的活动。监管削弱了银行的竞争优势。它们垂直整合的组织结构使它们能够发放贷款，监控和收回这些贷款，并将相关风险控制在资产负债表上，这使它们比那些只想从交易中分一杯羹的投资者和基金更具优势。这弥补了它们在接受技术方面行动迟缓的事实。随着银行变得厌恶风险，非银行机构（通常是精通技术的机构）也开始行动起来。当银行受到监管，而金融体系的其他部分只受到轻微监管时，监管套利是一个自然的结果。

信息技术正被用来实现自由交易，改变信息流，催生新的商业模式，并改变市场运作方式。近几十年来，股票的交易成本已跌至接近零的水平。首先受益的是量化基金和贝莱德（BlackRock）等大型资产管理公司。到 2021 年，散户投资者也开始获益，这就是为什么他们在 2021 年 1 月的交易中占了四分之一。与此同时，作为市场命脉的信息流正在被分解。过去，有关公司和经济的新闻来自内幕交易法和市场操纵法管辖下的报告和会议。现在，那些有屏幕和空闲时间的人可以使用大量的即时数据抓取网站、跟踪工业传感器和监控社交媒体聊天。2020 年，在许多市场，正常的游戏规则已经暂停。近 300 家 SPAC 上市企业融资超过 800 亿美元，这是硅谷的反叛者们对抗高成本和僵化的 IPO 机制的新商业模式。包括嘉信理财（Charles Schwab）和富达（Fidelity）在内的经纪商在零售股票交易业务上竞争激烈。这在 2019 年引爆了一场全面的价格战，当时这些公司纷纷将交易佣金降至 0，而就在四年前，一家承诺免佣金交易的初创公司罗宾汉（Robinhood）才刚刚问世。散户参与股票交易创新高。

计算机可以聚合一篮子非流动性资产，并部署算法来为类似但不完全相同的资产定价，从而扩大可轻松交易的资产范围。在新型做市商（如 Jane Street 公司）的中介作用下，通过流动性强的交易所交易基金进行交易的债券比例急剧上升。但金融的发展往往是混乱的，特别是在 2021 年，随着投资者从一种资产蜂拥到另一种资产，社交媒体传播和发酵错误信息的能力威胁到了金融的稳定。很能说明问题的是，中国股市是唯一一个由技术先进的散户投资者主导的大型股市。政府采用审核制度和一系列价格和行为控制来试图控制它。在美国，政府纾困为高风险债务托住了底。

2021 年 1 月 28 日，GameStop（一家实体视频游戏供应商）的股票从 2020 年的几美元飙升至 480 美元以上，然后在 2021 年 2 月 2 日跌至 81 美元。该公司在 2020 年 4 月的价值为 2 亿美元，在 2021 年 1 月的短暂估值为 300 亿美元。当人们看穿迷因和狂热的回旋时——这种狂热要归功于社交媒体网站 Reddit 论坛上的一大批短线交易员的推动，不难发现这个故事讲述了金融市场的深层次结构性变化。事实上，这种快节奏的狂热是可能的，这证明了在技术进步的推动下，股票交易已经变得多么"丝滑"。你可以在应用程序上以接近批发价的价格购买股票。

1975 年，随着固定佣金的废除和嘉信理财等折扣经纪商的进入，人们开始走向不受约束的股票市场准入。然后是自动交易和股票价格的十进制。到了 2010 年代，高频交易员开始主导股票交易。交易成本大幅下降，交易数量激增。反过来，参与者越多，交易就越快、越便宜。2015 年，在线经纪商罗宾汉成为第一个不向用户收取任何费用的平台，许多 GameStop 相关交易都是通过该经纪商进行的。2019 年，散户投资者占美国交易的十分之一。到 2021 年 1 月，他们的份额上升到了四分之一。

随着市场摩擦的平息，强大的机构投资者通过对股票敞口收取丰厚的费用来充实自己报表最后一行的净利润，它们看到自己控制的资产溜走了。2021 年，它们将与一系列便宜得多的产品竞争：跟踪市场的指数基金、提供一篮子资产的交易型开放式指数基金（ETF），以及根据投资组合管理理论在廉价基金中分配现金的机器人理财顾问。压低交易成本、推高股市流动性的力量，正准备扰乱从公司债券到房地产，甚至古董和艺术品等各种资产市场。正如股票市场所发生的那样，这最终将以牺牲现有中介机构的利益为代价，赋予个人交易者更大的便利。

中国的政策制定者充分利用其体制特征，其中最主要的是能够果断、全面地改变政策。这一点在应对金融大危机时得到了体现。4万亿元的刺激计划——在时机和规模上已经很有效——是由货币、财政、产业和金融监管政策组成的矛尖。在 2015 年股市崩盘期间，这一点再次显现出来，中国证监会很快推出股市熔断机制，一千多只股票在熔断后暂停交易。

在中国，非公有制经济发展很快，并已经成为国民经济的重要力量。现在中国的民营企业近 2500 万户，它们的作用和贡献可以用五个数字来概括，就是"56789"，"5"就是民营企业对国家的税收贡献超过 50%。"6"就是国内民营企业的国内生产总值、固定资产投资以及对外直接投资占比均超过 60%。"7"就是高新技术企业占比超过了 70%。"8"就是城镇就业贡献率超过 80%。"9"就是民营企业对新增就业贡献率达到了 90%。然而，尽管中小型私营公司很重要，但相比大型国企，它们在竞争中仍处于不利地位。大多数银行信贷和政府合同更偏向流向国有企业而不是私营企业。

当一个国家试图变得更加富裕时，它可以抑制消费支出，转而将资源用于投资。但如果这一策略持续太久，为刺激投资而压低的利率就会鼓励浪费性投资，并剥夺储蓄者的消费能力，尤其是在国内压低工资、货币疲软以牺牲国内消费者为代价补贴出口的情况下。生产者生产的东西比普通人买得起的要多，因此必须出口。

2020 年 2 月 19 日至 3 月 23 日期间，标准普尔 P500 指数下跌了三分之一。3 月份的股票抛售速度之快是无与伦比的。作为世界上最重要的资产，十年期美国国债的收益率在 1 月到 3 月中旬之间下降了一半，然后在几天内又下降了一半，之后就开始了波动。立即交付的美国石油合约价格一度下跌。在 2020 年一年中，木材价格下降了一半，翻了一番，又下降了一半，然后又翻了两番。总体而言，它们在 2020 年翻了一番。标准普尔 P500 指数截至 2020 年 5 月已经几乎没有停顿地收复了一半以上的失地。催化剂是美联储购买公司债券，包括高收益"垃圾"债券。2 月份冻结的新发行公司债券市场已经重新开放。在截至 5 月的过去 6 周里，企业已经发行了 5600 亿美元的债券，是正常水平的两倍，防止了一连串的破产。在 21 世纪的第三个十年里，在地球上最大的市场经济中，市场清晰和管理不善的公司会失败的想法仍然是过时的。投资者通过涌入股市为其欢呼。他们没有别的好地方来存钱。美国的政府债券收益率勉强为正，而日本和欧洲大部分国家的政府债券收益率为负。

如果说各国因疫情封控导致的资产价格暴跌令资产管理公司感到震惊，那么，由科技股夏季强劲牛市引领的复苏则让他们感到不安。直到 2018 年，上市公司苹果（Apple）的估值才首次超过 1 万亿美元。按净值计算，苹果在 2020 年获得了约 7500 亿美元的收益。特斯拉的市值增长了六倍，超过 6000 亿美元，大致相当于其他七家最有价值的汽车制造商的市值总和。2020 年 12 月 10 日，当 Airbnb 首次公开招股上市时——此前一年没有人去过任何地方——其股价飙升了 115%。2020 年 12 月 5 日，全球股票市值首次突破 100 万亿美元。

马修·C. 克莱恩和迈克尔·佩蒂斯认为："在过去几十年里，对商品和服务的需求已成为世界上最稀缺和最有价值的资源，而美国则扮演着摇摆生产者的角色。世界各地的公司都在争夺更大的全球市场份额，即使它们合作压制国内市场的规模。这就是"以邻为壑"的定义。由于"竞争力"已成为直接或通过货币贬值和削弱社会保障网络压低工资的委婉说法，对竞争力的盲目崇拜导致了全球支出短缺。贸易战是全球化实践中几乎不可避免的结果。从根本上分享共同利益的民族正在相互对立，因为超级富豪已经成功地发动了一场针对其他所有人的阶级战争……世界上的富人之所以能够以牺牲世界上的工人和退休人员的利益为代价而获益，是因为美国金融家的利益与世界其他主要工业国的实业家的利益是互补的。两者合作不断迎合全世界最富有人群的利益，哪怕是以牺牲最贫穷国家的利益为代价。现代盈余国家不需要殖民地来吸收它们的过剩产出，因为它们可以与银行家合作，后者是它们在赤字国家的自愿合作者。反常的结果是，全球化的深化和不平等的加剧相互强化。世界各地的企业以国际竞争为借口，推动降低工资、削弱环境和安全法规、优惠税收制度和累退性转移支付。显然，压榨普通家庭比提高生产力、投资基础设施、改善健康和教育要容易得多……在整个现代历史中，收入不平等程度高启的同时，债务水平也在飙升，这不是一种巧合。"（Klein & Pettis，2020，pp. 224 – 225）经济全球化是促成因素之一：开放贸易提高了总收入，但也加剧了收入不平等。

托马斯·皮凯蒂在《资本与意识形态》一书中写道：这场危机始于美国的私人金融部门，但欧元区必须独自承担将其转变为一场持续的公共债务危机的责任。后果是巨大的，特别是在失业率上升、身份认同退却和反移民情绪高涨方面。然而，在危机之前，欧洲一体化似乎正在取得成功：失业率下降，极右翼势力退却，移民流量高于美国。（Piketty，2020，p. 906）

## 无形经济的崛起

一旦危机最危险的部分得以避免，一系列新的、相当不乐观的2008 年后危机问题开始主导全球经济辩论。可以说，最紧迫的问题是如何修复遭受灾难性失败的金融体系，其次是人们日益意识到收入和财富的不平等，这种不平等在 2008 年危机后生产率增长顽固停滞的十年期间急剧加剧。美国、英国、瑞典和芬兰出现了一种根本不同的无形经济。21 世纪，在这些经济体的总投资中，无形资产的投资份额大于有形资产。格林斯潘对策在 20 世纪最后五年引发的互联网泡沫标志着无形资产投资稳步增长的开端，从而标志着美国无形经济的开始。

乔纳森·哈斯克尔（Jonathan Haskel）和斯蒂安·韦斯莱克（Stian Westlake）在《没有资本的资本主义：无形经济的崛起》（*Capitalism without Capital：The Rise of the Intangible Economy*）一书中解释道，[34]经济学家和会计师认为资本是一种实物投入，是两种生产要素之一，而事实上，资本从来都不是一种东西，而总是一种法律编码。永远不要只关注产出和投入，而要始终关注获取预期回报并将其货币化的能力。比如，马克思主张资本是一个关系型概念，强调资本与劳动之间的剥削关系，低估了法律在财富创造过程中的作用。通过将资本法典的模块嫁接到一项资产上，其持有者获得了一项高于其他人的权利，这种债权享有更大的持久性，并面临更少的障碍，以通过将其转换为国家货币来锁定过去的收益。此外，这些特殊权利是普遍的，因此可以对世界强制执行。哈斯克尔和韦斯特莱克已经认识到，将世界局限于人们看得见摸得着的东西可能会产生很大的误导，但没有认识到法律在资本编码中的核心作用。

由于以土地、工厂、机器和其他有形资产为形式的更传统的资本一直在减少，无形资产的计量和估值变得很重要。1995—2003 年间，有形资本投资仅占美国经济增长的 8%，而无形资产投资从 20 世纪 70 年代末的 4% 增加到 2006 年的 10% 以上。无形资产在大公司市值中所占的份额随着投资的下降而下降。一些人将这种新出现的状态称为"长期停滞"，在这种状态下，企业坐拥大量现金，但手头几乎没有投资项目。一些人认为，一旦对无形资产的投资得到充分考虑，这种新出现的状态，即"长期停滞"将会消失。然而，其他人认为，知识的"圈地"是可行的投资机会减少的原因，并导致了"投资饥荒"。尽管专利这一无形资产只是暂时的垄断，但其影响远远超出了其持续时间，因为它阻碍了他人对知识的使用、完善和投资，从而有助于维持不平衡的财富分配。法律中规定的资本逻辑基于这样一条原则，即某些资产及其持有者享有相对于其他人的法律特权。他们获得了更强大的对抗世界的权利，甚至可以让他们变得持久，以便不仅能够承受意外事件、造成新古典主义经济模式失衡的外部冲击，还能承受竞争的压力。竞争对于市场的运作至关重要。它助长了熊彼特式创造性破坏的力量，而创造性破坏正是经济进步的驱动力。但资本法典并不符合竞争规则。相反，资本法典是按照权力和特权的逻辑运行的。

流行的无形资产——数据，是制造业、零售业和金融服务业增长的新动力。但与有形资产不同的是，它不一定会推动就业增长，但会推动利润增长，而利润增长往往会直接流向高管和股东。摩根大通（J. P. Morgan）2018 年的一项研究发现，2016 年特朗普政府减税后，从海外银行账户回流美国的大部分资金都用于股票回购。2018 年，美国十大科技公司花费超过 1690 亿美元购买自己的股票，整个行业花费约 3870 亿美元。[35]在规模最大、盈利能力最强的跨国公司中，苹果的金融工程需要特别提及。2018 年，苹果有 2850 亿美元的现金存放在美国境外，其合并报表上还有 1220 亿美元的债务。过去十年，该公司的大部分现金都投资于离岸债券投资组合。

回购巩固了美国前 10% 富裕人口的财富，他们拥有股市中 84% 的股票。自 2008 年提振市场以来，股票回购已成为十多年来企业最大的一次现金使用，同时也扩大了财富差距，许多人认为这是经济增长趋势低于历史水平的一个重要原因。哈斯克尔和韦斯特莱克认为，通过研究无形经济的结构和运作，可以更好地理解全球收入和财富不平等以及长期停滞。2019 年年底，整个股市被苹果、微软、亚马逊、Alphabet 和 Facebook 扭曲了。截至 2020 年 2 月，Alphabet、亚马逊、苹果和微软的市值均超过 1 万亿美元。科技公司股价的飙升引发了两个担忧。一是投资者是否助长了投机泡沫。这五家公司在 2020 年 2 月的市值超过 5.6 万亿美元，几乎占标普 500 指数总市值的五分之一。上一次市场如此集中是在 20 年前，在股市崩盘引发大范围低迷之前。另一个担忧是，投资者可能是对的。大型科技公司的超大估值表明，它们的利润将在未来十年内翻一番左右，这将在富裕国家造成更大的经济震动，并引发经济和政治权力的惊人集中。预言家们指出，21 世纪初，在互联网泡沫破灭前夕，当时的巨头——微软（Microsoft）、思科（Cisco）、通用电气（GE）、英特尔（Intel）和埃克森美孚（ExxonMobil）——也占了该指数的 18%。微软、英特尔，尤其是思科，由于它们对其他科技公司的风险敞口，包括泡沫初创公司，它们被危机拖垮了，而不是成为危机的制衡力量。

科技周期是现代经济不可或缺的一部分。20 世纪 80 年代出现了半导体热潮。然后，在 20 世纪 90 年代，出现了个人电脑和互联网。每个周期都会终结或以失败告终。2020 年的上升趋势始于 2007 年 iPhone 的推出。到了 2018 年，这一周期暴露了自己的年龄。智能手机的销售停滞不前。Facebook 的数据丑闻加剧了人们对科技巨头轻率对待隐私的愤怒。优步（Uber）和 WeWork 等古怪的科技"独角兽"的亏损引发了一种投机泡沫，这种泡沫通常与长期繁荣的尾声联系在一起。

与此同时，四个主要部门正在进行一场激烈的斗争：信息和通信技术；电力和电气公用事业部门；交通和物流部门以及建筑部门正在与化石燃料行业脱钩，以支持采用更廉价的新绿色能源。杰里米·里夫金（Jeremy Rifkin）在《绿色新政》（*The Green New Deal*）[36]中警告称："人们对气候变化的担忧日益加剧，对化石燃料行业的长期财务稳定性丧失信心，该行业目前面临着资产搁浅的前景，而新兴的太阳能、风能和其他可再生能源的竞争优势日益增强，这些因素正在引发全球金融部门对融资优先事项的重新评估，越来越多的基金正在将资本从化石燃料转向 21 世纪的绿色能源和清洁技术。"（Rifkin，2019，p. 139）结果是，根据花旗集团 2015 年的数据，在化石燃料行业内，"大约100万亿美元的资产可能遭遇'碳搁浅'（carbon stranded）"。

太阳能产业在全球的成功是一种特殊的成功。该行业的破产案例数不胜数。2005年上市的德国面板制造商，以及随后几年获得慷慨资助的硅谷初创企业，都成了如今主导供应的中国制造商的牺牲品。但这些公司算不上大公司。该行业没有产生能与飞机制造或制药行业相提并论的巨头，更不用说计算机行业了。没有一家太阳能公司的市值超过100亿美元。太阳能产业本质上属于大宗商品行业，大宗商品的价格只有一个方向，每个玩家的利润都趋于微薄，这是强调竞争性的正统经济理论所不能预测的。正统理论——为消费者而不是为地球——所能提供的最佳解决方案是 MC = MR（边际成本等于边际收益）。

阿尔特（J. D. Alt）在《为拯救地球而付出我们自己：一个门外汉对现代货币理论的解释》（*Paying Ourselves to Save the Planet：A Layman's Explanation of Modern Money Theory*）[37] 中说：

"在我们孩子的有生之年，任何对全球气候变化对我们星球的可居住性的影响有充分了解的人，都应该对现代货币理论（MMT）有浓厚的兴趣。原因很简单：正如几乎所有学术研究和流行叙事告诉我们的那样，逆转不断上升的大气碳水平——以及建立适应性栖息地，使人类社会能够维持当前结构的某种版本——将花费大量资金。实际上，不只是'很多'。雇用人员承担和完成将要做的一切所需的支出，将达到人类经济史上前所未有的规模。这一事实因另一个事实而变得更具挑战性：大多数需要规划、融资为应对气候变化而采取的措施不会产生经济利润。这意味着私营企业的盈利金融机制——我们可以称之为'标准货币理论'的基本机制——将无法和/或不愿支出必要的资金来承担气候变化所需的工作。在'标准货币理论'下，筹集必要资金只有三种选择：（1）从公民和私人企业的当前收入和利润中征收美元。（2）从私营企业已经产生的长期储存的税后利润中募集美元。（3）从私营企业的资本（税后储蓄）中借入美元。简单的计算可以表明，即使三项加起来，在数学上也无法产生所需的额外数万亿美元。事实上，我们的标准货币理论上的这个完全'不可能的数学'，只是反衬了当前世界的戏剧性失败——未能采取任何有意义的行动来对抗全球变暖……坦率地说，如果世界希望成功应对全球气候变化的挑战——并在科学研究给我们的有限时间内开始这样做——我们需要把标准货币理论'现代化'。"（Alt，2020，p. 5 - 8）

迈克尔·J.豪厄尔（Michael J. Howell）在《资本战争：全球流动性的崛起》（*Capital Wars：The Rise of Global Liquidity*）一书中如是说：

与此同时，新的行业竞争刺激了成本削减，并影响到西方的利润率和经济增长，迫使许多公司削减甚至放弃新的资本支出计划，因为资本的边际回报率太低了。许多企业转而专注于通过削减现有资本的运营成本来提高平均资本回报率。通过加大对场内资产的投资，它们增加了工业现金流，这些现金流通过批发货币市场流通而不是进入商业银行，或者进入大型并购交易（集中了全球产业）和股票回购交易（提高了财务杠杆）。金融市场被迫更多地关注资本分配和再融资，而不是充当传统的融资机制。这一不断变化的角色使得资产负债表能力，即流动性的大小，变得更加重要，以满足对债务展期的持续需求。……在西方，随着削减成本的风潮席卷中产阶级劳动力，它赋予了高层管理人员宝贵的股票期权。通过改变就业模式，许多需要常规认知和半熟练的体力工作已经消失了。工作时间大幅下降，新工作主要来自"低工时"行业和零工经济。受工资增长的影响，西方家庭被鼓励更多地借贷和抵押贷款，以保持他们的消费支出水平。随着各行业转向"轻资产"商业模式，资本支出下降，尤其是在石油和零售业，唯一幸存的是高科技行业。医疗保健和科技等行业的债务成倍增长，在很大程度上抵消了能源、汽车、化工等传统工业企业债务创下新低的影响。这些变化外加普遍存在的人口负增长削弱了基本的经济增长。（Howell, 2020, pp. 270 – 271）

今天的全球货币运作是一个由浮动汇率、硬挂钩、脏挂钩、货币战争、开放和封闭的资本账户组成的大杂烩，而世界货币则在一旁虎视眈眈。它是无锚的。它是不连贯的。用金融精英们的行话来说，这就是"游戏规则"，新的制度何时出台还不得而知。也许会在应对下一次金融危机的混乱中；也许在一次国际货币会议之后，上一次是 1987 年 2 月 22 日在巴黎卢浮宫举行的；或者，新的制度将像金本位制一样出现，当时各国在没有国际协议的情况下模仿牛顿于 1717 年创立的金本位制。

可以说，与尼克松 1971 年 8 月 15 日决定关闭纽约联邦储备银行的黄金窗口相比，中国决定建立世界上第一个基于区块链的中央银行发行的数字货币、稳定币和支付系统 DCEP 将产生同样难以估计的影响，甚至可能更多。正如中国国际经济交流中心副理事长黄奇帆所解释的那样，中国人民银行（PBOC）花了五年时间开发DCEP，并将于 2020 年下半年向七家机构发行：中国工商银行、中国建设银行、中国银行、中国农业银行、阿里巴巴、腾讯以及银联。

DCEP 随后将向公众开放。DCEP 部分基于区块链的设计将使中国人民银行能够对资金流动进行前所未有的监督，使中国人民银行对中国经济具有一定程度的管理能力，这是大多数央行在管理本国经济时所不具备的。DCEP 与人民币 1∶1 挂钩，目标是成为一种全球数字货币。中国电信正在开发支持区块链的 5G SIM 卡，以成为全球领先的移动加密资产交易平台之一。

2020 年，中国在全球区块链专利中占据主导地位。不管是好是坏，移动区块链支付技术的采用似乎势不可挡。华为已经实施了世界上第一个信道编码方案，即由埃尔达尔·阿里坎（Erdal Arikan）博士与中国人民银行合作的区块链支付项目首创的 Polar 码。理想情况下，货币应该提供一种有效的支付手段、一种稳定的记账单位和一种可靠的价值储存手段。今天的全球货币得到了不同的评级。如果银行倒闭，没有保险的存款可能会受到影响，而比特币不被广泛接受，信用卡交易也很昂贵。政府支持的电子货币（Govcoins）得分很高，因为它们是国家担保的，并使用高效的中央支付中心。Govcoins 是货币的新化身。它们承诺让金融更好地运作，但也会将权力从个人转移到国家，改变地缘政治，改变资本的分配方式。因此，Govcoins 可以削减全球金融业的运营费用，这相当于地球上每个人每年节约超过 350 美元。

由于技术已经颠覆了如此多的行业，它对银行业的影响可能看起来像是又一个被圆滑的科技公司淘汰的乏味、没有竞争力的行业的例子。但银行构成了国家和经济之间的接口。自 18 世纪以来，货币信用体系的深层架构（更多地被称为部分准备金银行）一直没有改变。现在，一种新的架构正在出现，它承诺进行清算。我们可以设想这样一个未来：央行提供数字货币和存款，科技公司进行金融交易，资本市场提供信贷，银行的作用变小，甚至根本不起作用。让造成 2008 年世界金融危机的银行靠边站——它们从交易和费用中赚取更多的钱，而不是依靠正常的银行业务——这可能只是技术进步打破的另一个昂贵的枷锁。

现代机制充当个人与其资本的中介。收益或损失返还给个人。通过这种投资方式，人们自行配置自己的资金，而基金只是一种工具。银行使用存款，即其他人的钱来发放贷款。但银行客户希望能全额取回存款。他们不指望承担银行的贷款损失，也不指望从贷款中获得更大的回报。损失和收益都由银行承担。正如我们在 2008 年金融危机中所发现的那样，这一过程可能会使银行变得不稳定，但使它们能够提供从信用卡到抵押贷款再到投资建议的金融服务。所有这些现在都受到威胁。科技巨头正在利用他们的平台强行进入银行的主要业务。

考虑一下新加坡的 Grab 或印度尼西亚的 Gojek，它们都是从叫车服务起家的，或者拉丁美洲最大电子商务网站 Mercado Libre 的金融部门 Mercado Pago。它们的金融服务模式始于成为客户日常使用服务的主要提供商。中国的支付宝和微信支付就是例子。阿里巴巴旗下的金融子公司蚂蚁金服诞生于购物者缺乏安全支付方式的时代。支付宝最初只是一个托管账户，用于在买家收到货物后向卖家转账，但很快就推出了移动应用程序。2011 年，它推出了用于支付的二维码，便于交易。2013 年，腾讯为微信增加了支付功能。这两家公司共同处理了中国约 90% 的移动交易。利用支付交易提供的数据，蚂蚁金服和腾讯可以确定借款人的信誉。蚂蚁金服在 2014 年才开始消费贷款业务。到 2020 年，蚂蚁金服处理了中国消费金融业务的十分之一。

数字货币有可能用于社会和政治控制。现金是无法追踪的，但数字货币会留下痕迹。人们可以通过编程限制数字货币的使用范围。这既有良性的影响，也有令人担忧的一面。比如，数字货币可以被编程为不得用于购买酒精饮料或其他有害物品。中国已经尝试了数字现金编程。为了更有效地启动经济，它发放了刺激资金，如果这些资金没有在有效期内使用，就会过期。而数字货币潜在的问题则包括国家在提供信贷方面的作用、科技公司或中央银行的权力集中、潜在的社会控制以及新形式战争的风险。

与此同时，在纽约，数字货币市场 Coinbase 于 2021 年 4 月 14 日在纳斯达克开始交易。它成立于 2012 年，旨在成为无政府主义的加密货币世界和传统金融之间的桥梁。它提供存储和保存加密资产的服务。

在人民币加入 SDR（特别提款权）货币篮子之前，黄金的美元价格和黄金的 SDR 价格波动较大，但高度相关。在 2016 年 10 月 1

日人民币加入之后，黄金的美元价格仍然波动，而 SDR 价格的波动要小得多。自人民币加入 SDR 以来，SDR/黄金的趋势线几乎是一条水平线。SDR900 = 1 盎司纯金看起来像是新的货币基准，在 SDR850 至 SDR950 的狭窄区间内交易，这是一个 11% 的区间，在 SDR900 中枢趋势上下波动 5.5%。SDR 的一篮子主要货币包括美元、英镑、日元、欧元和人民币。随机出现的 SDR/黄金水平趋势线的整齐直线趋势是极小的。SDR/黄金水平趋势线是自回归的一个例子。仅当存在递归函数、反馈循环或操纵时，才会出现这种情况。

另一种情况是，在过去 10 年里，俄罗斯和中国获得的黄金比其他任何国家都多。它们最明确地表达了对基于美元的货币支付安排的不满，在《爱国者法案》颁布后，所有 SWIFT 交易都受到美国的监控。俄罗斯和中国各自开发了基于许可的、高度加密的数字密码的专有加密货币。通过将它们的官方黄金存放在受瑞士法律管辖的瑞士非银行金库，它们可以在它们的分布式总账上推出新的数字货币。俄罗斯和中国并不是唯一在分布式账本上追求加密货币的国家。根据国际货币基金组织（IMF）2018 年 6 月的一份报告，由 IMF 和各国央行控制的许可分布式账本上的一类新的全球加密货币也在开发中，这是一份呼吁政府控制加密货币的宣言。

## 避税天堂

在 21 世纪的头二十年里，除了宽松的货币政策，企业在避税天堂囤积现金的行为也出现了显著增长。截至 2016 年 1 月，美国公司持有 1.9 万亿美元的现金和现金类资产，大部分位于避税天堂。危机过后，离岸财富在 2008—2014 年间增长了 25%，这导致估计有 7.6 万亿美元的家庭金融财富被存放在避税天堂。在四大会计师事务所提供的税务服务下，苹果、Facebook、亚马逊和优步似乎是逃税计划的领导者，它们可以利用从收税员那里节省下来的现金进行兼并收购，这主要是对现有能力的集中整合，而不是建立新的能力，因为它们还为商业银行的影子银行再融资活动提供流动性。

加布里埃尔·祖克曼（Gabriel Zucman）在《隐藏的国家财富：避税天堂的祸害》（*The Hidden Wealth of Nations：The Scourge of Tax Havens*）（Zucman，2015）[38]揭示了全球金融中心和避税天堂的力量。"巴拿马文件"（*Panama Papers*）和"天堂文件"（*Paradise Papers*），以及布鲁克·哈林顿（Brooke Harrington）的著作《资本无国界：财富经理和百分之一的人》（*Capital Without Borders：Wealth Managers and the One Percent*）（Harrington，2016），都赤裸裸地记录了避税天堂的作用。[39]如果没有建立一整套配套的银行和法律服务用来协助逃税/避税，全球范围的逃税/避税是不可能实现的。专门服务于高净值个人的银行和主要功能是进行资金转移的法律事务所的大规模兴起是与全球化特别是全球金融自由化同步发生的。一份报告称，[40]"2008 年，全球 GDP 的 10% 集中在避税天堂"。（Milanovic，2019，p.161）

研究人员证明，逃税现象在财富不多的人群中很罕见，但在财富链顶端 0.01% 的人口中，逃税金额占应缴税款的近 30%。所有迹象表明，这一数字只增不减。此外，通过利用国际清算银行（BIS）和瑞士国家银行（SNB）公布的关于不同国家资产持有的数据，人们可以估计每个国家在避税天堂持有的离岸资产相对于每个国家居民持有的总资产的大致份额。结果如下：美国"只有"4%，欧洲10%，拉丁美洲22%，非洲30%，俄罗斯50%，中东石油君主国57%。同样，这些应被视为最低估计数。"这些计算不包括（或仅部分包括）房地产和未上市公司的股票。"（Piketty，2020，p. 601）

大约85%的国际银行业务和债券发行发生在所谓的欧洲市场，一个无国籍的离岸区域。几乎每一家跨国公司都在使用避税天堂，而它们最大的用户——到目前为止——都在华尔街……英属维尔京群岛居民不到25000人，却拥有80万多家公司，印度40%以上的外国直接投资来自毛里求斯。李嘉图的比较优势理论失去了吸引力。公司和资本不是迁移到生产率最高的地方，而是迁移到能够获得最佳税收减免的地方。这一切都没有什么"效率"可言。[41]（Shaxson，2011，p. 11，p. 16）

钱转移到了一个特殊的地方，一个政府、法律和社会无法触及的地方。这个地方被称为"离岸"。全球最富有的1%的人积累了所有收入增长的四分之一，而底层50%的人只剩下不到十分之一。全球"离岸"资金增长到了7.7万亿美元，这至少是最保守的猜测。换句话说，全球家庭持有的每一百美元中，有八美元在海外。当经济危机来临时，一个国家的恢复力是通过它的储备来衡量的，即它可以提取的现金、资产和黄金储备。离岸储备占全球储备总量的一半。瑞士银行持有其中的三分之一。[42]（Burgis，2020，p. 27）

自1980年以来，税收制度让市场经济中的赢家变富，而让穷人更穷，穷人从经济增长中获得的回报很少。避税行业在全球收割财富；全球化带来了可被跨国公司利用的新漏洞；由于国际税收竞争导致各国纷纷大幅削减税率的螺旋式上升……税收的突然变化并不是因为公众想要豁免富人，而是因为钻漏洞者在没有选民参与的情况下占了上风。如今，美国跨国公司在海外创造的大量且不断增长的利润中，有近 60% 是在低税收国家实现的（Saez & Zucman，2019）。[43]据彭博社（Bloomberg）报道，2018 年，财富 500 强美国上市公司中有 91 家没有缴纳任何企业所得税。2018 年，七个企业避税天堂总共为美国带来了超过 3240 亿美元的直接投资收入。但这不能用真实的经济关系来解释；相反，真正的解释是利润转移，意在最大限度地减少纳税义务。（Klein & Pettis，2020，p. 73）

祖克曼指出，有许多相对简单的措施可以大大有助于限制逃税和避税。他的想法包括建立一个全球金融登记处，无论财富在哪里，都可以对其进行跟踪和征税；改革公司税收制度，使跨国公司的全球利润分摊到它们的销售地点，并对帮助公司通过避税天堂逃税的银行和律师事务所进行更严格的监管。（Zucman，2015）

## 竞争的消亡

自 2000 年以来，美国的商业变得更加集中，美国公司的利润率也有所提高，融资成本变低，但投资一直疲软，劳动参股（labor share）的份额在下降。这成为美国特有的现象。[44]（Philippon，2019，p. 109）

自上世纪 90 年代以来，美国经济发生的许多变化并不对普通工人有利。产出、工资和生产率增长放缓。不平等加剧，最具支配力的公司的市场份额和盈利能力不断走高。许多人认为，大公司的主导地位应为此负责。托马斯·菲利蓬（Thomas Philippon）认为，由于反垄断执法不力、反竞争行为和有利于大公司的监管变化，导致集中度上升，从而削弱了国内竞争。

显而易见的是，尽管在过去 20 年里，整个经济的集中度有所提高，但生产率增长却没有提高。如果超级明星公司确实是一股集中的力量，那么它们独特的能力并没有转化为美国经济更广泛的收益。正如菲利蓬所指出的，经济实力并不是唯一最重要的。美国的科技巨头已经吞并了竞争对手，并在政治捐款和游说上大手大脚地花钱。没有人能保证取得统治地位的超级明星会通过创新和投资而不是反竞争行为来捍卫自身利益。即使他们非常有效率，美国人仍担心他们对社区、社会和政治规范的影响。

菲利蓬将这些 21 世纪的发展总结为：大多数美国国内市场的竞争力下降，美国公司在美国消费者身上赚取了过高的利润，而超额利润往往用于支付股息和回购股票，而不是用于新增雇佣和投资。与此同时，进入壁垒增加，反垄断执法力度减弱。美国的这些趋势并没有输出到欧洲，而且，历史发生了惊人的逆转，许多欧洲市场（航空公司、手机和互联网供应商等）现在比美国市场更具竞争力，也更便宜。菲利蓬补充道："与常识相反，这一现象的主要原因是政治上的，而不是技术上的：我将竞争的减少归结于进入壁垒的增加和反垄断执法的薄弱，这是由大量的游说和竞选捐款所造成的。"（Philippon，2019，p. 151，p. 205）

但也有人提出了不同的观点[45]：虽然很难确定美国的竞争在过去二十年中有所减少，但毫无疑问，自 2005 年以来，生产率增长有所下降。有三个事实需要更详细的审查。第一，2005 年以来的增长下降是在生产率增长特别高的十年（1996—2005 年）之后发生的，这十年的生产率增长每年接近 3%。第二，在信息技术的相关部门中，生产率的增长和随后的下降尤为显著。第三，增长强劲的时期与集中度增长最快的时期（即 1995—2000 年）部分重合。换句话说，在此期间，集中度的快速增长并不是由于创新和增长的减少导致的。这三个事实对 1990 年后竞争减弱的理论提出了质疑，竞争减弱是我们自 2005 年以来观察到的经济增长放缓的主要原因。

戴安·科伊尔（Diane Coyle）[46]指出，对竞争、市场力量和生产率趋势之间的关系进行的实证研究支持了这样一种观点，即更大的竞争会提高经济的生产率。经合组织（OECD）研究了其成员国的数据，而在美国，经济顾问委员会（Council of Economic Advisors）提交给总统的 2017 年经济报告表明，许多经济部门的集中度提高，以及由于一些市场的进入壁垒导致新企业创建速度放缓，有助于解释为什么过去十年美国的生产率增长如此缓慢。（Coyle，2020，p. 53）

乔纳森·泰珀（Jonathan Tepper）与丹尼斯·赫恩（Denise Hearn）合著的《资本主义的神话：垄断与竞争的死亡》（*The Myth of Capitalism：Monopolies and the Death of Competition*）一书，[47]记录了自 20 世纪 80 年代初以来不断增长的市场集中度：两家公司控制了美国人喝的 90% 的啤酒；四家航空公司完全控制了航空运输；五家银行控制着全国约一半的银行业；最大的两家保险公司占有 80% 的市场份额；高速互联网接入是地方垄断；四个玩家控制了美国牛肉市场；三家公司控制了全球70%的农药市场和美国80%的玉米种子市场；谷歌以90%的市场份额完全统治了互联网搜索；Facebook在社交网络中占有近80%的份额。他们补充道，加剧不平等的不是低增长，而是市场集中度的上升和竞争的消亡。最近的经济研究证据是压倒性的：垄断和寡头垄断的经济和政治力量已经完全使天平倒向有利于占主导地位的公司（而不是雇员）的一方。许多行业由极少数公司主导。很少有新的创业公司与现有的大公司竞争。竞相雇佣员工的公司越来越少，随着权力平衡向大公司转移，工资增长也停滞不前。所有这些结果都不是不可避免的。资本主义是可以修复的。（Tepper & Hearn，2019，pp. 15 - 17）

布雷特·克里斯托弗斯（Brett Christophers）在《食利者资本主义：谁拥有经济，谁为经济买单》（*Rentier Capitalism：Who Owns the Economy, and Who Pays for It*）一书中，[48]将过去四十年新自由主义中英美经济体系的转型称为食利者资本主义。食利者资本主义是一种经济体系，不仅由租金和食利者主导，而且在更深刻的意义上，它基本上是由产生这些租金和维持这些食利者的资产支撑和组织起来的……食利者资本主义弥漫着食利者的贪婪而不是企业家精神，可以有效地理解为一种"资产负债表资本主义"……换句话说：它是这样一种经济组织模式，在这种模式中，成功主要基于你所控制的东西，而不是你做什么——资产负债表才是最重要的，也是最终的……租金是在有限竞争或无竞争的条件下，通过拥有、占有或控制稀缺资产而获得的收入。（Christophers，2020）学者们坚持认为，食利者资本主义是不公平和不公正的，因为它的前提是"拥有"而不是"干事"。与工人获得的收入不同，食利者的收入是不劳而获的。许多使用广义租金定义的非正统学者提到了几种不同类型的食利者资产——最常见的是土地、知识产权（尤其是在制药领域）、金融资产和日益数字化的平台，并给出了这些领域中突出的食利者的例子。克里斯托弗斯确定了七种核心资产类型：金融资产、自然资源储备、知识产权、数字平台、服务合同、基础设施，还有土地。他警告说，他的划分不应被理解为七种租金形式之间没重叠，实际上它们之间有相当多的重叠。许多金融食利者同时也是土地食利者，在食利金融资产的同时赚取房地产的租金。

克里斯托弗斯举例道："Amazon Web Services 和 Fulfillment by Amazon 都是亚马逊的成果，换句话说，亚马逊为交付自己的服务建立了关键的基础设施，然后将这些服务交付基础设施商业化——第三方需要向亚马逊支付租金以获取它们的服务。它们都是基础设施的食利者。事实上，亚马逊自己的零售客户在为图书支付的价格中，有一部分是为了支付专有虚拟和物理基础设施资产的成本。在某种程度上，亚马逊一直是基础设施的食利者。然而，随着 AWS 和 FBA 的发展和壮大，这种食利主义不仅变得更加明显，而且更重要的是，越来越成为亚马逊的核心业务。"（Christophers，2020，p. 278）平台食利者本身就是居间服务的提供者。

斯科特·E.佩奇（Scott E. Page）在《模型思考者：你需要知道什么才能让数据为你所用》（The Model Thinker: What You Need to Know to Make Data Work for You）[49]一书中写道："如果构成幂律分布

的实体在规模上波动，那么幂律的指数就会成为系统层面波动性的代理。因此，公司规模分布会影响市场波动性。"他补充道："对美国波动性模式的考察表明，波动性在20世纪70年代和80年代上升，在接下来的20年里下降，有些人把这20年称之为'大缓和'（the Great Moderation）。从2000年左右开始，波动性再次增加。可以通过公司规模分布的变化来解释这些波动模式。随着公司规模的分布变得更长尾/更短，更大的公司对波动性的影响不成比例地更大/更小。换句话说，当公司规模分布变得更长/更短时，总波动率增加/减少。在波动性较低的1995年，沃尔玛的收入为900亿美元，相当于美国GDP的1.2%。到2016年，沃尔玛的收入增加到4800亿美元，占GDP的2.6%。沃尔玛在GDP中的份额翻了一番还多。2016年，沃尔玛收入的增加或减少对总波动性的贡献将是二十年前的两倍。"

逃税、紧缩和非常规货币政策都是相辅相成的。十年后，紧急金融救助（bailouts）的结果似乎是错误金融赌注的损失被国有化，而正确赌注的利润被私有化，导致富裕经济体的公共债务在2008年后因救助而内爆。随着全球经济开始从以廉价石油为基础的大规模生产经济向以廉价微芯片为基础的信息经济的长期转型，风险被社会化，回报被私有化。随着对崩溃的全球金融的紧急救助而演变的意识形态和制度环境，加大了吸引私人投资者的难度，安抚最富有纳税人也随着前所未有的避税天堂的激增而变得更加困难。在20世纪90年代至金融危机之前，建立公正的金融秩序或征收足够的税收来资助国家福利制度变得越来越具有挑战性。在大救助之后，自第二次世界大战以来从未见过的公共债务新高，使得富裕经济体建立一个雄心勃勃的福利国家几乎成为不可能。或者说，现代货币理论（MMT）所挑战的货币主义者的叙述也是如此。

现代货币理论家对美国、日本和欧元区成员国的财政政策限制提出了挑战。政府不应把注意力集中在债务与 GDP 比率的某个神奇数字上。过去，传统观点认为，发达经济体的安全债务上限为 GDP 的 60%，新兴经济体为 40%。这些数字在过去起到了反作用，在 2020 年更是如此。现代货币理论家的首选关注焦点是"增长修正利率"（growth corrected interest rate），并指出政府债务的利率低于经济的名义增长率，预计在可预见的未来，所有富裕国家和大多数新兴经济体都将如此。换句话说，它将是负的。国际货币基金组织的保罗·毛罗（Paolo Mauro）和周静（Jing Zhou）表示，新兴经济体 75% 的时间里，增长修正利率都低于零。

在柏林墙倒塌后的巨大经济变化的刺激下，整个世界经济在 21 世纪享受着过剩的生产和充裕的储蓄。毫不奇怪，越来越多的经济体正在寻求增加贸易顺差，从而成为潜在的更大的资本净出口国。然而，这显然需要其他一些经济体或多个经济体出现巨大的贸易逆差。由于贸易赤字实际上意味着国内制造业的赤字，而制造业是未来生产率增长的关键来源，并且仍然是主要的城市人口雇主，因此这一政策带来了情绪化的政治挑战。

新古典主义经济学和金融学范式忽视了货币和流动性。市场被认为是随时随地存在的，无摩擦贸易也被认为是理所当然的。然而，矛盾的是，流动性不足会导致最终的摩擦。如果没有充足的流动性，就会出现大范围的市场失灵和无交易。流动性不足既可能发生在货币和信贷供应中断时，也可能发生在不确定性加剧（不确定性同样不存在于标准理论框架中）导致投资者出于预防原因囤积现金等"安全"资产时。在实践中，"无交易"比"有交易"更可能是正常状态。因此，流动性数量的波动非常重要。换句话说，在现实世界中，不完美的市场和市场失灵是司空见惯的，作为金融理论基石的有效市场假说（EMH）根本不适用。金融危机发生了。……全球流动性背后的主导者是美国的外汇储备、中国人民银行和跨境融资市场，如欧洲美元。……中国实质上在大量再出口美元，而不是出口人民币。与此同时，美国的流动性越来越依赖于批发货币市场，后者从企业和机构现金池（CICPs）接收这些来自中国的和类似的美元流入。（Howell，2020，pp. 233 – 234）

玛丽安娜·马祖卡托（Mariana Mazzucato）在《使命经济：改变资本主义的登月计划指南》（*Mission Economy*：*A Moonshot Guide to Changing Capitalism*）一书中写道："资本主义没有走上可持续增长的道路，而是建立了吹大投机泡沫的经济体，让已经非常富有的1%的人变得更加富有，并正在毁灭地球。"并补充说，在许多西方和西式资本主义经济体中，除少数人外，所有人的实际收入在十多年里几乎没有增长——在某些情况下，如美国，在过去几十年里尽管就业水平很高，但群体和地区之间的收入不平等在加剧。不平等的机制解释了为什么利润与工资之比达到了创纪录的高度。1995 年至2013 年，经合组织（OECD）国家的实际工资中位数年均增长率为

0.8%，而劳动生产率年均增长率为 1.5%。在富裕国家，财富收入比从 1970 年的 200%~300% 上升到 2010 年的 400%~600%。2008 年后，这些经济体也沉迷于量化宽松（QE）——央行向系统注入大量流动性——尽管经济增长和生产率提高仍然疲软。个人债务回到了本世纪初的水平。到 2018 年，美国私人债务与 GDP 之比达到 150%，英国达到 170%，法国达到 200%，中国达到 207%——所有这些都大大高于世纪之交的水平。许多企业一直受到低投资、管理短期主义以及股东高回报的危险组合的困扰。在发达经济体，商业投资依旧没有恢复到 2008 年的水平。上世纪 80 年代的英国，典型的 CEO 薪酬是普通员工的 20 倍。到 2016 年，富时 100 指数（FTSE100）成分股公司 CEO 的平均薪酬是普通员工的 129 倍。自 1980 年以来，无论盈利能力如何，英国的股息支付率一直保持不变。股票回购的重要性日益增加。在美国，向股东支付的股息总额已接近 1 万亿美元，与危机前的峰值持平，从 20 世纪 70 年代占内部现金流的 10% 左右增加到 2015 年的 60%。[50]（Mazzucato，2021，pp. 11 – 12）

## 相互依赖的世界

微芯片无处不在，嵌入到从烤面包机到弹道导弹的大多数制造产品中。数据提供商 World Semiconductor Trade Statistics 预测，2017 年芯片市场价值 4210 亿美元，同比增长 1.6%。[51]如果说对此数据有什么不同意见的话，那就是这些原始数据低估了芯片制造的重要性。例如，据估计，全球电子商务每年的收入超过 2 万亿美元。如果说数据是新的石油，那么微芯片就是将其转化为有用之物的内燃机。

当全球化成为华盛顿共识的核心时，芯片的无处不在导致了一个巨大的全球产业的增长。微芯片有数十亿个组件，在需要数百亿美元投资的超级现代工厂中制造。事实上，这类设备的制造是 20 世纪最后 20 年美国领导下的全球专业化和贸易的活生生的证明。全球化是美国积极推行的政策，而不是自然的惯性力量。它致力于通过将跨国公司在民族国家的权力管辖下转移到"达沃斯全球社会"来增加跨国公司的权利和促进其增长。这些极其复杂的产品催生了同样复杂的全球专有技术的相互依赖和供应链，涉及世界各地数千家专业公司。

瓦茨拉夫·斯米尔（Vaclav Smil）在《增长：从微生物到大城市》（Growth：From Microorganisms to Megacities，2019，392）[52] 中写道："每当一种新产品依赖于改进的微处理器时，其性能的增长或成本的下降将以与摩尔定律非常相似的速度进行。对于计算机的处理速度（每秒指令数）来说，这显然是正确的，而计算成本的下降速度则更快（自 20 世纪 70 年代末以来约为 50%/年），相机芯片的成本（像素/美元）的下降速度几乎一样快，自 20 世纪 90 年代以来，磁存储容量（存储介质的记录密度）的增长速度超过 50%/年。与硅和半导体相关的其他进步已经见证了性能的快速倍增或成本的快速下降。这些进展也使人们对去物质化（dematerialization）⊖的总体进展产生了不切实际的期望。"

---

⊖ 通过技术创新、体制改革和行为诱导，在保障生产和消费质量的前提下，减少社会生产和消费过程中物质资源投入量，将不必要的物质消耗过程降到最低限度的现象。

中国和美国都将半导体技术视为其未来的关键。对美国来说，其在芯片制造方面的领先地位是一项战略资产。五角大楼的"引导手"在早期硅谷芯片产业（用于核导弹制导系统）发展的过程中发挥了重要作用。2014 年，中国设立了国家集成电路产业投资基金，以促进本国相关产业的发展。该基金旨在为集成电路产业的研发提供资金，基金规模计划从 2014 年的 650 亿美元增加到 2030 年的 3050 亿美元，以满足国内需求，减少中国对外国供应商的依赖。2019 年，中国国内芯片自给率仍不足 30%。显然，美国并不欢迎中国的计划。

斯蒂芬·罗奇（Stephen Roach）在《不平衡：美国和中国的相互依赖》（*Unbalanced：The Codependence of America and China*）一书中指出，在 2019 年的历史时刻，中美在芯片制造方面展开技术竞争，这是中美共同体（Chimerica）之间双方对那种相互依赖都感到不安的一种表现。[53] 50 年来，芯片制造的进步可以用摩尔定律来概括，即每两年芯片上可以容纳的组件数量就会翻一番，因此，其计算能力也会大致翻一番。但摩尔定律正在崩溃，失去了预测能力，使该行业的未来看起来比过去任何时候都模糊和不确定。

## 新古典主义的危机

随着资管资本主义的到来，美国的货币政策自 1987 年以来一直处在格林斯潘大师的指挥棒下，低利率和充足的信贷经过微调，以产生更高的资产价格（这被称为"格林斯潘对策"），并创造财富效应，通过让富人更富来刺激更广泛的经济增长，正如鲍勃·伍德沃德（Bob Woodward）的圣徒传记《大师：格林斯潘的美联储和美国繁荣》（*Maestro：Greenspan s Fed and the American Boom*）[54] 所录。这位大师未能实现更广泛的经济增长，但却准确地为网络初创公司制造了股市泡沫，随后又在纳斯达克崩盘后催生了住宅房地产泡沫，并在 2006 年将接力棒传给了本·伯南克。这位由布什总统亲自挑选的新大师是米尔顿·弗里德曼（Milton Friedman）对 1929 年金融危机的解释的杰出信徒之一，也许是他这一代从弗里德曼对 1929 年大萧条（the Great Depression）历史原因的分析中学得最多的人。正如他在弗里德曼生日庆典上向弗里德曼许诺的那样，这位新大师不会重蹈美联储在 1929 年的覆辙。

然而，美国实际 GDP 在 1975 年至 2017 年间增长了近三倍，从 5.9 万亿美元增至 17.19 万亿美元。在此期间，生产率增长了约 60%。但自 1979 年以来，绝大多数美国雇员的实际时薪一直停滞不前，甚至有所下降。标普 500 指数成分股公司将 2014 年几乎所有的利润都返还给了股东（通过分红和股票回购）[55]，而不是押注于新项目和新想法（Goldin & Kutarna，2016，p. 5）。换句话说，近 40 年来，一小撮精英几乎攫取了这种扩张的所有收益。这未必是历史上最大的财富转移，但肯定是资本主义历史上最大的财富转移，不仅在美国如此，在世界许多地方上都以不同的速度发生着。60 多亿人对此"视而不见"（eyes wide shut）。

根据乐施会（Oxfam）的数据，2018 年，全球前 26 位亿万富翁拥有的财富相当于最贫穷的 38 亿人的财富总额。2017 年是前 43 位。[56] 亿万富翁的财富每天增加 25 亿美元，增长了 12%，而人类中最贫穷的那一半人的财富减少了11%。超级富豪变得更加集中，因为经济增长的边际收益绝大部分流向了富人，而边际成本主要流向了穷人。

弗朗索瓦·布吉尼翁（Francois Bourguignon）在《不平等的全球化》（*The Golbalization of Inequality*，2015，pp. 184 – 185）[57]一书中总结道：当然，我们看到不平等在大多数国家都有所增加，尤其是在发达国家，在某些情况下甚至急剧增加。此外，虽然贸易全球化以及劳动力和资本的流动性对国家内部不平等的加剧负有一定责任，但它们并不能完全解释这一点。通过各种国内政策（不幸的是，这些政策的效力往往会随着时间的推移而减弱），各国仍可能影响其境内不平等的演变，而且从理论上讲，它们应该能够防止不平等加剧给经济和社会带来沉重代价的程度。

100多年来，新古典主义经济学忽视了帕累托对财富分配动态的解释，但却接受了帕累托最优的概念。

当经济增长要么失败，要么不能让普通人受益时，就需要一个替罪羊出现。这在美国尤其如此，在欧洲也是如此。天然的陪衬者是移民和贸易。反移民观点的背后有两个误解：一是夸大了正在进入或即将进入的移民数量，二是相信低技能移民压低工资的假设。在富裕国家，国际贸易的增加伤害了穷人。当经济增长和日益全球化的好处主要由少数精英阶层获得时，这种增长可能会导致社会灾难。期望市场总是提供公正、可接受或有效的结果是不合理的。

托马斯·皮凯蒂（Thomas Piketty）在《资本与意识形态》一书

中，虽然总体上同意乐施会报告的调查结果，但却提出了一个微妙的原因。不平等主要是由意识形态和政治因素决定的，而不是由经济或技术限制决定的。它们是围绕着具体的政治思想工程而建构的，是依托于具体的权力关系和法律制度体系而形成的。所有权社会、三重功能社会、社会民主社会乃至整个人类社会都是如此（Piketty et al., 2020, pp. 268 – 269）。他补充说，20 世纪 80 年代，几乎所有富裕国家的净公共资本都降至零或低于零，这一事实反映了 1950—1970 年期间存在的政府的深刻政治意识形态转变，当时政府拥有 20% ~ 30% 的国家资本。资本家发现这种情况难以维持，于是决定重新控制局面。此前，在 20 世纪 50 年代，在经历了两次世界大战和一次大萧条之后，各国政府面临着新意识形态的挑战，并选择迅速削减源自过去的公共债务，以便为自己留出投资于公共基础设施、教育和卫生的空间；它们还将以前的私营企业国有化。然而，到了 20 世纪 80 年代，意识形态的视角发生了转变。越来越多的人开始相信，公共资产在公共管理领域之外会得到更好的管理，因此应该私有化。结果是公共资本的衰落……换句话说，富国依然富有，但它们的政府却选择变穷。实际上，20 世纪 80 年代公共债务的上升部分是由于一项旨在缩小国有资产规模的深思熟虑的战略的结果。里根政府在 20 世纪 80 年代的预算策略可以作为一个典型的例子：它决定大幅削减高收入者的税收，这增加了赤字，增大了削减社会支出的压力。在许多情况下，为富人减税的资金由公共资产的私有化填补，这最终相当于所有权的免费转移：富人少交了 100 亿美元的税，然后用这 100 亿美元购买政府债券。美国和欧洲至今仍在继续推行同样的战略，这加剧了不平等，鼓励私人财富的集中。（Piketty et al. ，2020，pp. 614 – 615）

阿比吉特·V. 班纳吉（Abhijit V. Banerjee）和埃斯特·迪弗洛（Ester Duflo）在《艰难时期的好经济学》（*Good Economics for Hard Times*）一书中总体上同意上述观点，并提出了一些不同的观点：

"过去几十年对世界上的穷人来说是相当好的。1980—2016 年间，世界底层 50% 人口的收入增长速度远远超过紧随其后的 49% 的人口，后者包括欧洲和美国的几乎所有人。做得更好的一个群体是最富有的 1% 人口，即富裕国家中的富人（加上发展中国家中越来越多的超级富豪），他们总共获得了惊人的世界 GDP 总增长的 27%。相比之下，底层 50% 的人只获得了全球增长的 13%……自 1990 年以来，绝对贫困率（按购买力平价计算，生活标准在每天 1.90 美元以下的人的比例）已经减半。毫无疑问，这在一定程度上是由于经济增长。自 1990 年以来，婴儿死亡率和孕产妇死亡率也降低了一半。"（Banerjee & Duflo，2019，p. 80）[58]

主流经济理论既不能对"什么""如何"和"为什么"提供令人信服的解释，也不能预测这些繁荣和萧条，但量化金融的风险模型提供了一种数学上的掩饰，令许多人对史上最大规模的财富转移"视而不见"，因为已经重组的数字连接的全球金融网络能够以光速转移资金，而其背后的精英完好无损，这更坚定了他们的做法。

20 世纪的最后十年见证了两股力量——信息革命和金融市场的崛起，尤其是在 1996 年《电信法》放松电信管制之后。这两股力量显然是无限相互依赖的。现代社会正处于从大众社会向网络社会转型的过程中。网络结构遍及社会的各个领域，这使得网络作为社会神经系统的比喻成为一个恰当的形象。这也是事实，因为网络结构连接着社会的各个层面，包括微观、中观和宏观层面，并融合了私人和公共领域。在互联网上，人际传播、组织传播和大众传播交织在一起。使用这种媒介，我们将"整个世界"带入我们的家庭和工作场所。尽管网络能够连接并传播知识和其他资源，但网络中的社会和信息不平等往往会加剧。那些已经拥有互联网的特殊资源和这个网络带来的丰富机会的人有最好的访问机会，也有最高的动机来使用它。他们开发了各种最好的数字技能。他们在很大程度上将其用于严肃的应用，使他们在学习和职业生涯中取得进步。"富人越来越富"是最流行的说法。越来越多的人将面临相对的不平等，因为与那些资源丰富的人相比，他们从数字媒体中获得的系统性好处更少。信息精英可能会增长。相对不平等在网络社会中尤为重要，因为在网络社会中，权力建立在关系之上。扬·范迪克（Jan van Dijk）在《数字鸿沟》（*The Digital Divide*）中如是提出了自己的观点。[59]

随着美联储主席格林斯潘散布全球计算机可能崩溃的恐惧，以及声称以信息技术和金融市场的繁荣为特征的"新经济"的到来，21 世纪拉开了序幕。全球计算机没有崩溃，但格林斯潘以此为契机降低利率，并向市场提供大量宽松的信贷，以延长互联网泡沫，尽管没有成功。但是，格林斯潘在 1997 年为对抗亚洲流感而采取的降息和向市场提供大量宽松信贷的做法，在维持泡沫方面并没有失败。然而，遏制疫情的是世界卫生组织的协调努力，而不是格林斯潘的降息。到 1999 年 10 月，摩根士丹利跟踪的 199 只互联网股票的市值为 4500 亿美元，相当于荷兰的 GDP。这些公司的总销售额约为 210 亿美元，它们的总损失为 62 亿美元。.com 泡沫于 2000 年 3 月破裂。8 年后，更为严重的金融危机打碎了地球上 60 多亿居民的美好期望。

约翰·H. 米勒（John H. Miller）在《整体的粗略审视：商业、生活和社会中的复杂系统科学》（*A Crude Look at the Whole：The Science of Complex Systems in Business，Life，and Society*）一书中写道：在 2008 年金融崩溃最严重的时候，这是一场完整包含了所有七宗罪的经济危机。贪婪的固定收益资产买家，为了略高回报的承诺，愿意购买新形成的债务抵押债券。奢侈的购房者希望不断上涨的房价能让他们在未来进行再融资，他们选择了房子和不断膨胀的抵押贷款支付，这远远超出了他们目前的能力。贪婪的抵押贷款经纪人甚至能够将可疑的抵押贷款转给那些创造并迅速出售抵押贷款支持证券的公司，他们愿意让几乎所有买家都符合条件。嫉妒的公司想要提高他们的底线利润，开始利用杠杆，同时向他们的客户推销可疑的衍生品。懒惰的评级机构，依赖于公司的说辞和过时的统计模型，在收取佣金的同时，对新型证券给予了高得离谱的评级。骄傲的政府机构，享受着房屋所有权证的增加和不受监管的市场的力量，袖手旁观。重点的不是要讲述一些现代道德故事，而是要强调，在系统的每一个层面，所涉及的所有实体是如何遵循完全可以符合逻辑的——尽管可能不是道德的——激励……不幸的是，认为理解一个系统的部分就意味着你理解了整个系统，这是一种经常犯的错误。

2008 年的经济危机是我们自己设计的恶魔，也是正统新古典主义经济理论及其设计理论的危机。如果危机的根源完全是人为的，那么危机的解决方案也必须是人为的。十年的创伤对一些新古典主义经济理论的鼓吹者产生了惩戒作用。他们开始思考旧的想法，提出新的问题，并偶尔欢迎"异教徒"回归。一些人认为，失败的不仅仅是一个金融体系，以及监管该金融体系的方式，而是一套经济理论，我们需要拒绝新古典主义经济学的简单化，拒绝过度数理的经济学，重新审视过去的见解，并学习好的科学的成功经验，以此来做好经济学科学。

在 1980 年之前，许多人认为市场是一种一直以准自然状态存在的东西，就像地心引力一样。研究这种准自然对象的科学最初被称为"政治经济学"，大约在 1870 年之后，又被称为"经济学"。这门科学的现代正统，即新古典主义传统，一直把市场的性质作为经济学的中心领域。事实上，纵观新古典主义经济学第一个世纪的历史，其追随者对代表性行为人的地位和性质显然比对市场的结构和组成更感兴趣。

大多数时候，市场的概念被随随便便地当作交换现象本身的同义词。甚至，在少数情况下，当传统的主要思想家认为他们应该在他们的贸易模型中讨论出价和要价的实际顺序时——里昂·瓦尔拉斯（Leon Walras）和他的价格调整过程（tatonnement）或弗朗西斯·埃奇沃斯（Francis Edgeworth）和他的合同谈判过程——显而易见的是，他们与任何实际的当代市场的运作几乎都没有关系。20 世纪中期对价格动态的解释，如果说有什么不同的话，那就是进一步远离了日益复杂的市场形态和结构的多样性，以及市场完成任务的实际顺序。在新古典主义经济学中，市场被建模为一个相对同质和无差异的实体。

　　亚尼斯·瓦鲁法基斯（Yanis Varoufakis）、约瑟夫·哈勒维（Joseph Halevi）和尼古拉斯·J. 西奥卡拉基斯（Nicholas J. Theocarakis）在《现代政治经济学：理解 2008 年后的世界》（*Modern Political Economics：Making Sense of the Post – 2008 World*, 2011）[60]一书中概述了罗斯福新政中经理式资本主义（Managerial Capitalism）的轨迹，指出布雷顿森林协议背后的经济理论是为了提供中央协调的经济稳定，但却在 20 世纪 70 年代带来了滞胀，随后的 80 年代在国际间放大了这种不可持续的不平衡，资管资本主义开始登上舞台，并在 20 世纪 90 年代和 2008 年 9 月 15 日之后开启了全球货币创造的私有化进程。两位作者的主要发现是，任何旨在用数学或工程术语描述资本主义的思想体系，都会导致不可避免的逻辑不一致。关于资本主义的唯一科学真理是其极端的不确定性。以牛顿科学为基础的经济学是一种幻觉，使人更接近于占星术而不是天文学，更类似于数学化的宗教而不是数学或物理学。

　　在许多经济问题上，总会有经济学家能够解释为什么预测的结果没有实现，除了嘲笑以外，没有人会对这种解释提出异议。但是，证伪论的各种变体使经济学家能够转移对他们的模型未能正视人们行为的现实的批评，并通过参照辅助假说来驳回对他们的预测失败的批评。这种观点更接近于宗教而非科学。[61]（Kay & King, 2020, p. 260）

　　经济思想总是与政治联系在一起，经济理论的范式转变与政治格局交织在一起。亚当·斯密的思想帮助激发了 19 世纪自由贸易的急剧扩张。卡尔·马克思的理论为 20 世纪的剧变提供了动力。新古典主义范式奠定了金融资本主义的知识基础，正如凯恩斯对大萧条的解决方案用国家的主导作用纾缓了金融资本主义，并奠定了经理式资本主义的基础。正是在这一时期，国家作为公共利益的仁慈守护者的观念得到了传播。

丹尼尔·斯特德曼·琼斯（Daniel Stedman Jones）在《宇宙的巨人：哈耶克、弗里德曼和新自由主义政治的诞生》（*Masters of the Universe*：*Hayek*，*Friedman*，*and the Birth of Neoliberal Politics*，2012）[62]一书中解释道，二战后，经理式资本主义的国家行动主义（state activism）发展到了新的高度，直到罗纳德·里根和玛格丽特·撒切尔在20世纪80年代被米尔顿·弗里德曼和弗里德里希·哈耶克的新古典主义范式所迷住之后开始推行资管资本主义。凯恩斯主义经济体制在20世纪70年代的滞胀中陷入困境，并被货币主义所取代，后者实际上是对前凯恩斯主义关于货币和政府的正统观念的回归。

在过去的40年里，力量的平衡发生了决定性的变化，天平从劳动力倒向了资本，从工人阶级倒向了商业阶层，从旧的商业精英倒向了新的金融精英——资产管理者。向权力致敬的新共识——"新"古典经济学和"新"凯恩斯主义经济学的混合体——有助于让权力转移变得无形。

无论我们考虑瑞典央行在20世纪八九十年代采取的量化政策，还是美国、亚洲国家特别是日本央行的政策，历史事实是，央行一直处于困扰世界经济的繁荣与萧条周期的中心，因为它们增加了独立性，减少了责任。比如，1982—2013年间，美联储的政策将10年期美国政府债券收益率从14.6%降至1.9%，并一直保持到2020年。独立的中央银行在实现权力从工人阶级向商业阶层，从旧的商业精英向新的金融精英、资产管理公司的转移方面发挥了重要作用。

理查德·多布斯（Richard Dobbs）、詹姆斯·马尼卡（James Manyika）和乔纳森·沃策尔（Jonathan Woetzel）在《不平凡的颠覆：打破所有趋势的四种全球力量》（*No Ordinary Disruption*：*The Four Global Forces Breaking All the Trends*，2015）[63] 中警告我们，自2008 年 "大缓和"（the Great Moderation）终结以来，世界经济变得不同了。新兴市场的崛起、技术对市场竞争力量的加速影响、世界人口老龄化以及新的贸易、资本和人员流动的发展，同时对世界经济产生了根本性和变革性的影响。这一彻底的转变把资产集中了起来，约440 个城市的 GDP 在 21 世纪第三个十年之前将超过全球 GDP 的一半。亚洲已成为世界上最大的贸易地区，这改变了全球资本、商品、人员和信息的流动，创造了一个联系更加紧密的世界。

在 2008 年后的大衰退开始时，随着房价下跌，失业率飙升，许多评论家得出结论，这场灾难背后的经济信念将成为历史。相反，政治阶层开始将灾难归咎于政府干预，并要求全球采取行动以应对紧缩、滞胀和国际主权债务危机。菲利普·米罗斯基（Philip Mirowski）[64] 为认知失调的经典研究找到了恰当的比较。他的结论是，新自由主义思想已经变得如此普遍，以至于任何相反的证据都只会让信徒们进一步相信其终极真理。一旦新自由主义成为一种关于一切的理论，为自我、知识、信息、市场和政府提供了一种革命性的解释，它就再也不能被任何像 "真实" 经济数据这样平凡的东西所证伪。米罗斯基评论道，在金融灾难之后，新自由主义起死回生。

# 注释

1 Wray L R. Modern Money：A Primer on Macroeconomics for Sovereign Monetary Systems[M]. New York：Palgrave Macmillan，2012.

2 Ricks M. The Money Problem：Rethinking Financial Regulation[M]. Chicago：The University of Chicago Press，2016：61.

3 Howell M J. Capital Wars：The Rise of Global Liquidity [M]. New York：Palgrave Macmillan2020：30，34.

4 Thiemann M. The Growth of Shadow Banking：A Comparative Institutional Analysis [M]. Cambridge：Cambridge University Press，2018.

5 Pistor K. The Code of Capital：How the Law Creates Wealth and Inequality[M]. Princeton：Princeton University Press，2019. 4

6 Shiller R J. Irrational Exuberance [M]. New York：Currency Doubleday，2005.

7 Varian H R，Farrell J，Shapiro C. The Economics of Information Technology：An Introduction [M]. Cambridge：Cambridge University Press，2004.

8 Taleb N. The Black Swan：The Impact of the Highly Improbable[M]. New York：Random House，2017.

9 Mandelbrot B，Hudson R L. The（Mis）Behavior of Markets：A Fractal View of Financial Turbulence [M]. New York：Basic Books，2004.

10 Miller J H. A Crude Look at the Whole：The Science of Complex Systems in Business，Life，and Society [M]. New York：Basic Books，2015.

11 Mattli W. Darkness by Design：The Hidden Power in Global Capital Markets[M]. Princeton：Princeton University Press，2019.

12 Prasad E S. The Future of Money：How the Digital Revolution Is Transforming Currencies and Finance[M]. New York：Basic Books，2004.

13 Patterson S. Dark Pools：The Rise of the Machine Traders and the Rigging of the U. S. Stock Market[M]. New York：Crown Business，2012.

14 THE ECONOMIST. September 28-October4，2019.

15 Lewis M. Flash Boys：A Wall Street Revolt [M]. New York：W. W. Norton & Company，2014.

16 Mackenzie D. Trading at the Speed of Light：How Ultrafast Algorithms Are Transforming Financial Markets[M]. Princeton：Princeton University Press，2021.

17 Walter Mattli[ed.]. Global Algorithmic Capital Markets：High Frequency Trading，Dark Pools，And Regulatory Challenges. [M]. Oxford：Oxford University Press，2018.

18 Scopino G. Algo Bots and the Law：Technology，Automation，and the Regulation of Futures and Other Derivatives. [M]. Cambridge：Cambridge University Press，2020.

19 Zuckerman G. The Man Who Solved the Market：How Jim Simons Launched the Quant Revolution [M]. London：Penguin，2019.

20 Lewis H. Crony Capitalism in America: 2008 – 2012 [M]. New York: AC Books, 2013.

21 Klein M C, Pettis M. Trade Wars Are Class Wars: How Rising Inequality Distorts the Global Economy and Threatens International Peace[M]. New Haven: Yale University Press,2020.

22 Blas J, Farchy J. The World for Sale: Money, Power, and the Traders Who Barter the Earth's Resources [M]. New Haven: Yale University Press,2021.

23 Kelton S. The Deficit Myth: Modern Monetary Theory and the Birth of the People's Economy [M]. New York: Public Affairs, 2020.

24 Lee T, Lee J, Coldiron K. The Rise of Carry: The Dangerous Consequences of Volatility Suppression and the New Financial Order of Decaying Growth and Recurring Crisis [M]. Columbus: McGraw-Hill, 2020.

25 Friedman M, Swartz A J. A Monetary History of the United States 1867 – 1960 [M]. Princeton: Princeton University Press,1975. 此书已由北京大学出版社出版,巴曙松等译。

26 Bullough O, Moneyland: The Inside Story of the Crooks and Kleptocracts Who Rule the World [M]. New York: St. Martin Press, 2019.

27 Taleb N. Antifragile: Things That Gain from Disorder[M]. New York: Random House,2012.

28 Arslanian H, Fischer F. The Future of Finance: The Impact of Fintech, Ai, and Crypto on Financial Services [M]. New York: Palgrave Macmillan,2019.

29 The Economist, April 12th, 2021.

30 Mallaby S. More Money than God: Hedge Funds and the Making of a New Elite[M]. London: Penguin Books, 2010.

31 Piketty T. Capital and Ideology [M]. Cambridge: The Belknap Press of Harvard University Press, 2020.

32 Koo R. The Escape from Balance Sheet Recession and the Qe Trap [M]. New York: Wiley, 2015.

33 Tooze A. Shutdown: How Covid Shake the World's Economy [M]. New York: Viking, 2021.

34 Haskel J, Westlake S. Capitalism Without Capital: The Rise of the Intangible Economy [M]. Princeton: Princeton University Press, 2018.

35 Grant N, King I. "Big Tech's Big Tax Ruse: Industry Splurges on Buybacks Not Jobs", Bloomberg, April 14, 2019.

36 Rifkin J. The Green New Deal: Why the Fossil Fuel Civilization Will Collapse By 2028, and the Bold Economic Plan to Save Life on Earth [M]. New York: St. Martin Press, 2019.

37 Alt J D. Paying Ourselves to Save the Planet: A Layman's Explanation of Modern Money Theory. Kindle Direct Publishing, 2020.

38 Zucman G. The Hidden Wealth of Nations: The Scourge of Tax Havens [M]. Chicago: The University of Chicago Press, 2015.

39 Harrington B. Capital Without Borders: Wealth Managers and the One Percent [M]. Cambridge: Harvard University Press, 2016.

40 Milanovic B. Capitalism Alone: The Future of the System That Rules the World [M]. Cambridge: The Belknap Press of Harvard University Press, 2019.

41 Shaxson N. Treasure Islands: Uncovering the Damage of Offshore Banking and Tax Havens [M]. New York: Palgrave Macmillan, 2011.

42 Burgis T. Kleptopia: How Dirty Money Is Conquering the World. [M]. London: Harper, 2020.

43 Saez E,Zucman G. The Triumph of Injustice: How the Rich Dodge Taxes and How to Make Them Pay [M]. New York: W. W. Norton & Company, 2014.

44 Philippon T. THE GREAT REVERSAL: HOW AMERICA GAVE UP ON FREE MARKETS [M]. Cambridge: The Belknap Press of Harvard University Press, 2019.

45 Aghion P, Antonin C, Bunel S. The Power of Creative Destruction:Economic Turbulence and the Wealth of Nations[M]. Cambridge: The Belknap Press of Harvard University Press, 2021.

46 Coyle D. Markets, State, And People: Economics for Public Policy [M]. Princeton: Princeton University Press, 2020.

47 Tepper J, Hearn D. The Myth of Capitalism: Monopolies and the Death of Competition [M]. New York: Wiley, 2019.

48 Christophers B. Rentier Capitalism: Who Owns the Economy, and Who Pays for It [M]. New York: Verso, 2020.

49 Page S E. The Model Thinker: What You Need to Know to Make Data Work for You [M]. New York: Basic Books, 2018.

50 Mazzucato M. Mission Economy: A Moonshot Guide to Changing Capitalism[M]. London: Harper Business, 2021.

51 The ECONOMIST. December 1$^{st}$-7$^{th}$, 2018.

52 Smil V. Growth: From Microorganisms to Megacities. [M]. Cambridge: The MIT Press, 2019.

53 Roach S. Unbalanced: The Codependence of America and China [M]. New Haven: Yale University Press, 2014.

54 Woodward B. Maestro:Greenspan s Fed and the American Boom [M]. New York: Simon & Schuster, 2000.

55 Goldin I, Kutarna C. Age of Discovery: Navigating the Risks and Rewards of Our New Renaissance [M]. New York: St. Martin Press, 2016.

56 2017 OXFAMREPORT.

57 Bourguignon J. The Globalization of Inequality [M]. Princeton: Princeton University Press, 2015.

58 Banerjee A, Duflo E,etal. Good Economics for Hard Times[M]. New York: Public Affairs, 2019.

59 Dijk J V. The Digital Divide[M]. Cambridge: Polity,2020.

60 Varoufakis Y, Halevi J, Theocarakis N. Modern Political Economics: Making Sense Of Post 2008 World [M]. London: Routledge, 2011.

61 Kay J, King M. Radical Uncertainty: Decision-Making Beyond the Numbers [M]. New York: W. W. Norton Company, 2020.

62 Jones D S. Masters of The Universe: Hayek, Friedman, and the Birth of Neoliberal Politics [M]. Princeton: Princeton University Press, 2012.

63 Dobbs R, Manyika J, Woetzel J. No Ordinary Disruption: The Four Global Forces Breaking All the Trends [M]. New York: Public Affairs, 2015.

64 Mirowski P. Never Let a Serious Crisis Go to Waste: How Neoliberalism Survived the Financial Meltdown [M]. New York: Verso, 2013.

# 失控的资本

发条经济学的终结

The Financial and Conceptual
Foundations of Intangible Asset
Manager Capitalism

## 第二章

## 牛顿主义科学观的
## 崩溃与数据资本
## 主义的诞生

## 牛顿主义科学观的崩溃

　　人类事务的根本转变大多以两种形式出现，一种是可能在瞬间"改变一切"的低概率事件，另一种是持续的、逐渐展开的趋势，其长期影响同样深远。正如尼古拉·康德拉季耶夫（Nikolai Kondratieff）所主张的那样，根本性的变化既可能来自不可预测的连续性中断，也可能发端于逐渐展开的趋势。逐渐展开的趋势至少应该得到简短的承认。它们是划时代的技术发展：渐进式的工程进步、效率和可靠性的提高、单位成本的降低以及新技术的逐渐传播，通常遵循相当可预测的逻辑曲线，这些都是非常明显的。但它们不时会被令人惊讶的，有时是令人震惊的不连续性所打断。

　　经济学家和历史学家都有一个共同的观点，即社会和经济生活围绕着某个平衡点波动，而平衡点不一定是静态的。但他们对周期的看法非常不同。对经济学家来说，周期来自于对原本平稳运行的系统的一些"冲击"，这些系统产生了商业活动的周期。例如，四十年的康德拉季耶夫周期是由技术创新的激增产生的。当经济开始适应这些变化时，波动可能会很剧烈，但这些波动还没有持续足够长的时间以至于能够质疑进步本身。[1]（Skidelsky，2020，pp. 154 – 155）

在进化生物学诞生之初，政治经济学的原理就已经出现了。在接下来的一个世纪里，它们似乎更加紧密地结合在一起，因此，发现社会应该如何组织的冲动与发现自然如何组织自身的冲动是不可分割的……当时存在着最优经济的难题，进化生物学设法填补了不同学说的空白。哲学家赫伯特·斯宾塞（Herbert Spencer）等人的结论是，大自然无情的个人主义为社会推荐了一种类似的自由放任模式。他创造的"适者生存"一词，既适用于资本主义，也适用于进化论。[2]（Subramanian，2019，pp. 138–139）

查尔斯·达尔文做出了以种群思想为中心的伟大贡献：种群中个体的变异或多样性为自然选择过程中的竞争提供了基础。自然选择体现在物种中更适合生存的个体的"区分性繁殖"（differential reproduction）上。原则上，选择性事件需要在个体变体的谱系中连续产生多样性，通过环境信号对这些不同的谱系进行轮询，以及对那些谱系元素或个体进行区分性放大或繁殖，这些谱系元素或个体能比它们的竞争对手更好地匹配环境信号。

对历史学家来说，虽然历史往往是由长期趋势组成的，但偶尔也会出现众所周知的"陨星"：一种不可预见的冲击，在很短的时间内引发巨大的变化。最明显的例子之一是第一次世界大战，它加速了几个帝国的解体，第一个社会主义大国的出现，以及世界各地阶级和等级的瓦解。在英国，金融市场的民主化花了两个世纪，而第一次世界大战只用了几年时间就把它带到了美国。在美国，战争结束后的十年是资金充裕的十年，因为中产阶级新释放的储蓄不断寻找新的投资渠道。当技术火花最终将这些资金带入高杠杆的股票市场时，其结果是泡沫包围了整个股市，并最终导致了历史上最壮观的一次崩盘。就像历史上许多次的金融大发展一样，美国金融市场的民主化是为战争筹集资金的努力的部分结果。1917 年 4 月，美国加入了第一次世界大战，美国认为战争的结果取决于其尽快动员军队的能力，这给政府带来了紧急的资金需求。支出从 1916 年的 19亿美元增加到 1917 年的 127 亿美元，并在 1918 年进一步增加到 185亿美元，远远超过了仅通过税收所能提供的资金数额。伍德罗·威尔逊（Woodrow Wilson）政府得出的结论是，为战争提供资金的最佳方式是向美国公众出售大量债券。新成立的美联储开始接受自由债券作为抵押品，使金融机构有强烈的意愿持有它们。然后，这些机构充当分销网络，投资者可以在当地分行购买债券。许多机构还允许投资者赊购债券。[3]（Quinn & Turner，2020，pp. 115 – 116）在股市崩盘（1929 年）前的十年里，随着一系列改革和创新使证券买卖变得更加容易，市场的可交易性不断提高。其中第一个是为分销自由债券而建立的金融网络，该网络允许在当地银行分行、百货商店和通过工资扣款购买自由债券。战后，私人银行开始复制这一网络，试图进入小投资者市场。经纪公司的总数从 1925 年的 706 家增加到 1929 年的 1658 家，这使得投资者不必接近华尔街。国家城市公司（the National City Company）实际上变成了一家金融连锁店，在全国各地销售公司债券、外国债券和普通股。这一切伴随着营销活动，旨在教育公众投资的基本知识。在 20 世纪 20 年代后半期，二级市场的交易成本非常低……证券交易商也受益于通信技术的发展。信贷增长最重要的形式是经纪人贷款（broker loan），这直接导致了股市泡沫。1920 年以前，投资信托在美国几乎不存在，但当它们真的出现时，它们比英国同行的风险高得多。许多信托都使用了巨大的杠杆……这些信托公司的数量从 1921 年的 40 家增加到 1929 年的 750 多家，当时它们发行的新资本比其他任何部门都多。信用交易在个人交易者中也很常见，他们从经纪人那里借钱，经纪人再从银行借钱。泡沫的火花来自技术变革。美国社会，以及它的经济，在崩溃前的几年里被电气化所改变。新技术以两种方式引发了泡沫。首先，它在 20 世纪 20 年代中期为公司提供了非凡的利润，其中大部分支付给了股东。第二，新技术为投资者提供了一个强有力的理由，让他们相信股票价格远远超过传统指标所暗示的水平。事实上，这次崩盘既不是对某一具体事件的反应，也不是一个谜：它只是市场基础结构的后果。1929 年秋季未偿还经纪人贷款的数量意味着，任何足够的价格下跌都会导致大量的追加保证金通知。这反过来又会迫使交易员平仓，进一步压低价格。（Quinn & Turner，2020，pp. 127 – 130）

经济学从艾萨克·牛顿的物理学中得到启示，其分析框架是建立一个均衡系统，扰动是短暂的，并且可以自我修正。它以均衡为中心：经济的自然静息状态。求解一组描述市场的方程，该市场被认为是由面临各种约束的可预测的自利个体组成的，从而产生均衡，即平衡供给和需求的价格。几个世纪以来，物理学家利用数学来理解重力、光、电、磁和核力的本质。当它们的方程是线性的、噪声是高斯的，并且变量是可分离的时候，我们就能获得解析解。我们的世界在他们眼中是被动的：河流流淌，岩石坠落，行星环绕。没有主动的行为，只有发生的事件。

正如爱德华·富尔布鲁克（Edward Fullbrook）在《市场价值：

衡量和度量》（*Market-Value：Its Measurement and Metric*，2019）[4] 一书中所写的，对于解释经验现象，有两种使用数学的方法。一种是选择一个数学结构，然后对经验结构进行假设，使两个结构同态。这是正统的新古典主义经济学的方法论，它产生了数学模型，从这些模型中可以定义概念并进行推论。但这不是牛顿物理学的方法论。第二种方法是牛顿所说的"实验哲学"。它不是从数学结构开始，而是从观察和描述经验结构开始，然后寻找或发明作为牛顿微积分的同态数学结构。因此，正是基于这种经验基础，而不是数学的公理，概念得以定义，推论得以做出。这是新古典主义经济学家的疏忽。

虽然早期的古典经济学家（如斯密）并没有假设人们是完全理性的，只是假设他们受自身利益的驱使——这一点在 19 世纪随着新古典主义经济学家的登台而改变了。他们的目标是将该领域数学化，他们的工作塑造了今天的主流经济学。第一步是更准确地了解人们在从事经济交易时到底在做什么——换句话说，是什么在驱动他们。斯密将内在价值（intrinsic value）与生产成本联系在一起。对于威廉·斯坦利·杰文斯（William Stanley Jevons）这样的新古典主义经济学家来说，答案是在哲学家杰里米·边沁（Jeremy Bentham）的效用思想中找到的，效用原理是这样一个原理，"赞成还是反对任何一项行动，都要看这项行动是趋于增加还是减少与行动有关的人的幸福，即是促进还是阻碍这一幸福"。根据边沁的观点，一个事件的快乐或痛苦取决于许多因素，包括它的强度、持续时间以及确定性或不确定性。正如杰文斯指出的那样，从经济学的角度来看，这意味着效用有两个维度，分别对应于功率（power）和持续时间

（duration）——就像我们的电费账单取决于灯泡功率的大小，以及我们让灯泡亮着的时间一样。这也意味着效用具有概率性的一面。因此，经济学家的任务是明确的。快乐与痛苦无疑是经济学演算的终极对象。一项行动的好处仅仅是它对所涉及的人的积极和消极影响的总和。杰文斯利用这一效用定义推导出诸如他的"交换方程"（equation of exchange）之类的关系，即消费者要使其效用最大化，所消费的每件物品的边际效用（即多购买一个单位的效用）与其价格必须相等。换句话说，重要的不是影响的大小，而是相对于参考点的比例变化。[5]（Orrell，2021，pp. 19 – 21）

杰里米·边沁将效用与快乐或痛苦等同起来，这是维多利亚时代早期经济学家的正统立场，但以斯坦利·杰文斯为首的一代改革派经济学家表明，人们往往可以通过仔细考虑边际上发生的事情，完全放弃对效用的诉求。在边际主义者瓦尔拉斯、杰文斯、门格尔及其追随者开创的分析实践中，数学获得了中心功能。边际主义者提议将经济视为一系列相互关联的市场。供给响应需求，需求响应供给。它们的相互平衡构成了市场运作的本质。供给和需求以相对价格体系为媒介相互调节。对相对价格的解释成为边际主义发展的假设性实践。之所以说它是假设性的，是因为边际主义者提出的分析工具从未被用来解释任何实体经济中的实际相对价格。个人对消费或收益的欲望驱动着供给和需求：因此，方法论上的个人主义从一开始就标示着这种经济学方法。这种观点是个人对稀缺资源的配置做出选择，以最有效地实现其消费或收益的目标。它的这种彻底简化使得许多分析得以采用数学形式。

正如大卫·奥雷尔（David Orrell）所指出的："最早的新古典主义经济学家将效用定义为我们从某件事中获得的快乐，这是一种情感反应。埃奇沃斯（Francis Edgeworth）谈到了'快乐的演算'，将其作为一条公理，即'快乐是可测量的，所有的快乐都是可比较的'，并写道：'人作为快乐机器的概念可以证明和促进社会科学中机械术语和数学推理的使用。'经济学家很快就远离了对快乐的强调，并开始谈论因决策而产生的偏好，这些偏好可以按优先顺序排列。但在19世纪70年代，行为心理学家开始回归快乐和痛苦等情绪状态的概念。卡尼曼（Daniel Kahneman）和特沃斯基（Amos Tversky）在他们1972年的报告中（两处）提到了'人的本性是快乐机器'，这与埃奇沃斯的观点相呼应。他们还更进一步，解释说我们对损失的敏感度大于对收益的敏感度，这具有适应价值（adaptive value）。快乐的物种被赋予了对快乐的无限欣赏和对痛苦的低敏感度，很可能无法在进化之战中幸存下来。重点是预期情绪——即一个人预期从一项决策中收获多少快乐或痛苦，而不是在实际做决定时所经历的情绪状态。正如卡尼曼后来在他们1974年的文章中所说：'我们记录了正常人思维中的系统性错误，我们将这些错误追溯到认知机制的设计，而不是情绪对思维的腐蚀。'因此，情绪被重新定义为另一种机械反应。"（Orrell，2021，p. 92）

在后边际主义经济学的模型构建中，数学是经济学研究偏爱的工具，它更接近于逻辑，而不是因果科学（causal science）。数学仍然是基本的工具，在事实规定（factual stipulations）和因果理论的基础上，并根据经济分析工具之外提供的规范性承诺，揭示了经济活动的每一种模式的含义。相比那些已确立的经济学，数学的使用需要与因果探究（causal inquiry）有更密切的关系，去预测和激发因果观点，就像数学在基础物理学的历史中所做的那样，而不仅仅是回顾它们。数学有用性的限制在于定性方面的而不是定量方面的探索；在于对历史路径的依赖，而不在于对永恒经济真理的追寻；在于涉及体制结构和体制变革的方面，而不在于在特定的体制框架内分配和重新分配资源。

此外，我们身处一个由生物自构建的世界。新古典主义经济理论所忽略的是一个自我构建的系统的概念。经济生活的节奏性特征、创新与破坏的浪潮、政治经济体系的兴衰并不完全符合新古典经济理论所描述的条件，因为网络方程是非线性的，与之相关的噪声是非高斯的，变量是不可分离的。新古典经济理论对此没有明确的解决方案。

肯·宾默尔（Ken Binmore）在《理性决策》（*Rational Decisions*）[6]一书中提醒道："进化就是适者生存。因此，持续促进其适应性的实体的生存将以牺牲那些仅间歇性促进其适应性的实体为代价。因此，当生物进化有足够长的时间来进行时，染色体上的每个相关基因座都可能被具有最大适应度的基因所占据。由于基因只是一个分子，它不能自主改变以最大化其适应性，但进化使它看起来好像已经改变了。这是一个有价值的见解，因为它允许生物学家使用理性考虑来预测进化过程的结果，而不需要跟踪该过程可能发生的每一个复杂的曲折。在这样的进化背景下，当诉诸理性时，我们可以说我们是在寻求终极原因而不是近因的解释。"（Binmore，2009，p. 12）

罗伯特·斯基德尔斯基（Robert Skidelsky）指出："历史学家所设想的周期更像是文明周期。它们可能是由商业危机引发的，但它们的根源是存在的，来自于社会中央机构的失败。从技术中抽象出来，历史学家的循环理论没有内在的进步概念。技术进步是外生的、不可预测的。历史本身并没有显示出明显的改进模式。它前后摆动。它不会重复，但有节奏。根据典型的历史周期论，社会像钟摆一样在活力与衰退、进步与反动、享乐主义与清教主义的交替之间摆动。每一次膨胀的运动都会产生一次过度的危机，从而导致一次回归的反应。平衡位置很难达到且不稳定。历史不能用来预测未来，但可以表明未来的趋势和不可避免的反应。典型地，历史学家的周期是代际的，孩子们普遍会反对他们父母所信奉的。"（Skidelsky，2020，p. 155）

2008 年金融危机后，一些经济学家借鉴了一些不那么迷恋均衡的学科。琼·罗宾逊担心均衡模型低估了历史在决定结果中的作用。约瑟夫·熊彼特（Joseph Schumpeter）认为经济在创新的推动下不断变化。弗里德里希·哈耶克论述了个人的单独行动如何能够产生难以理解的复杂性的"自发秩序"。

一个著名的长周期经济理论是康德拉季耶夫周期，这是一个 40年或 50 年的长波，它以一批新技术开始，当这些技术走向终结时就会耗尽。扬·范迪克（Jan van Dijk）澄清道："这一猜想与经济发展的长波理论非常吻合，后者借苏联经济学家康德拉季耶夫的研究而为人所知，并得到了从马克思主义者曼德尔（E. Mandel）到福雷斯特（J. Forrester）和范杜伊恩（J. J. van Duijn）等不同流派的经济学家的扩展。根据这一理论，经济不仅表现出平均五至七年的短期贸易周期，而且还表现出大约50年的长期波动，其中有一个上升和下降阶段，主要是由新技术的到来所引发的。在过去的两个世纪里，我们见证了技术革命的四次浪潮。"（Dijk，2020，p. 92）[7]

熊彼特在描述资本主义的创造与毁灭的循环时借鉴了这一思想。在熊彼特看来，资本主义是一个动态的非均衡系统。新的很少补充旧的，相反它通常会破坏它。正如卡尔·贝内迪克特·弗雷（Carl Benedikt Frey）在《技术陷阱：自动化时代的资本、劳动力和权力》（*The Technology Trap：Capital，Labor，and Power on the Age of Automation*）[8] 一书中所解释的那样，老的东西并不像过去那样简单地放弃，而是试图阻止死亡或拉拢其篡位者——如希腊神话克洛诺斯的故事——这具有重要意义。

既不存在唯一的充分就业均衡，也不存在凯恩斯假设的多种均衡。然而，凯恩斯和熊彼特之间可能会有一次会面，因为熊彼特就像上一代真正的商业周期理论家一样，不会否认稳定政策可以使波动不那么剧烈。在长周期中有较短的繁荣和萧条周期，持续8至10年。由于缺乏恰当的科学解释，保罗·萨缪尔森（Paul Samuelson）将周期理论称为"科幻小说"，然而，周期对宏观经济政策产生了巨大影响。典型的宏观经济结构——如周期性调整的预算赤字——指的是持续时间确定的短周期，围绕某种"正常"或"长期"情况波动。

统计算法确定了1960年以来全球经济活动的四个低谷，这些低谷对应于世界人均实际国内生产总值（GDP）的下降，并构成全球衰退：1975 年、1982 年、1991 年和 2009 年……全球商业周期的峰值分别是 1974 年、1981 年、1990 年和 2008 年（Kose & Terrones，2015，p. 37）[9]。

大卫·休谟（David Hume）继承了英国经验主义的传统，他假设一个被动观察的头脑存在于一个大缸里，并想知道这个观察的头脑如何能够获得关于世界的可靠知识。他正确地指出，从观察到的情况来看，人们不能推断出应该是什么情况。人不能从"实然"推导出"应然"。在 18 世纪，休谟认为，我们永远不能确定如何解释因果关系。如果我们发现 A 后面总是跟着 B，我们可能会推断 A 导致了 B，但这种推断无法被证明是正确的。1781 年，伊曼努尔·康德（Immanuel Kant）在《纯粹理性批判》（*Critique of Pure Reason*）一书中进一步指出，我们无法接近不以经验为中介的世界。他称世界为"本体世界"或"自在之物"，但我们所能知道的只是"现象世界"：那是由感官和头脑的理解工具记录下来的。这使我们对世界的概念受制于易犯错误的感知和推理能力。如果我们能够更精确地推理，现象世界就会随之改变。

整个哲学体系是在主观现象学——一个有哲学倾向的个人的意识经验——的基础上构建的，这反映了人类的傲慢。正如笛卡尔认识到此并以此为理论出发点，这种傲慢在一定程度上是合理的，因为我们的意识经验是我们拥有直接证据的唯一本体论。我们所能体验到的现象学世界的巨大丰富性——意识体验本身——似乎依赖于颅骨中的一块凝胶状组织。大多数科学家本能地认为，经验和意识应该是一种副现象，仅仅是一种媒介，而不应成为解释现实可能意味着什么的概念的主要成分（Ball，2018，pp. 81 – 82）[10]。

然而，自大卫·休谟以来，经济学家已经区分了经济变化的短期和长期影响，包括政策干预的影响。这一区别有助于保护均衡理论，使其能够以一种考虑到现实的形式来陈述。在经济学中，短期现在通常代表市场或市场经济在一些"冲击"的影响下暂时偏离其长期均衡位置的时期。就像钟摆暂时从静止的位置移开一样。这种思维方式表明，政府应该让市场去发现其自然的长期均衡状况。凯恩斯提醒我们，从长远来看，我们都将死去。这是一个残酷的现实。他指出，从长远来看，时间可能太长而不相关。另一方面，历史周期指的是道德、社会政治的涡流而不是技术均衡。这种见解将技术创新嵌入更广泛的政治和社会变革框架中。

到目前为止，这些根本性进步中最重要的一些接连发生在1867年至1914年年间，当时蒸汽机、水轮机、发电机、内燃机、廉价的钢铁、铝、炸药、合成肥料和电子元件创造了20世纪的技术基础。20世纪30年代和40年代，随着燃气轮机、核裂变、电子计算、半导体、塑料、杀虫剂和除草剂等技术的引入，发生了第二次显著的突变。喷气式飞机的发展历史很好地说明了这些快速技术转变具有内在不可预测性。

在17世纪的科学革命之前，没有任何迹象表明，世界的混乱背后可能存在着简单有序的规律，对于风的轨迹，天气、饥荒的发生或行星轨道的理解，人们最接近理性的思考是它们是上帝或诸神的一时兴起所致。牛顿让宇宙看起来井然有序，容不下反复无常的众神的干涉。他提供了运动定律，这些定律描述了实验室中或整个世界中或太阳系及太阳系以外的运动物体的行为，推而广之，这些定律也必须被视为普遍定律，适用于任何地方和任何时候。

气体动力学理论是一个重要的例子，说明了物理学的普遍规律是如何为世界从混乱中带来秩序的。"气体"一词是由扬·范·海尔蒙特（Jan van Helmont）根据希腊语"混乱"一词创造的。正是牛顿等人的世界观开启了以人类创造力和自由意志为核心的进步理论。

牛顿创立了物理学的数学基础，笛卡尔创立了二元论哲学，弗朗西斯·培根的实验方法随后引领科学达到了顶峰。这种在物理学中产生"确定"结果的实验方法后来被称为还原论。还原论认为，物质是一切存在的基础，物质世界是由众多分离的物体组合成一个巨大的结构。因此，复杂的现象可以通过将它们简化为基本的构件，并通过寻找这些构件相互作用的机制来理解。尽管在物理学领域引领潮流，但还原论方法论最终渗透到了所有科学领域。

大卫·奥雷尔（Orrell，2021，pp. 115–117）写道："新古典主义经济学明确地以牛顿力学为基础。我们的想法是将系统简化为零件，分析作用在零件上的力，用数学方程表示它们，然后求解。结果是系统的数学模型。在经济学中，系统的原子是理性的个体，他们孤立地做出决定，并采取行动来优化自己的效用。1921年，凯恩斯批评了所谓的'自然法的原子性'。他写道：'如果这种假设成立的话，物质宇宙的系统必须由我们可以称之为合法原子的物体组成，每一个物体都发挥其单独的、独立的和不变的作用。'然而，战后时代的经济学家并没有放弃它，而是从两个不同的方向对物理学进行了类推。一方面，他们在独立性和理性上加倍下注，以产生像阿罗－德布鲁均衡模型'看不见的手'定理这样的结果，该定理赋予经济'原子'展望未来的能力。但与此同时，受到量子物理学思想启发的新一代经济学家认为，市场受制于随机力量，这使得市场本质上不可预测。这些发展导致了经济学史上最具影响力的理论之一，即有效市场假说，它是物理学中不确定性原理的一种经济学版本。在某些方面，有效市场假说似乎支持了市场被驱动到稳定均衡的观点。根据尤金·F.法玛（Eugene F. Fama）的观点，市场有效性的检验就是对某些市场均衡模型的检验，反之亦然。两者的关系尤如左右臂。或者正如泰勒（Richard Thaler）所说，简单地说，我们可以说最优化＋均衡＝经济学。这是一个强大的组合，是其他社会科学无法比拟的。另一方面，它导致了一种奇怪的情况，即理性经济人被认为能够做出完美的预测。但这反过来意味着没有人能够预测市场。至少可以说，高度理性的交易者将价格推向完美水平的观点显然与我们观察到的认知缺陷不相容。"

随着笛卡尔、牛顿和拉普拉斯（Pierre-Simmon Laplace）的成功，我们开始将物理学视为我们关于现实"是什么"的问题的答案。在探索过程中，我们逐渐将世界视为一台巨大的"机器"。由狭义和广义相对论、量子力学和量子场论扩展的这一基本框架改变了牛顿物理学的一些基本确定性方面，但没有改变将现实视为巨大"机器"的观点。进化的生命不是一台"机器"，它的生物圈也不是。与定律占主导地位的物理学不同，根本没有任何定律能够左右生物圈的形成。

我们不知道随着生物圈以我们无法事先说明的方式演变和塑造其自身，未来将会发生什么。这种无法无天的涌现是偶然的，而不是随机的。生物圈构建了自己，并使其日益多样化。生活世界可以变得更加多样化和复杂，并以一种持续的方式创造其自身的潜力。

许多科学方法依赖于对自然采取还原的立场，将复杂的事物分解成简单的基本单位。在物理学中，这意味着将物体视为单个原子的集合体。在人类事务中，它意味着建立一种基于对个人的理解的社会概念。托马斯·霍布斯（Thomas Hobbes）就这样以个人为起点开始创作他的政治论文，这是激进且极具现代性的一步。根据霍布斯时代占主导地位的基督教教义，社会是有机的整体，个人是基督身体的一部分。个人最终从更大的集体愿景中获得他们的身份。除了与社会整体的关系外，每个部分都没有形状。

霍布斯推翻了这一切，将个人置于社会之前，认为社会只不过是个人的集合体。霍布斯的个人是自利的和社会性的。正如他那个时代物理学中的原子不断运动一样，霍布斯的个人也是由内部驱动力推动的，这种驱动力使他们不断运动，最后不可避免地导致冲突，必然通向所谓"所有人对所有人的战争"的愿景。霍布斯认为人类社会是一个自组织的系统，拥有自己的生命和智慧。权力是通过相互协商一致，而不是通过神权，被赋予议会或国王手中。[11]

西格蒙德·弗洛伊德（Sigmund Freud）[12]认为，文明起源于原始的罪恶感，这种罪恶感最初是由弑父引起的，也许是一群儿子起来杀死他们的父亲。弗洛伊德推测，在那次血腥行为之后，羞耻感压倒了他们，他们制定了法律和社会机构来禁止这种行为。因此，弗洛伊德将我们的文明倾向定位于罪恶感———一种情感冲突。霍布斯则根据人的身体力量、激情、经验和理性来描述人。霍布斯相信人类是利己主义的理性计算者，对霍布斯来说，理性最终拯救了人类。他的著作《利维坦》（*Leviathan*）将社会视为一个庞大的个体。卡尔·马克思对资本和劳动的观点也是如此。理性驱使霍布斯笔下的个体，在自我保护的私欲驱使下，为了安全而放弃自由，将绝对控制权交给一个君主，一个利维坦，以换取安全。

肯·宾默尔在《理性决策》（*Rational Decisions*）一书中提醒道，在正统的决策理论中，决策者的理性与他在决定采取什么行动时考虑自己的偏好和信念的方式是一致的。因此，正统立场将理性局限于确定手段而不是目的。引用大卫·休谟的话：理性是而且应该是激情的奴隶。正如休谟夸张的解释那样，他不会受到对非理性的指控的影响，尽管他宁愿选择整个宇宙的毁灭也不愿挠挠手指。一些哲学家持有相反的观点，认为理性可以告诉你应该喜欢什么。另一些人则认为，理性可以告诉你应该选择什么，而不必考虑你的偏好。例如，康德告诉我们，理性要求我们尊重它的绝对命令（categorical imperative），无论我们是否喜欢其结果（Binmore，2009，p. 4）。哲学中的理性主义包括不诉诸任何数据而得出实质性的结论。如果你遵循科学方法，你就会被说成是经验主义者而不是理性主义者。但如今只有神创论者才会因为科学家缺乏理性而对其大加指责。（Binmore，2009，p. 1）

共同生活的基础就是这种霍布斯式的社会契约，在这种契约中，国家的存在只是为了保障个人的自我保护。约翰·洛克（John Locke）保留了霍布斯将社会契约作为社会黏合剂的思想，但攻击了霍布斯的绝对君主制观点，认为它只是将所有人对所有人的战争转移到了君主和他的臣民之间。洛克遵循牛顿力学的主导特征，用其不可改变的定律来支配不同物体之间的关系，发展了一种原子论的社会观，用其基本构件——获得个人财产的人类——来描述社会。正如物理学家将气体的性质简化为其原子或分子的运动一样，洛克试图将在社会中观察到的现象简化为离散的个体的行为。因此，洛克主张有限的宪政，本质上是现代有限的自由国家。霍布斯认为只有绝对统治才能遏制利己主义，而亚当·斯密则认为利己主义是社会秩序的基础。因此，看不见的市场之手取代了主权利维坦，共同利益产生于共同的个人利益追求中。斯密的主张也引发了市场和国家之间的战争。充斥着"代理问题"（agency problem）的跨国公司，而不是斯密式的原子式个人，凭借其全球金融网络成为市场的现代面孔。

弗里乔夫·卡普拉（Fridtjof Capra）[13]认为，牛顿的科学方法观点已经崩溃，而首先崩溃的学科是物理学本身，而笛卡尔的哲学基础和还原论方法论似乎仍是安全的。首先，量子理论严重破坏了笛卡尔的确定性原理，而第二个关于个体事件的非定域联系的发现废除了笛卡尔的精神与物质的分离。卡普拉和乌戈·马泰（Ugo Mattei）在《法律生态学：走向与自然和社会和谐的法律体系》（The Ecology of Law：Toward a Legal System in Tune with Nature and Community）[14]一书中补充说，西方法学与科学一起，对机械论世界观做出了重大贡献。现代性导致了工业时代的物质主义取向和掠夺性心态，而这正是当今全球生态、社会和经济危机的根源。故此，科学家和法学家都必须对当今世界的现状承担一定的责任。在科学的前沿，一种彻底的范式转变——从机械论到系统和生态的世界观——正在出现。这一范式转变的本质是：从将世界视为一台机器到将其理解为一个生态社群网络。此外，生态科学已经向我们表明，大自然通过一套生态原则维持着生命之网，这些原则是生成性的（generative），而不是提取性的（extractive）。（Capra & Mattei，2015，pp. IX – X）

在 18 世纪的科学体系中，牛顿提出了两个主题。他在他的微积分和物理学研究中所获得的一个启示是物理世界是可以变得可预测和可测量的。经济学家渴望获取科学的权威，于是在他们的理论中模仿牛顿的运动定律，将经济描述为一个稳定的机械系统。19 世纪末，一些有数学头脑的经济学家开始试图将经济学变成一门像物理学一样牢固的科学，他们转向微分学，用一套公理和方程来描述经济。

正如牛顿揭示了从单个原子到行星运动的物理运动定律一样，具有数学头脑的经济学家试图揭示能够解释市场的经济运行定律，从单个的、具典型性的消费者开始，逐步扩大至国民产出。因此，150 年来的经济理论用静态的机械模型和隐喻使我们的理解产生了偏差，而实际上经济更应该被理解为一个复杂的适应性系统，由动态世界中相互依存的人类组成。个体不仅嵌入在系统中，而且直接参与系统的自组织。早在达尔文之前，康德就明白了这一点："那么，一个有组织的存在就具有这样的性质，即部分是通过整体而存在的。"这就是康德的整体论。

另一个不那么出名的典故是牛顿在建立金本位制中的关键作用，金本位制使经济估值像贸易物品的物理尺寸一样可计算和可靠。牛顿作为皇家铸币厂的负责人，将英镑的价值与黄金锚定，在 1717 年后的 200 年里，这一原则除了在拿破仑战争中暂停之外，英镑基于黄金的化学不可逆性，成为稳定可靠的货币北极星。牛顿尝试了炼金术，试图对黄金进行逆向工程，使其可以由铅和汞等贱价金属制成，但失败了，这为他捍卫以黄金为基础的英镑提供了至关重要的知识。牛顿的制度使货币本质上像黄金一样不可逆，像时间本身作为经济交易的衡量标准一样不可逆。

这一系列相关联的事件开启了取代离散生产的连续进程，给我们带来了工业轮机、线轴、窄带钢，以及卓别林电影中的经典流水线。在前工业化时代，技术仅限于人类可以用自己的双手创造的工具和结构。大自然仍在掌控万物。在工业时代，机器被引入，从简单的机床开始，人们可以复制其他机器。大自然开始受到机械的控制。这样的工业进步只代表了工业化国家产出的一部分，连续生产的理想启发了资本家和社会主义者。在第三个时代，数字代码从最初的穿孔卡片和打孔纸带开始，开启了自我复制。截至当时，自我复制和自我生产的能力一直是生物学的专利，但自此却被机器所取代。大自然似乎正在失去控制力。在工业化的几个世纪里，制造商、石油精炼商和分销商对信息拥有过多的权力，而现在信息垄断在一些颠覆性的平台公司手中。在这个时代的末期，联网设备的激增产生了另一个转折。21 世纪，以廉价化石燃料为基础的大规模生产经济已演变为以廉价微电子为基础的信息经济。工业文明的繁荣是以牺牲自然为代价的，它开始威胁地球的生态。

## 计算机革命

乔治·戴森（George Dyson）在《模拟：超越可编程控制的技术的出现》（*Analogia*：*The Emergence of Technology Beyond Programmable Control*）[15] 一书中写道：大自然使用体现在 DNA 串中的编码来存储、复制、修改和纠错从一代传递到下一代的指令，但却依赖于体现在大脑和神经系统中的模拟编码和模拟计算来实现实时智能和控制。核苷酸的编码序列存储了大脑生长的指令，但大脑本身并不像数字计算机那样通过存储和处理数字代码来运行。在数字计算机中，一次只发生一件事。在模拟计算机⊖中，一切都是同时发生的。大脑以三维的方式连续处理信息，而不是一步一步地处理一维算法。信息是脉冲频率编码的，体现在拓扑结构中，而不是根据逻辑事件的精确序列进行数字编码。数字微处理器的先驱卡弗·米德（Carver Mead）在 1989 年敦促重新发明模拟信号处理时说："即使是非常简单的动物的神经系统也比人类构建的计算模式系统更有效。"……在过去的一百年里，电子学经历了两次关键的转变：从模拟到数字，从高压、高温的真空管到硅的低压、低温固态。这些转变同时发生并不意味着其间有必然的联系。正如数字计算最初是使用真空管元

---

⊖　指自然界中的信息处理机制。——编者注。

件实现的一样，模拟计算也可以自下而上地通过固态器件来实现，就像我们今天制造数字微处理器的方式一样，或者自上而下地通过将数字处理器组装成模拟网络来实现，这种模拟网络不是以逻辑方式而是以统计方式处理比特流：真空管处理电子流动的方式，或者神经元处理大脑中的脉搏流……将电子流作为连续函数处理的真空管是一种模拟装置，必须对电子的离散脉冲进行逻辑处理。……在模拟宇宙中，时间是一个连续体。在数字宇宙中，时间是由一系列离散的、不受时间影响的步骤所传达的幻觉（Dyson，2020 年，pp. 6 – 10）。

人类认知和计算机/媒体处理之间最基本的区别可以归因于这样一个事实，即人类的感知和认知在物理上处于一个有形的世界。人类与其环境有一种积极和自主的关系。这对于所谓的"感知周期"中的多功能感知和认知至关重要。这种知觉循环的基本原理是由不断变化的心理图式控制的知觉活动。这是由人类心灵的"直接意向性"造成的。意向性是由人作为特定环境中的生物和社会人的需要和价值所激发的。这是神经生物学家杰拉尔德·M. 埃德尔曼（Gerald M. Edelman）和他的神经科学研究所使用的基本原理。[16]埃德尔曼和托诺尼（Giulio Tononi）[17]否定了大多数认知心理学家的原则，即人类大脑可以比作计算机或神经元发电厂。他们声称，大脑更像是一个不断变化的神经元群组连接的有机丛林，对每个人来说都是独一无二的。它们只有一部分是由基因决定的。每个人在与环境的持续互动中表现出的需求，导致了达尔文意义上的神经元的持续自然选择，不停地改变着人类的大脑。这些需求所产生的试错过程塑造了大脑。人类大脑的运作不应该像大多数认知心理学家所认为的那样，分为硬件（大脑）和软件（思维）的功能。根据埃德尔曼的说法，完整的人类大脑/思维，但显然不是特定的思想，可以用神经生物学来解释（Dijk，2012，p. 243）。

　　心理学家理查德·格雷戈里（Richard Gregory）认为，由于神经处理将感觉材料（sense data）压缩得太多，大脑必须使用赫姆霍兹（Helmholtz）所称的"似然原则"（likelihood principle）来重建存在的东西。也就是说，我们使用先验知识来无意识地推断那里有什么。近年来，这一普遍观点以"预测编码"（predictive coding）假说的形式重新受到关注。这个想法的本质很简单——基于检索到的知识或记忆（被称为"先验"）的自上而下的无意识预测，塑造了我们有意识地看到的东西。安迪·克拉克（Andy Clark）和阿尼尔·塞斯（Anil Seth）都热衷于预测编码，他们将意识感知描述为"受控的幻觉"。克里斯·弗里斯（Chris Frith）将其描述为与现实相吻合的幻想。露西娅·梅洛尼（Lucia Melloni）则更进一步，她写道："达到意识层面的图像往往与现实几乎没有相似之处。"她引用奥地利科学家和哲学家海因茨·冯·福斯特（Heinz von Foerster）的话来支持这一观点："我们所感知的世界是我们自己的发明。"塞斯很好地总结了预测编码方法：我们的感知经验——无论是对世界、对我们自己还是对一件艺术品——都依赖于对感官输入的积极的自上而下的解释。感知成为一种生成行为，其中感知、认知、情感和社会文化期望共同形成大脑对感官信号产生原因的最佳猜测。（LeDoux，2019，pp. 290 – 292）[18]

　　另一方面，计算机或其他媒介中的感知和处理只能从某种"衍生的意向性"开始。计算机是由他人编程的，只是复制或呈现程序。计算机处理的原理是遵循算法的程序指令，而不是模拟心理处理中的神经选择。计算机被编程用于各种目的和环境。因此，在某种程度上，它们是与环境无关的（context-free）和抽象的。它们按照指令，并遵循人类思维的理性规划模型。露西·萨奇曼（Lucy Such-man）[19]严厉批评了这种模式。萨奇曼对人们在日常生活中使用现代电子设备的方式进行了实证人类学研究，她得出的结论是，人们并没有按照一定的计划使用这些设备，也没有按照这些设备的开发者所期望的方式使用这些设备。人类行动和思维的规划模型与"情境化的行动"（situated action）所处的现实并不匹配，埃德尔曼声称这是受到了遵循需求的神经选择的影响。这些选择的很大一部分是无意识的，这引起了对有意识的意志占主导地位的怀疑。萨奇曼认为，计划只是一种预期和对行为的重建。它们是一种思维方式，而不是现实生活中的行为表现。"情境行动是行动者之间以及行动者与其行动环境之间每时每刻相互作用的一种涌现属性。这种交互具有四个特征，这些特征大大超出了计算机和媒体迄今所能支持的三个层次的交互性（双向通信、同步性以及某种程度上的双方控制）。"（Dijk，2012，p. 244）

斯图尔特·A. 考夫曼（Stuart A. Kauffman）[20]将经济总结为一个互补和替代关系的网络，他称之为经济网络。就像生物圈一样，经济网络的进化不能充分地预先测试，并且是"情境依赖"的，并创造了不断增长的、对应着"相近可能性"的"情境"。相近可能性是在演变中下一步可能出现的东西。这种进化受到自己创造的相近可能性的深深影响。大卫·伊格曼（David Eagleman）[21]补充道：我们的基因遵循一个简单的原则：不构建不灵活的硬件，而是构建一个能够适应周围世界的系统。我们的 DNA 没有构建有机体的固定模式；相反，它建立了一个动态系统，不断重写其回路，以反映周围的世界，并优化其功效。……大脑中的神经元被锁定在生存竞争中。就像邻国一样，神经元监视着它们的领地，并长期保护着它们。它们在系统的每一个层面上都为领土和生存而战：每个神经元和神经元之间的每个连接都为资源而战。随着边境战争在大脑的一生中肆虐，地图以这样一种方式被重新绘制，即一个人的经历和目标总是反映在大脑的结构中。（Eagleman，2020，pp. 10 – 11）

信息技术 80 年的历史就是一个例子。第一个工业时代诞生于对质量和艾萨克·牛顿理论的掌握，而计算机时代则诞生于对埃尔温·薛定谔（Erwin Schrödinger）、维尔纳·海森堡（Werner Heisenberg）和阿尔伯特·爱因斯坦（Albert Einstein）的量子理论的粒子和悖论的实际掌握。随着第二次世界大战接近尾声，制造氢弹的竞赛因冯·诺依曼制造计算机的愿望而加速，而推动冯·诺依曼制造计算机的动因又因制造氢弹的竞赛而加速。计算机对于核爆炸的研究和了解接下来会发生什么至关重要。计算机的数值模拟与核爆炸的物理现实非常接近，可以用来对武器效应进行首次有价值的预测。人类最具破坏性的发明和最具建设性的发明同时出现并非巧合。

哥德尔为数字革命搭建了舞台，不仅重新定义了形式系统的力量，还将冯·诺依曼的兴趣从纯逻辑转向应用。正是受到哥德尔的启发，即在有限的时间内，是否可以通过严格的机械程序来区分可证明的陈述和不可证明的陈述，图灵发明了通用图灵机。哥德尔定理赋予形式系统的所有权力——以及对这些权力的限制——都被图灵的通用图灵机（包括冯·诺伊曼的版本）所捕获。哥德尔证明了在任何强大到足以包含普通算术的形式系统中，总有一些不可判定的陈述不能被证明是真的，但也不能被证明是假的。图灵证明了在任何形式（或机械）系统中，不仅存在着可以给出有限描述但不能在有限的时间内用任何有限的机器来计算的函数，而且也没有明确的方法来预先区分可计算的函数和不可计算的函数。在1931年，用数字代码来表示所有可能的概念似乎是一种纯粹的理论构想。哥德尔和图灵证明了形式系统迟早会产生有价值的命题，但其真伪只能从系统外部得到证明。（Dyson，2012，p. 51 ，p. 94，p. 107）[22]

利奥·西拉德（Leo Szilard）、约翰·冯·诺伊曼、尤金·维格纳（Eugene Wigner）、西奥多·冯·卡曼（Theodore von Karman）和爱德华·泰勒（Edward Teller）是五位匈牙利人，他们在20世纪30年代移民到美国，促进了核武器、数字计算机和洲际弹道导弹的发展。利奥·西拉德分析了我们现在所说的一个"比特"信息的最小物理表示的热力学结果，但又过了20年，这一术语才开始被接受。西拉德以及通信理论家哈里·奈奎斯特（Harry Nyquist）和拉尔夫·哈特利（Ralph Hartley）的见解，影响了冯·诺伊曼和诺伯特·维纳（Nobert Wiener），预示了克劳德·香农（Claude Shannon）在1948年提出的信息论。（Dyson，2020，pp. 106 – 107）

比特是基本的、不可分割的信息单位。数字计算的过程就是作为基础不可分割单元的比特在其作为结构（存储器）或作为序列

（代码）的两种可能存在形式之间的转换。这就是图灵机在读取打孔纸带时所做的事情，它相应地改变其思维状态，并在其他地方留下（或擦除）标记。为了以电子速度做到这一点，需要一个二进制元件，它可以随着时间的推移保持给定的状态，直到响应于电子脉冲或某种其他形式的刺激，以改变或传递该状态。机器中的大多数基本元件或"细胞"都是二进制或"开关"性质的。（Dyson，2012，p. 124）

"曼尼亚克"（MANIAC）计算机在 1951 年开始运作，它将数据和指令混合在一起，打破了数字代表事物和数字改造事物之间的界限。它完成的诸多军方任务中，最惹眼的是一次耗时 60 昼夜的计算，其结果证明了氢弹制造的可行性。在存储程序数字计算机出现之前，数字代表事物。有了编码指令，称为"命令代码"，数字就有了做事情的权力——包括调用另一条指令或复制自己的权力。一串比特获得了自我复制的能力，就像一串 DNA 一样，就这样开始了一场连锁反应，并在它们被释放后的 70 多年里基本保持不变。"曼尼亚克"的"后代"们首先在真空管中复制，然后在分立半导体中复制，现在在单片硅中复制，其特征是字长——控制可以调动多少内存，以及时钟速度——控制它们在给定的时间内可以执行多少条指令……然而，潜在的"时钟"并不是用来测量时间的，而是用来作为调节事件有序顺序的时钟工作擒纵机构。在数字宇宙中，我们所知的时间并不存在。在模拟宇宙中，时间是一个连续体。任何两个时刻，无论多么接近，中间都有其他时刻。在数字宇宙中，没有连续体，只有有限的一系列离散步骤。（Dyson，2020，pp. 226 – 227）

尽管冯·诺依曼的计算机系统结构和逻辑控制概念是以二进制逻辑、电路和真空管为框架的，但其核心是麦卡洛克和皮茨假设的神经网络……在冯·诺依曼计算机诞生的这一刻，它被视为一个大脑。如今，机器和大脑之间的隐喻已经发生了颠倒。在这个隐喻以目前的形式——将大脑视为一台计算机——出现之前的很多年的时间里，大脑研究和计算机研究进行了充分的互动（Cobb，2020，pp. 182 – 183）[23]

在计算机时代刚刚开始的时候，科学家们被这些新机器和大脑之间的相似之处所震惊，并受到启发以不同的方式使用它们。一些人忽视了人脑的生物学，只是专注于让计算机尽可能聪明，这一领域后来被称为人工智能（AI——这个词是由约翰·麦卡锡在 1956 年创造的）。但在理解大脑如何工作方面，最富有成效的方法并不来自那些试图创造超级智能机器的人，而是那些通过模型模拟大脑的功能的人——如果你愿意的话，这种方法可以称为神经元代数。

## 芯片战争

IBM 制造了第一批商用机器，预计只能卖出几台。但大型机最终得到了广泛的销售，随后，微芯片的发明为个人计算机铺平了道路。

1961 年，飞兆半导体（Fairchild Semiconductor）开始在中国香港组装和测试产品，主要是为了利用相对廉价的劳动力。1987 年，当富士通（Fujitsu）试图收购飞兆半导体时，里根总统的商务部长和国防部长以国家安全为由反对该交易，声称美国军方不能在关键通信技术上依赖外国势力。1988 年，国会通过了《埃克森－弗洛里奥修正案》（*Exon-Florio Amendment*），该修正案进一步授权总统阻止外国公司对国内公司的并购——如果总统相信这些并购损害了国家安全。随着微芯片变得更加复杂，更多的制造流程被外包给亚洲的专业公司，生产流程的国际化也在加速。

1971 年，英特尔开发了一种微处理器，为微型计算机的制造铺平了道路。1972 年，在施乐帕洛阿尔托研究中心（Xerox PARC），巴特勒·兰普森（Butler Lampson）制造了 Alto，这台机器在外观上与现代台式计算机几乎没有什么不同。然而施乐的尝试失败了。

1981 年，IBM 推出了个人计算机，缩写为 PC，并获得了全世界的认可。许多用户认为 IBM PC 的性能不能与市场上已有的机器相媲美，但这并不重要。更多的用户催生出更多的用户。这就是网络效应。IBM 将 PC 的操作系统外包给了一家小公司——微软，但当 IBM 试图通过新的、自研发的更复杂的操作系统 OS/2 重新获得控制权时为时已晚。微软的 MS－DOS 驱动的 Windows 3.1 已无处不在。与此同时，史蒂夫·乔布斯和史蒂夫·沃兹尼亚克于 1976 年开始在自家后院车库里组装苹果机器。尽管微软明白易用性对于商业成功非常重要，但真正做到这一点的正是乔布斯，他进一步扩展了这一愿景——你可以在不了解计算机的情况下使用它。乔布斯借鉴了施乐的另一项发明——图形界面。苹果电脑集成了软件和硬件。然而面对 IBM PC 对更开放标准的广泛采用，苹果公司维持其专有系统的决心失败了。Windows 结合了苹果的图形用户界面和无处不在的 MS－DOS 赢得了世界。到 20 世纪 90 年代中期，苹果公司已处于破产边缘。

这一局面的结果是形成了一个由数千家公司组成的多国复杂集团，《经济学人》[24] 大致将其分为三类。设计：苹果、英特尔、华为、高通；制造：英特尔、三星、美光、台积电；封装/组装：Amcor、长电科技、日月光、金元。设计由 ARM、Xilinx、Synopsys、Zuken 提供支持。制造和封装由 Air Liquide、美国应用材料公司（Applied Materials）、阿斯麦（ASML）、韩国 KMG 化学公司、Lam Research、日本 NAURA 公司、Sumco 公司、东京电子公司和日立高科技公司提供支持。

从原料硅到成品微芯片的典型路线，很好地说明了供应链的复杂程度。微芯片最初的旅程可能始于北美的阿巴拉契亚山脉，那里的二氧化硅沉积物质含量最高。这些沙子被运到日本变成纯硅锭。然后，硅锭被切割成直径为 300 毫米的标准化晶片，并被送往中国台湾或韩国的"晶圆厂"，即高科技芯片工厂，而生产中低端芯片的晶片则被送往中国大陆。在此阶段，芯片制造厂将使用荷兰阿斯麦制造的光刻机设备在晶片上压印特定图案。

位于比利时鲁汶的 IMEC 微电子中心不设计芯片，不制造芯片，也不生产任何复杂的芯片制造业装备。相反，它创造了价值 5500 亿美元的芯片行业中每个人都在使用的知识。鉴于芯片在现代经济中的中心地位，以及在后特朗普总统时代日益重要的地缘政治地位，IMEC 成为地球上最重要的工业研发中心之一。

IMEC 成立于 1984 年，由一群来自鲁汶天主教大学的电子工程师组成，他们希望专注于微处理器研究。在早期，它由当地政府资助。如今，IMEC 在财务模式上保持中立，在这种模式中，没有任何一家公司或国家能够控制很大份额。最大份额来自比利时政府，占16%。此外最大的股东占有的股份不超过4%。保持股份来源的多样性和有限性，使 IMEC 有动力专注于推动芯片制造整体发展的想法，并成为纳米电子和数字技术领域全球领先的前瞻性重大创新中心。

一个恰当的例子是极紫外光刻技术（EUV）的发展。EUV 是一个精密的过程，涉及高功率激光、熔锡和超光滑镜面。巴士大小的EVU 机器由阿斯麦制造，供台积电和三星等企业使用。经过 20 年的研发，EUV 从想法变成了现实。IMEC 在这一过程中起到了管道的作用。这是因为 EUV 必须与其他公司制造的设备无缝协作。先进的工具制造商希望找到一种方式来传播他们的知识产权，而不受大公司的影响。与此同时，大公司不想把所有赌注都押在任何一个昂贵的、可能很快就会过时的实验性想法上。

IMEC 的中立性使双方都能绕过这个问题。它在一个地方收集所有必要的设备，允许生产商与其他人一起开发技术。每个人都有权使用研究所产生的知识产权。知识的自由交流推动了芯片行业的进步，而 IMEC 则是来自世界各地的创意的"漏斗"。这种模式吸引了越来越多的贡献者。据该研究所称，有数百家机构与 IMEC 有合作，其中既有初创公司也有全球性公司。

美国是芯片行业一些最大公司的总部所在地，而中国在 2020 年进口了价值 3780 亿美元的芯片，随着两者之间的裂痕不断加深，IMEC 的全球共享精神受到了威胁。美国和欧洲的出口管制限制了

IMEC 与中国半导体公司合作的范围。在 IMEC 工作的人中，中国人占 3.5%，是第五大群体，领先于美国人的 1.5%。对美国和中国在技术领域日益加深的裂痕，IMEC 几乎无能为力。

阿斯麦并不是唯一的光刻机制造商，这种光刻机利用光将集成电路蚀刻到硅晶片上。它与日本的佳能和尼康竞争。自 2006 年到 2019 年，这家荷兰公司的市场份额几乎翻了一番，达到 62%。阿斯麦已经掌握了波长仅为 13.5 纳米的极紫外光技术。更短的波长可以蚀刻更小的元件，这对于努力跟上摩尔定律的芯片制造商来说至关重要。摩尔定律认为，挤进给定面积硅片的元件数量大约每两年翻一番。全球三大芯片制造商英特尔、三星和台积电对阿斯麦的依赖程度与其他科技行业对它们的依赖程度相当。阿斯麦的收入情况反映了这一点，2021 年营收 220 亿美元，市值突破了 3000 亿美元，毛利率达到了惊人的 55%。自 2010 年至今，阿斯麦的市值增长了 23 倍，超过了大众和西门子的总和。

阿斯麦拥有大约 5000 家供应商。阿斯麦对英特尔至关重要，三星和台积电均持有该公司的股份。EUV 光刻技术在《瓦森纳协定》的"两用"技术清单上，该协定成为对华高科技出口管制的主要"指导性文件"。中国也在积极培育自己的先进芯片制造企业，而美国正试图阻挠这一雄心。2018 年，阿斯麦尔收到了一份来自中国客户的 EUV 机器订单。在美国的压力下，荷兰政府尚未向阿斯麦颁发出口许可证。阿斯麦尔宣布遵守美国商务部 2019 年将华为及其 70 家附属公司列入黑名单的决定，并将其决定通知华为。

芯片使用方设计具体的芯片图案。而设计极有可能需要使用英国公司 ARM 的架构，ARM 主要为现代芯片设计指令集，其客户包括高通、苹果和三星。从商业模式上讲，ARM 将指令集授权给这些公司，从这些公司收取使用费。有了 ARM 的架构，这些公司就可以根据自己的需求生产各种定制芯片。ARM 的这种模式取得了巨大的成功。

在下一阶段，芯片需要进行封装，其中蚀刻的硅被放置在陶瓷或塑料容器中，这些容器散布在电路板上，然后进行测试。封装可能在中国、越南或菲律宾进行，将芯片集成到电路板的过程则可能又发生在别的地方。这些部件被运送到世界各地的工厂，从墨西哥到德国，再到中国，组装成最终产品，如工业机器人、智能吸尘器或平板电脑。

2011 年的日本地震和海啸不仅揭示了制造业的全球一体化程度，还赤裸裸地展示了日本企业一直在生产的大量化学品和其他材料对微芯片制造业的重要性。日本公司对印刷电路板的铜箔、制造芯片的硅晶片以及封装它们的树脂拥有相当大的控制权。日本是芯片业许多零部件最大的供应商，有时甚至是唯一的供应商。

微处理器是完成计算机中大部分繁重工作的芯片。它们是围绕英特尔或 ARM 拥有的指令集架构（ISA）构建的。英特尔的 ISA 为台式计算机、服务器和笔记本电脑提供架构。ARM 则为移动电话、数字手表和其他移动设备提供架构。虽然还有其他公司，但总体来说 ARM 和英特尔一起主导了市场。指令集架构是对芯片如何在最基本层面上工作的标准化描述，以及用于编写在其上运行的软件的指令。加州大学伯克利分校的计算机科学家编写了开源的 RISC – V 架构。ISA 是专有的，RISC – V 可供任何人在任何地方免费使用。RISC – V 于 2014 年在加州举行的 Hot Chips 微处理器会议上推出。它现在由一个非营利基金会管理。它最近搬到了瑞士，脱离了美国的管辖。由于 RISC – V 的指令集已经在网上公布，美国的出口管制对其不适用。这使得它特别受中国 IT 公司的欢迎。阿里巴巴于 2019 年 7 月发布了其首款 RISC – V 芯片。

最著名的"开放"治理系统是 Linux，这是一种通过合作努力创建和维护的操作系统，原则上所有人都可以自由做出贡献，并欢迎所有人从中受益。其他公司则是"封闭的"，这是许多企业软件制造商（如甲骨文）的惯例。有些公司的经营方式就像是绝对的君主制，比如史蒂夫·乔布斯领导下的苹果公司，他是苹果科技帝国中哪怕是最小细节的最终仲裁者。

21 世纪的互联网愈发分裂也许是不可避免的。一些国家为了自身利益而采取行动：它们有不同的偏好和价值观。然而，数据被分割在高耸的数字界墙之内并不符合大多数国家的利益——尽管它们可能符合一些国家的利益。

特朗普总统将依存关系武器化，威胁要切断和他不喜欢的国家或实体做生意的外国金融机构与 SWIFT 银行结算系统和美元清算系统的联系，这期间中国一些公司的脆弱性凸显了出来，使中国在电子组装领域的主导地位受到了威胁。这方面中国拥有全球一半的产能。2019 年 5 月，美国商务部将华为及其 70 家子公司列入黑名单，禁止美国公司在未经政府批准的情况下向其出售某些技术。2020 年 5 月 15 日，特朗普政府将限制范围从芯片扩大到制造芯片的工具。其中大部分工具来自应用材料公司（Applied Materials），该公司生产用于在硅片上蚀刻图案的设备，其 90% 的资产位于美国；Lam Research，一家供台积电和其他公司加工硅片所用设备的制造商，其 88% 的资产位于美国；泰瑞达（Teradyne），其 69% 的资产位于美国；阿斯麦几乎所有的资产都在荷兰；东京电子公司和日立高科技公司的资产则在日本。

随着时间的推移，微芯片产业的地理范围已经变得越来越广，越来越去美国化。一个粗略的衡量标准是追踪公司资产的地理位置。全球十大半导体公司中只有 20% 的工厂在美国。当亚洲企业将工厂设在当地时，美国企业已经在地理上实现了多元化。例如，英特尔在 2019 年有 35% 的实物资产（制造能力的粗略指标）在国外。其中约 80 亿美元的资产在以色列，40 亿美元在爱尔兰，50 亿美元在其最大的市场中国。英特尔 2019 年 720 亿美元的收入中有 200 亿美元来自中国。另一个例子是美国的 ADI 公司，该公司为华为生产用于电信基站组装的射频芯片，它一半的资产位于菲律宾、爱尔兰、新加坡和马来西亚。

负责全球基带处理器无线连接的调制解调器芯片中，约有一半是由高通公司制造的。实际上，全球数据中心使用的所有服务器级芯片都是由英特尔制造的。基于 ARM 授权设计的芯片存在于几乎每一款先进的智能手机中。2020 年 9 月，游戏和人工智能芯片设计商英伟达（Nvidia）拟以 400 亿美元从软银（Softbank）手中收购 ARM；2020 年 10 月，图形和通用芯片设计商 AMD 同意以 350 亿美元收购赛灵思（Xilinx）。对高通、ARM 和其他芯片设计公司来说，它们依靠晶圆代工厂将硅转化为微处理器。英特尔、三星和台积电则依靠一群专业设备供应商为其工厂提供设备。芯片制造在技术上复杂的相互依赖性是跨越国界的，就像全球金融系统一样。此外，像亚马逊和谷歌这样的网络巨头也正在开发自己的设计。跟上先进技术的成本不断膨胀，这意味着芯片设计的爆炸式增长正在通过数量不断减少的有能力实际制造它们的公司来实现。世界上只有三家公司能够制造先进的处理器：英特尔、台积电和三星。英特尔宣布，它已决定将自己的部分生产外包给台积电。在全球范围内，该行业看起来将进一步两极分化，在设计上更加活跃，而在生产上更加集中。

在过去 20 年左右的时间里，英伟达制造的 GPU 让视频游戏看起来栩栩如生。然而，在过去的十年里，事实证明 GPU 在另一个计算领域也很出色。通过向机器学习算法输入大量数据，它们极大地加快了训练机器学习算法执行任务的速度。收购 ARM 将为英伟达补足自身轻量级终端的业务能力。

2018 年，亚马逊开始用自己的 Graviton 设计替换其数据中心中的一些英特尔芯片，并声称其芯片的成本效率比英特尔高 40%。大约在同一时间，谷歌开始使用定制的 Tensor Processing Unit 芯片，以促进其云客户的人工智能计算。2020 年，苹果宣布将用定制的产品取代英特尔的产品。百度声称其"昆仑"AI 芯片的速度超过了英伟达的产品。

20 世纪 80 年代，中国台湾在半导体制造方面没有比较优势。然而，台湾当局做出了一个政治决定，成立了政府支持的台湾积体电路制造股份有限公司（TSMC）。在台积电最容易受到外国竞争打击的早期，台湾当局用关税和补贴培育了台积电。台积电现在是一家上市公司，如果没有政治的介入，该公司不可能取得这样的地位。那些在国际经济学课程上无耻地把李嘉图的比较优势当作科学来教授的人应该注意到，中国台湾人创造了他们的比较优势，就像三星在韩国所做的那样。

大型机并没有导致 PC 的发明，但大型机创造的广阔市场使 PC 能够相当容易地渗透到一个不断扩大的市场。此外，在技术史中，电子表格程序经常被描述为引发 PC 市场爆炸式增长的杀手级应用。电子表格程序与 PC 彼此成就。双方都帮助对方赢得了市场份额。PC 并没有导致但却促成了文字处理软件的发明，像微软这样的软件公司出现了，它最初成立的目的是为 IBM PC 开发操作系统。

文字处理软件和大量文件的出现带来了文件共享的可能性，调制解调器也随之发明。文件共享并不是万维网发明的原因，而是万维网发明的诱因。网络的存在并不是网络销售的成因，而是间接促成了网络销售，eBay 和亚马逊应运而生。无数用户将内容放到网上，促成了网络浏览器的发明。像谷歌这样的公司也出现了。从那以后，社交媒体和 Facebook 也开始异军突起。

1991 年 3 月，当蒂姆·伯纳斯 - 李（Tim Berners-Lee）发布他的第一个万维网浏览器时，没有人会预料到搜索领域会出现近乎垄断的局面。第一个流行的互联网浏览器 Mosaic 于 1993 年推出，在接下来的五年里，在谷歌诞生之前，先后出现了从 Alta Vista、Ask Jeeves 到 WebCrawler 和 Yahoo Search 等搜索引擎。但后来谷歌要么消除了竞争，要么将其他选择降至边际份额，现在任何人只要有一台 PC 或一部手机，就可以访问大量可复制、拷贝或编码的历史、技术、医学或科学信息，以及下载任何食谱、名画、照片、操作建议或版权过期的文本。

几乎所有这些连续的创新都是对先前创新的补充。每个国家的现有商品和服务是下一种商品和服务出现的背景。文字处理软件弥补了 PC 的不足，调制解调器是文字处理软件的补充，网络是一个巨大的互联调制解调器，为文件共享铺平了道路。共享文件的机会催生了调制解调器的发明。因此，熊彼特对资本主义创造和毁灭周期的描述需要修改，以反映商品和服务不是导致（cause）而是赋能（enable）下一种商品或服务的发明和引入的背景。"赋能"既不是熊彼特的概念，也不是新古典均衡理论的概念。

## 资本法典

制造业盈利能力长期下降，一部分原因是二战战胜国在富裕经济体实施的管理资本主义的收入分配系统，另一部分原因是世界新兴经济体试图赶上富裕的西方而形成的全球产能过剩。英美的新自由主义者转向借助金融和数据的全球化来稳住自己的全球经济增长和地位。在富裕西方国家制造业不景气的情况下，资管资本主义成为可能。所有的经济学说，除了无政府主义者，都以某种国家的存在为前提，哪怕是最严格的"守夜人国家"（奉行自由放任主义）。在 20 世纪最后 20 年里，资管资本主义的全球化努力的标志性动作是整合市场的尝试，特别是整合全球范围内超越国家的金融市场。而这种尝试带来的后果是全球化市场更不安全、更具犯罪性和不确定性。具有讽刺意味的是，正是各国政府对无国界的、放松监管的全球金融结构在 2008 年崩溃的拯救和重置，缩小了对全球金融体系的监管权力。

自那以后，资本变得具有流动性，投资者在全球范围内漫游，寻找更有利的税收或监管环境。金融资产在肉眼看不到的数字云中进行交易和结算。然而，没有一个全球法律体系来支撑全球金融体系，也没有一个国家具有足够的强制力来支撑它，或许只有一个例外：2001 年美国《爱国者法案》（Patriot Act）生效之后的 SWIFT 体系。由于资本是一种法律编码，因此在没有全球国家（global state）和全球法律体系的情况下，全球金融的存在需要一个最终解释。

全球金融体系至少在理论上可以由一个单一的国内法律制度来维持，条件是其他国家承认并执行其法律准则。2020 年的全球金融体系非常接近这种理论上的可能性。它建立在两个国内法律体系之上：英国法律和纽约州法律，辅之以一些国际条约，以及广泛的双边贸易和投资制度网络，而这些制度本身又以少数发达经济体为中心。

将法律出口到他国有着悠久的历史。帝国主义不仅是军事征服，而且将欧洲国家的法律体系传播到他们在非洲、亚洲和美洲建立的殖民地。全球大多数国家的法律体系都属于三大法系之一：英国普通法、法国民法和德国民法。即使是摆脱殖民统治的国家也被迫采用西方法律。日本就是一个突出的例子。欧洲法律体系在全球的传播大大减少了法律差异，但并没有产生一致性。

在英格兰和纽约州，全球资本的法典是在私人律师事务所中制定出来的，而不是在公共立法机构中，甚至不再是在法院中，法院因可能破坏私人编法策略而被边缘化。全球资本法典是关于究竟谁应该决定财产权的内容和意义：国家还是私人当事方；公众还是工商业的巨头。争论的焦点是谁来决定什么是财产权：是主权国家还是私人。为全球商业建立法律基础设施主要采取两种形式：协调不同国家的法律，以及承认和执行外国法律。后者在保护全球资本方面要成功得多，但它确实要求各国调整自己的法律冲突规则，以确保私人利益和自主权优先于公共关切。

将法律外包给私人代理人的趋势，即允许他们根据自己的意愿选择国内法或外国法，是对通过政治手段协调法律的困难的首选对策。欧盟是各国走到一起为共同市场制定共同规则的典范。事实证明，就一套共同的规则进行谈判是缓慢而繁琐的，即使对于有着共同历史（可追溯到罗马法）的国家也是如此。通过政治程序协调法律的替代办法是国家之间的法律和监管竞争与法律最终用户的私人自主权相结合，后者可以挑选最适合自己的法律。各国只需制定好法律产生冲突情况下的规则，为私人当事人提供可供替代的选择。

大多数在全球范围内交易的金融资产是在两个法律体系中编码

的；英国法律或纽约州法律。金融可能是全球性的，但承载金融资产核心特征的法律规范却是狭隘的。基于国内法律的无缝全球市场的最大绊脚石是破产法。衍生品交易商游说 50 多个国家的立法机构修改他们的破产法，为衍生品和回购交易建立一个"安全港"，使这些金融资产免受规则的约束，使国内法律与私人合同兼容。国际掉期和衍生工具协会（ISDA）是在纽约、伦敦和东京组建的一家非营利机构，它在制定全球金融法律方面最具影响力。ISDA 成立的目的是为标准化产品的可扩展市场奠定基础，同时为满足特定客户的需求提供足够的空间。ISDA 的合约主要用于场外交易的衍生品。这些市场遭受了金融危机的打击，但如今已反弹至危机前的水平。

《ISDA 主协议》（以下简称《主协议》）是一项私人立法，规定了希望彼此进行衍生品交易的交易对手的权利和义务。《主协议》的目的不是取代国内法，而是将其作为填补空白的手段。它促使《主协议》的当事人选择一种默认法律，并从该法律体系中选择法院来解决任何争议：英国法律或纽约州法律。一个新的仲裁法庭已由公认的国际金融市场专家组成的小组在海牙成立。《主协议》关注违约和终止问题。衍生品的交易对手从事的是铸造私人货币的业务，这些资产披着合法的外衣，让它们看起来像是国家货币。他们总是会发现自己有时无法以他们希望的速度和价格将私人资金转换为国家资金，特别是当他们自己的债权人来敲他们的门时。带有合同条款的《主协议》试图为衍生品交易员创造一种特殊的违约机制，使他们能够重新配置自己的押注，即使他们的交易对手之一发现自己破产。

破产是强制性的，因此私人行为者不能仅仅围绕它签订合同。

由于破产的强制性，债务人本国的法律管辖破产。ISDA 游说 50 多个立法机构修改其破产法，以适应 ISDA 的私人立法，该立法规定了希望彼此进行衍生品交易的交易对手的权利和义务。与其他金融市场一样，衍生品市场也在国家及其金融实力的阴影下运作。主权国家不得不选择一个私营企业协会，即 ISDA 来实现其监管目标，这一事实表明，国家在多大程度上失去了对全球金融治理的控制。

ISDA 通过制定《主协议》（一种涉及跨境交易的合同工具）创造了这样一种基础事实。ISDA 游说立法机构修改其法律，使其与 ISDA 的合同文书保持一致，从而彻底改变了合同必须与法律保持一致的原则。《主协议》是全球衍生品交易的基础，这些市场的参与者别无选择，只能遵守 ISDA 的规则手册。在律师的帮助下，全球资本的强大持有者不仅找到了利用法律为自己谋利的方法，还把大多数国家的立法机构、监管机构，甚至法院变成了为他们的利益服务的代理人，而这些机构的本职是维护公民的利益。他们在没有直接占据国家权力的情况下做到了这一点。可以说他们间接地使用了国家的权力。他们在自己的律师事务所里炮制了自己的私法，将不同的国内法律体系与国际或双边条约法拼凑在一起。所有的拼凑完工之后，其综合效果才显现出来。法律解释始终是一种立法行为。

## 数据资本主义

21 世纪数字技术的发展使企业能够生成和积累数据，数据已日益成为企业重塑其与员工、客户和竞争对手关系的核心。一种新的商业模式出现了——平台，它能够提取和控制难以想象的数据量。随着平台的发展，出现了巨大的垄断数据中心。首先，平台是使两个或多个群体能够互动的数字基础设施。平台提供的是在不同群体之间的居间的基本基础设施，而不是从头开始新建一个市场。平台相对于传统商业模式的关键优势体现在数据方面。平台将其自身定位在用户之间，作为用户活动发生的媒介，因此获取了访问与记录用户的活动并存储和拥有它们的特权。

此外，数字平台产生并依赖于所谓"网络效应"，更多的用户带来了更多的用户，这巩固了其固有的垄断惯性。依靠现有的基础设施和几乎没有增长限制的低边际成本，快速扩大许多平台业务的能力进一步促成了垄断。平台所有者制定了服务和开发的规则，就像他们设定市场交互规则一样。作为居间者，平台不仅可以获得更多的数据，还可以控制和管理游戏规则。这些数据巨头不仅仅是数据的所有者，他们正在成为未来社会新兴基础设施的所有者。

在分析这些平台对经济更广泛的影响时，必须考虑到它们的垄断DNA。"没有竞争的资本主义不是资本主义。"乔纳森·泰珀（Jonathan Tepper）和丹尼斯·赫恩（Denise Hearn）警告说（Tepper & Hearn，2019，p. 241）。但硅谷企业家彼得·蒂尔（Peter Thiel）却不这么认为。[25]彼得·蒂尔的观点是，商业上的成功建立在4个方面的基础上：建立专有技术、利用网络效应、受益于规模经济、品牌。管理文化称这些为"战略资源"，并说它们有3个特点：它们是有价值的、它们是稀缺的、它们是难以模仿的。但是，蒂尔似乎忽略了一个成功的商业策略，那就是建立一个良好的组织。他将竞争经济称为"历史遗迹"和"陷阱"，就像 20 世纪初的强盗贵族所做的那样，他宣称只有一件事可以让企业超越日常的残酷生存斗争——垄断利润。Facebook"连接全世界"的雄心需要全球垄断。谷歌想要组织起全世界的信息，而亚马逊也想集合所有信息服务于全世界的消费者。新古典主义者用来解释和预测正在形成的平台世界的经济模型不仅没有帮助，而且实际上扭曲了事实。

由于平台的基础是数据提取和网络效应的产生，因此在这些大型平台的竞争动态中，似乎已经出现了以下普遍的战略。数据提取策略——通过推动服务的交叉补贴来扩大数据提取策略，以吸引用户加入其网络。守门人战略——定位为守门人，在围绕核心业务的生态系统中占据关键位置，而不是通过横向、纵向或联合兼并。各业务之间的关系更像是一种假根连接（rhizoidal connections），始终将自己置于关键的平台位置。市场战略的趋同——趋同理论是指不同的平台公司在侵占相同的市场和数据领域时变得越来越相似的趋势。孤岛式平台战略——通过封闭生态系统将数据提取汇集到孤岛式平台。这些战略选择正在 21 世纪互联网生态系统中得到广泛应用。

阿里尔·埃兹拉奇（Ariel Ezrachi）和莫里斯·E. 斯塔克（Maurice E. Stucke）[26]警告说：正如我们所知，竞争——分配生活必需品的无形之手——在许多行业正被数字化之手所取代。后者不是一种自然力，而是人为的，因此容易受到操纵。数字化之手产生了新的可能的反竞争行为，而竞争主管机构对此准备不足。（Ezrachi & Stucke，2016，p. Ⅷ）算法、大数据和超级平台的兴起将加速我们所知的竞争的终结——我们已经习惯的市场体系的衰落……机器学习和大数据的创新带来根本性变革……降低进入壁垒，创造新的扩张和进入渠道，最终刺激竞争……如果公司的动机与消费者的利益一致，他们的行动会对市场产生集体影响。（Ezrachi & Stucke，2016，p. 233）但是，数据驱动的在线市场并没有内在的激励来纠正市场现实——即社会向上流动性下降、小公司创建率下降、市场和权力集中度增加以及财富不平等加剧。根据埃兹拉奇和斯塔克的说法，大公司在软件技术的支持下采取三种主要策略。首先是共谋。以前，竞争对手操纵价格的传统非法协议是在密室中达成的，而如今计算机算法会自动操纵价格。出发时间不同的机票价格各不相同。航空公司和预订平台使用算法来比较消费者对本平台供应的需求和对竞争对手供应的需求。第二个策略是价格歧视，这也是通过算法处理大量的个人和用户数据，给予不同的客户不同的价格。最后，平台之间会在市场上发生竞争。各平台的市场部分重叠，部分不同。在相同或重叠的市场中，竞争是活跃的。苹果和微软在软件和硬件领域展开竞争，阿里巴巴和亚马逊在零售领域展开竞争，Facebook 和谷歌在定向个人广告领域展开竞争。然而，在它们各自的主要市场——信息搜索领域的谷歌和社交网络领域的 Facebook——寡头们正接近垄断。尽管拥有一部较老的反托拉斯法，但美国不再被视为反垄断的知识领袖（Ezrachi & Stucke，2016，p. 248）。美国反托拉斯法几乎不适用于平台和数据公司在网络经济活动中的动态市场，在这个市场中，所有参与者都相互联系，随时移动、变化、合并，参与者不断记录、处理、交换、出售或免费提供数据。它们不断地提取、捕获和交换个人数据。

由于工业机器人的出现，连续型生产的势头仍然强劲，事实上比以往任何时候都要强劲，但随着资管资本主义的出现，它已经失去了 20 世纪早期和中期的激情，特别是在美国。平台公司使用软件技术，将商品和服务的买家和卖家聚拢在一起，这代表了一种新的效率，这种效率更多地源于数据的收集、分析和交换，而不是基于机器和人力的组织。这是颠覆性的业务流程创新。它通过自动化软件匹配买家和卖家，从而降低交易成本。

随着搜索引擎、智能手机、社交媒体、基于网络的软件的兴起以及人工智能的复兴，20 世纪 90 年代末由亚马逊开创的平台时代在 21 世纪进入了一个新阶段。在 20 世纪 90 年代，格林斯潘的货币政策助长了华尔街对基于平台的效率的迷恋，并将资本和人才从风险更高但最终受益更广泛的市场创新转移到互联网 IPO。互联网股票的大幅上涨将数万亿美元从买入者转移到了卖出者手中。主要买入者——富裕国家的退休基金——在格林斯潘的魔咒下倒下了，因此也是主要输家。然而，退休基金的基金经理们却保留了他们的奖金。拉斯普京会对此深表嫉妒。

持续的技术创新不只是减少了摩擦。在消除一些工作的同时，它们创造了许多其他工作，这些工作往往更需要技能、收入水平更高。一些人认为，这一阶段的技术变革是一次性事件，不会被 21 世纪的平台公司重复。特朗普总统并没有在推特上发表这样的观点，他承诺要把离岸工作带回给他怀旧的支持者们。现在，我们正处于迈克菲（Andrew McAfee）和布林约尔松（Erik Brynjolfsson）在《第二次机器革命》[27]（*The Second Machine Age：Work，Progress，and Pros-*

*perity in a Time of Brilliant Technologies*)中所说的"第三次飞跃"之中。他们对这些技术进行了解释,并认为计算领域的指数级进步即将带来机器能力的爆炸性进步,这标志着乐观主义者和悲观主义者之间关于技术变革的另一场激烈辩论的开始。

布林约尔松和麦卡菲在《第二次机器革命》中对数字化对美国未来就业的影响提出了悲观的看法。他们怀疑,数字化将使仅拥有普通技能的工人变得越来越多余。随着从汽车喷漆到电子表格操作的任务由计算机或机器人完成,受过高等教育、适应能力强、能够编程和安装机器人的工人将变得越来越有价值,但其他可以被取代的工人将发现自己丢掉工作,除非他们接受极低的工资。相应地,人工智能将最终盖上这些普通工人的棺材板。安妮·凯斯(Anne Case)和安格斯·迪顿(Angus Deaton)在《绝望之死与资本主义的未来》(*Deaths of Despair and the Future of Capitalism*)一书中指出,早在新冠疫情暴发之前,45~54岁之间没有四年制大学学位的美国白人的生活就已经分崩离析,自杀、吸毒过量和酒精性肝病导致的死亡(被称为"绝望之死")人数逐年上升,从20世纪90年代初开始夺走人们的生命,到2020年,每年约有25万美国人因此而失去生命。而全球化和技术变革被视为罪魁祸首,因为它们降低了未受过教育的本土劳动力的价值,取而代之的是更廉价的外国劳动力或更廉价的机器。然而,欧洲和其他地区的富裕国家也面临着全球化和技术变革,但并没有出现工资长期停滞,也没有出现绝望之死的流行。美国正在发生一些不同的事情,这对工人阶级来说尤其有害。随着工会权力的削弱,随着政治变得对企业更加有利,企业变得更加强大。部分原因是高科技公司的壮大，如苹果和谷歌，这些公司雇佣的员工很少，但每个员工创造的利润却很高。这对生产力和国民收入都有好处，但劳动者，特别是受教育程度较低的劳动者，却很少分享到这一收益。[28]

对近期美国商业周期的调查提供了另一种视角。美国最近的复苏往往是"无就业"的，这意味着劳动力市场需要比整体生产状况恢复更长的时间。在 1948 年至 1980 年的 7 次经济衰退中，GDP 平均需要 5 个季度才能超过之前的峰值。就业复苏只需要稍长一点的时间：平均 6 个季度。然而，从 20 世纪 80 年代起，就业的复苏开始大幅落后于生产的复苏。在新冠疫情暴发前的四次衰退中，GDP 平均仅在 6 个季度内就恢复到峰值。但就业率在整整 15 个季度里都没有超过之前的高点。

## 信息论与认知革命

尼克·博斯特罗姆（Nick Bostrom）在其著作中将人类的第三次跃迁归功于超级智能（Bostrom，2014）。[29]马克斯·泰格马克（Max Tegmark）称之为生命 3.0（Tegmark，2017）。[30]雷·库兹韦尔（Ray Kurzweil）则称之为奇点（Kurzweil，2005）。[31]这些著作或暗或明地假设了奇点的到来，即人工超级智能的贡献将上升到新的水平，以至于它们将进入一种前所未有的失控状态。这不仅意味着人工智能超越了任何可以想象的人类能力，而且还越来越接近物理变化的瞬息改变率。库兹韦尔预言，随着计算机能力和人工智能扩展到能够自我改进的程度，计算机将有效地设计和创造更多的计算机，也就是说，人性的本质将不可逆转地超越我们的生物极限。库兹韦尔对人工智能接管人类世界的预测是 2045 年。在其著作《深度学习革命》（*Deep Learning Revolution*）[32] 中，特伦斯·J. 谢诺夫斯基（Terrence J. Sejnowski）为我们介绍了从原始数据中提取信息的学习算法的简明历史；如何利用信息创造知识；知识如何成为理解的基础；以及理解如何带来智慧。

1999 年，雷·库兹韦尔推出了一支基于复杂数学策略的对冲基金，名为 FatKat。FatKat 部署了算法，不停地梳理市场，寻找新的机会。这些算法在达尔文式的死亡比赛中相互竞争。赚钱的算法存活了下来。弱者相继死去。许多财务操作要求根据预定义的规则做出选择。在执行这些预定义的规则时，需要尽可能快地部署机器。到目前为止，大部分自动化都发生在这些场所，金融市场转变为交换信息的超高速连接网络。高频交易就是一个很好的例子。为模拟金融市场波动而开发的算法控制了这些市场，把人类交易员甩在了后面。

马科斯·洛佩斯·德·普拉多（Marcos Lopez De Prado）在《金融机器学习进展》（*Advances in Financial Machine Learning*）[33] 中写道："计量经济学的基本工具是多元线性回归，这是一项 18 世纪的技术，高斯在 1794 年之前就已经掌握了。标准的经济计量模型不会学习。很难相信像 21 世纪的金融交易这样复杂的事情可以通过协方差矩阵求逆这样简单的方法来理解……如果用来模拟这些观察结果的统计工具箱是线性回归，研究人员将无法认识到数据的复杂性，理论也将过于简单化，毫无用处。我毫不怀疑，计量经济学是经济学和金融学在过去几十年里没有取得有意义进展的主要原因。"全权投资组合经理（PM）通过原始的新闻和分析来做出投资决策，但主要依赖于他们的判断或直觉，并通过一些故事来合理化他们的决策。每一个决定背后都有一个故事。在与机器学习算法比拼时，自主的投资经理处于劣势，但通过以"量子"的方式将 PM 与 MLS（机器学习）相结合，可能会获得更好的结果。

美国人称之为"人工智能"，英国人称之为"机械智能"，艾伦·图灵认为后者更为准确。我们从观察智能行为（如语言、视觉、目标寻求和模式识别）开始，并努力通过将其编码到逻辑确定性的机器中来复制这种行为。我们从一开始就知道，生物体中这种明显的逻辑智能行为是基本统计概率过程的结果，但我们在构建智能"模型"时忽略了这一点（或将细节留给了生物学家）——这导致了我们成败参半。通过大规模的概率信息处理，一些问题已经取得了真正的进展，比如语音识别、语言翻译、蛋白质折叠和股市预测——即使是在下一毫秒，我们也有足够的时间来完成交易。在不主动进行搜索时，搜索引擎进行着类似于做梦时的大脑活动。"清醒"时产生的"联想"被收回和强化，而"清醒"时收集的"记忆"则被复制和来回移动。威廉·C. 德门特（William C. Dement），发现了后来被称为 REM（快速眼动）睡眠的神经科学家，在研究新生儿时发现了这一点。因为新生儿大部分时间都在做梦。德门特假设，做梦是大脑初始化过程中必不可少的一步。最终，如果一切顺利，对现实的意识就会从内在的梦中进化而来——我们在睡眠中会周期性地回到这种状态。1996 年，德门特在《科学》杂志上宣布："生命早期'做

梦睡眠'的主要作用可能在于中枢神经系统的发育。"（Dyson，2012，pp. 310 – 311）

搜索引擎只有三分之一的工作用于满足搜索请求。剩下的三分之二被用来发送爬虫（发送大量专一的数字主体去收集信息）和建立索引（从结果中构建数据结构）。负载在服务器群之间自由转移。一年365天，一天24小时，BigTable、MapReduce 和 Percolator 等算法都在系统地将数字地址矩阵转换为内容可寻址内存，从而实现地球上有史以来最大规模的计算转换。我们看到的只是搜索引擎的表面——通过输入搜索字符串并检索包含匹配内容的地址列表。我们对有意义的比特串的所有随机搜索的总和是一个不断升级的内容、意义和地址空间的映射：一个作为万维网基础的索引矩阵的蒙特卡洛过程。（Dyson，2012，pp. 319 – 320）

库尔特·哥德尔、约翰·冯·诺伊曼、艾伦·图灵和克劳德·香农的理论告诉我们，人类的创造和交流是通过一个渠道进行的传输，无论这个渠道是电线还是万维网，都将结果定义为熵，完善为知识。熵的高低取决于发送者的选择自由。可用的符号字母表越大——也就是说，可能的信息集合越大——作曲家的选择就越多，信息的熵和信息量就越高。信息不是有序的，而是无序的，不是可预测的、毫不新鲜的规律，而是意想不到的调制、令人惊讶的比特。

乔治·吉尔德（George Gilder）在《通信革命：无限带宽如何改变我们的世界》（Gilder，2000，p. 260）[34]中说道：克劳德·香农用"熵"来表示通信信道中的信息内容。在香农的理论中，熵越大，信息越多。在香农的术语中，熵是对意外比特的度量，是消息中唯一真正承载信息的部分。否则，信号会告诉你你已经知道的东西。为了发送意料之外的比特——高熵信息——你需要一个低熵载体：一个可预测的容器来表达你的意思。你需要一张白纸，它不会改变或模糊上面的信息。为了使消息是高熵的（充满信息），载体必须是低熵的（没有信息）。在理想的系统中，复杂性是信息而不是媒介。低熵载波的另一种说法是哑网络。网络越笨，它所能承载的智能就越多。

低熵对应于低不确定性和很少被揭示的信息。当一个结果发生在低熵系统中时，比如太阳从东方升起，我们几乎不会感到惊讶。在高熵系统中，例如彩票的抽奖号码结果是不确定的，当号码出现时，它们揭示了信息。我们很惊讶。熵测量与结果的概率分布相关的不确定性。因此，它也衡量惊喜。熵不同于方差，后者测量的是离散度，但两者是不同的。具有高不确定性的分布在许多结果上具有非平凡的概率。这些结果不需要有数值。具有高分散度的分布呈现出极值。使用熵，我们可以比较不同的现象，并区分 4 类结果：均衡性、周期性、复杂性和随机性。

均衡性结果没有不确定性，因此熵等于零。循环或周期过程具有不随时间变化的低熵，而完全随机过程具有最大熵。复杂性具有中间熵。它介于有序和随机之间。虽然熵在平衡和随机这两种极端情况下为我们提供了明确的答案，但它不适用于循环和复杂的结果。

信息论提供了一种衡量信息所传达的信息量的方法。这种测量是基于信息对接收者的惊讶或意外的程度（Lev & Gu，2016，p. 42）。巴鲁克·列夫（Baruch Lev）和冯谷（Feng Gu）在《会计的终结与投资者和管理者的前进之路》（*The End of Accounting and the Path Forward for Investors and Managers*（Lev & Gu，2016，p50）一书中写道[35]：在过去的60年里，公司收益、账面价值和其他关键财务指标在确定股价方面的作用迅速减弱，就信息的及时性或与投资者决策的相关性而言，财务报告信息（不仅仅是收益和账面价值）越来越多地被更及时和相关的信息来源所取代。不仅是欺诈性信息（安然、世通）阻碍了投资和增长，在当前普遍使用的会计制度下合法披露的"诚实"财务报告质量低下，亦严重损害了资本配置体系和经济增长（Lev & Gu，2016，p. XⅦ）。

但是，人类的创造力和意外之事都取决于一系列规律性，从物理定律到货币的稳定性，而艾萨克·牛顿正是这两者的教父。这些创造和交流可能是商业计划，也可能是实验，由此，信息论为经济学不是由均衡或秩序驱动，而是由可证伪的创业性惊喜（entrepreneurial surprise）驱动的提供了基础。信息论推动了信息技术在全球的发展。从世界范围的光纤网络，到将生命本身视为一个信息系统的生物技术的繁荣，一个新的世界系统正在改变我们的生活。而且，静态的新古典主义经济理论对理解这一转变毫无帮助，实际上构成了一种阻碍。

克劳德·香农的突破是将电路映射到布尔的符号逻辑，然后解释了如何使用布尔逻辑来创建将1和0相加的工作电路。香农发现计算机有两层含义：物理（容器）和逻辑（代码）。当香农致力于将布尔逻辑融合到物理电路中时，图灵正在测试莱布尼茨（G. W. Leibniz）的语言翻译器，该翻译器可以表示所有的数学和科学知识。图灵将数学洞察力与数学理论相结合，为我们提供了一种寻找计算上完整的指令集的原则性方法——这些指令集在内存大小的限制下，可以被排序以定义任何可以想到的算法。同样，一旦我们拥有了门捷列夫的元素周期表和它们的"化合价"知识，炼金术士观察到的大量令人困惑的化学反应旋即变得有规则了，因而也就可以预测了。该系统是通过组合一套简单的、固定的构件——规则、公理、指令或元素，来合成的。欧几里得几何学的五条公理也是如此。经过两千年的研究，几何学家仍在不断发现新的定理。对我们目前的关注来说，当代计算机芯片的"机器码"通常涉及 32 或 64 条基本指令，而一个程序只是这些指令的一个序列。图灵旨在证明所谓的"判定性问题"（Entscheidungs Problem），即：不可能存在任何算法来确定一个任意的数学陈述是真还是假。答案是否定的。

艾伦·图灵能够证明这种算法不存在，但作为副产品，他还制定了一个通用计算机的数学模型。艾伦·图灵发现，程序和它所使用的数据可以存储在计算机内部。图灵的通用机器将机器、程序和数据交织在一起。从机械的角度来看，操作电路和开关的逻辑也被编码到程序和数据中。容器、程序和数据都是单一实体的一部分。这和人类并无二致。我们也是由容器（我们的身体）、程序（自主细胞功能）和数据（我们的 DNA 与间接和直接感官信息的结合）组成的。因此，大脑由适应于过去环境的内容特定的信息处理模块集合而成。这是所谓的认知革命的高潮。

捷尔吉·布扎基（Gyorgy Buzsaki）认为，认知理论的发展经历了多个阶段：第一阶段是由外而内的经验主义观点，假定大脑是一种分析我们周围世界并做出判断的联想表征装置。然后是巴甫洛夫反射理论，它没有给认知留下太多空间。一切都是关于联想反射的等级。类似地，行为主义范式认为，没有必要考虑认知，因为行动总是可以被解释为对直接外部线索的反应。作为对这些观点的回应，少数顽固的人认为，行为不能简单地理解为输入－输出功能，大脑隐藏层的活动是至关重要的……人类和一些动物可以想象未来和回忆过去……其核心思想是，认知依赖于先前对世界的基于行动的经验，这使得内部生成的序列能够测试"假设"情景，并预测替代行动的可能后果，而无须实际采取行动。这个过程有助于选择未来的行动……对于大脑网络，在没有外部输入的情况下，同一上游神经元群传递的感觉输入或活动之间没有差异。在没有外部约束的情况下，大脑中游离的处理过程可以通过替代或想象的经验来创建一个内化的"虚拟世界"和新知识，并与先前存在和存储的知识进行比对测试。这一过程——大多数科学家和哲学家称之为认知——在预测复杂环境和长时间尺度下实际行为的后果方面具有显著优势……有时，它们直接或间接地连接到感觉输入或运动输出，并以改变感觉输入的速度改变它们的细胞装配内容。在其他时候，它们主要依靠内部动力，通常由大脑节律维持。（Buzsaki，2019，pp. 101－106）[36]

捷尔吉·布扎基一直在将唐纳德·赫布（Donald Hebb）关于细胞组装的思想应用于现代数据集，特别是在大脑活动期间细胞网络之间的波动相互作用方面。这导致他主张所谓的"由内而外"的大脑观点，他认为大脑是采取行动的系统，而不是简单地接收和处理信息。细胞集群的活动需要根据其输出及其对生物体的影响来看待，而不是简单地表征外部世界。根据布扎基的说法，大脑并不是简单地被动吸收刺激并通过神经代码来表示它们，而是主动地搜索各种可能性来测试各种选项。他的结论建立在赫姆霍兹和马尔的见解之上，即大脑并不表征信息，而是构建信息。然而，这一观点尚未被广泛接受。

尽管认知革命在很大程度上要归功于艾伦·图灵的悲剧性天才，他用非凡的数学证明了推理可以采取机械形式，即它是一种计算，但认知革命实际上始于 20 世纪 50 年代的诺姆·乔姆斯基（Noam Chomsky）。与艾伦·图灵的经验主义观点相反，乔姆斯基认为，大脑就像一本笔记本，上面有许多空白的纸张，感官经验会逐渐填满。乔姆斯基认为，人类语言的普遍特征在世界各地都是不变的，再加上一个孩子不可能仅仅从现有的少量例子中迅速地推断出语言的规则，这必然意味着大脑中蕴藏着关于语言的某种先天的东西。很久以后，史蒂芬·平克（Steven Pinker）在他的两本著作中[37,38]剖析了"语言本能"，即大脑所具备的不是天生的数据，而是天生的处理数据的方式。

乔姆斯基认为，我们生来就有先天的语言能力，这种能力在一个物种中只出现一次。史蒂芬·平克同意我们有一种普遍的语言能力，但他认为语言的进化遵循了一种更渐进式的达尔文主义过程，由某些关键的突变所驱动，比如句法习得的基因突变。有四条行为遗传学定律共同描述了基因如何影响我们的行为。其中一条是：所有人类行为特征都是可遗传的（受基因影响）。在同一个家庭中被抚养的影响比基因的影响要小。人类复杂行为特征的变异有很大一部分并不能由基因或家族的影响解释。简而言之，他们说人类的行为特征是遗传的，但取决于我们的教养，环境也塑造了我们之间的差异……第四条定律指出，大多数可遗传的行为特征是许多基因共同作用的结果，每个基因本身只有很小的影响。平克说："虽然单个基因可以破坏心理特征，但没有单个基因可以形成心理特征。""这与自然选择的机制是一致的，在自然选择中形成的有益的能力在统计学上是罕见的，因此它极不可能是由一个幸运的突变产生的。"他认为同样的解释也适用于语言习得。2002 年，研究人员报告了一种名为 FOXP2 的基因，该基因似乎是乔姆斯基的语言基因。（Stetka，2021，pp. 137 – 139）[39]

迈克尔·托马塞洛（Michael Tomasello）不同意这种观点，他认为所有这些语言学习都依赖于生物进化的认知和社会能力，并通过生物进化的社会学习技能来进行。然而，关于人类语言交流的生物倾向的本质存在很多争议。作为一种极端的见解，乔姆斯基和他的追随者坚持认为，儿童生来就有一种指导语言习得的先天模板，即所谓的普遍语法，它被建模为一种准数学系统。其特殊结构的进化是一种偶然，因为它与人类的认知或交流无关。问题在于，这一提议与跨语言调查相矛盾，跨语言调查没有发现普遍语法为世界上所有语言提供了任何一种普遍结构。这也与语言习得的实证研究相矛盾。他们没有发现普遍语法应该为儿童提供的抽象语言表征。此外，还有一些基本的逻辑问题，即一个孩子如何生来就拥有一种普遍语法，这种语法足够抽象，可以适用于世界上 6000 种语言中的任何一种，实际上可以将其结构与他所经历的特定习俗联系起来。而另一种极端的见解是，儿童通过与其他动物相同的简单而直接的学习过程来习得语言。很明显，人类在生理上已经为特殊形式的交流做好了准备，包括基于社会习俗的语言交流。关键在于，这种准备并不像普遍语法假设所宣称的那样，是关于特定的语言结构，而是关于我们在特定任务中产生的更普遍、更基本的心理过程。为了使这一解释成立，我们需要一种丰富多样的词汇学习理论，该理论不是基于动物所采用的联想学习，而是再次基于共同注意、交际意图和常规符号。最后，为了使这一解释起作用，我们需要一种语法习得理论，这种理论不是基于无内容的抽象规则，而是基于一种基于图式的语言结构概念，这种语言结构是通过与常规语言交际在所有其他方面相同的基本认知和社会过程习得的。（Tomasello，2019，pp. 127 – 129）[40]

托马塞洛进一步补充道，一般来说，人类能够以其他灵长类动物似乎无法做到的方式与他人协调，形成一个"我们"，作为一种多重代理（plural agents），创造从合作狩猎队到文化机构的一切。人类思维的重要方面不是来自文化和语言本身，而是来自人类独特的社会参与的一些更深层次和更原始的形式。（Tomasello，2014，p. 3）[41]有证据表明，婴儿至少有五种认知系统，可称之为核心知识系统。它们涉及对以下对象的推理：（1）无生命的物质对象及其运动；（2）意向主体及其目标导向的动作；（3）可导航环境中的位置及其彼此之间的几何关系；（4）对象或事件的集合及其排序和算术关系；以及（5）与婴儿进行互动的社会伙伴。这些认知系统中的每一个都在婴儿早期（在某些情况下，在出生时）出现，并随着儿童的成长而持续存在，并基本不变。因此，尽管不同文化群体的人们在实践和信仰体系上存在许多差异，但底层的认知系统在人类中是普遍存在的。最重要的是，这些核心知识体系彼此相对分离，并在其应用领域中受到限制。（Tomasello，et al.，2009，pp. 156 – 157）[42]

斯坦尼斯拉斯·迪昂（Stanislas Dehaene）[43]认为，我们所有人的基本回路都是一样的，我们学习算法的组织也是一样的，学习的四大支柱——集中注意力、积极参与、错误反馈以及每日练习和夜间巩固的循环——是我们所有人大脑中普遍存在的人类学习算法的基础，儿童和成人都是如此。他补充说，通过不断关注概率和不确定性，它优化了学习能力。在进化过程中，我们的大脑似乎已经掌握了复杂的算法，可以持续跟踪与其所学内容相关的不确定性——从精确的数学意义上讲，这种对概率的系统关注是充分利用每条信息的最佳方式。（Dehaene，2020，p. 25）

杰拉尔德·M.埃德尔曼和朱利奥·托诺尼在《意识：物质如何成为想象》（Edelman & Tononi，2000，pp. 47 – 48）[44]中指出：我们对神经解剖学和神经动力学的快速回顾表明，大脑具有特殊的组织和功能特征，这似乎与它遵循一套精确的指令或执行计算的想法并不一致。我们知道大脑神经元是以一种人工不可比拟的方式相互联系的。首先，大脑中百亿计的连接使大脑更加精确：如果我们问这些连接在任何两个差不多大小的大脑中是否相同，就像相同型号的计算机内部构造一样，答案是否定的。在最精细的尺度上，没有两个大脑是完全相同的，即使是同卵双胞胎的大脑也是如此。尽管给定大脑区域的整体通信模式可以用一般术语来描述，但大脑神经元最细微分支的微观可变性是巨大的，这种可变性使每个大脑都非常独特……从我们正在构建的图景中浮现出的另一个组织原则是，在每个大脑中，发展历史和经验历史的结果都是独特的。例如，从某一天到下一天，同一大脑中的一些突触连接很可能不会保持完全相同，某些细胞会收缩它们的突触，另一些细胞会延伸新的突触，还有一些细胞会死亡，所有这些都取决于大脑的特定历史。个体差异不仅仅导致了噪音或错误，而是可以影响我们记忆事物和事件的方式。如果我们将大脑接收到的信号与计算机接收到的信号进行比较，我们就会发现大脑所特有的许多其他特征。首先，呈现在大脑面前的世界并不像明确的电子信号。尽管如此，大脑使动物能够感知环境，对多种可变信号的模式进行分类，并启动大脑处理系统。它调节学习和记忆，同时调节一系列身体功能。神经系统拥有对视觉、听觉等不同信号进行感知分类的能力，而无须预先安排代码。这当然是特殊的，是计算机仍然无法比拟的。

总而言之，大脑是一个高度复杂且具有同构特征的网络系统。它由数十亿个神经元和其间的连接组成，形成了密集的信息传递网络。大脑具有多个感知通道和信息处理通路，能够整合来自不同感官的信息，并形成综合的感知和认知体验。大脑具有可塑性，能够通过学习和经验不断改变其连接方式和功能组织。这种动态重塑使得大脑能够适应环境变化和个体学习需求。意识是大脑信息处理的高级表现，涉及全脑范围的信息整合和协调。埃德尔曼和托诺尼提出了"意识集成"的概念，认为意识是一种整体性的现象，不仅涉及单个神经元或区域的活动，而是整个大脑的协同工作结果。他们强调大脑的经验主义特征，即大脑通过外界输入和内部活动的相互作用来构建对世界的认知和理解。他们认为意识是基于经验的产物。

捷尔吉·布兹萨基（Gyorgy Buzsaki）进一步提出（2019）："即使没有先前的经验，大脑也有一种预先存在的动力机制，提供了一个框架，使它能够猜测它所控制的身体行为的后果，并过滤世界的哪些方面值得关注。"大脑不是一块空白的平板电脑——世界的真理会逐渐填满它，而是一个积极的探索者，一个复杂的自组织系统，它随时准备从它的角度来整合事件。大脑的非线性动力学特征意味着大脑是一个高度复杂且具有混沌性质的系统。在大脑中，神经元和突触之间的连接不是固定的，而是可以根据输入数据和经验自行调整。

数字技术的进步通常与戈登·摩尔（Gordon Moore）提出的"摩尔定律"相关联，该定律指出计算机处理速度呈指数增长，大约每18个月翻一番。而关于数据传输增长的观点，则与乔治·吉尔德（George Gilder）有关，被称为"吉尔德定律"，它指出数据传输速率的增长将比计算机处理能力的增长快3倍。在过去几年里，数据传输速度的增长确实比处理速度的增长快得多，但后来放缓，趋于与摩尔定律相同的步伐。而关于数字网络价值增长的观点，则与罗伯特·梅特卡夫（Robert Metcalf）有关，被称为"梅特卡夫定律"，它指出一个网络的价值增长速度比连接到网络的人数的增长快两倍。

这种现象有时被称为"转捩点经济学"。当某个事物的规模超过其转捩点时，它可以迅速变成非常大的事物。这也解释了在线竞争中网络之间出现的赢者通吃的现象。而关于创新速度的观点，则与哈尔·瓦里安（Hal Varian）有关，被称为"瓦里安定律"，它指出数字组件是免费的，而数字产品具有很高的价值。通过尝试运用几乎无限的组合方式，寻找有价值的数字产品，人们努力致富，创新由此爆发。

这些定律有助于解释为什么网络经济在虚拟空间中表现出与实体经济不同的行为方式。梅特卡夫定律有助于解释虚拟经济倾向于成为一个赢者通吃的竞赛。网络的力量和计算机及传输能力的爆炸性增长并不是推动数字技术飞快发展的唯一因素。数字世界中的创新与工业世界相比有着非常不同的性质。数字创新的本质完全不同，它的速度更加迅猛，因为底层组件的性质不同。这正是哈尔·瓦里安所说的"数字组合创新"。其中包括开源软件、协议和应用程序编程接口（API），这些都是可以免费复制的。

## 注释

1　Skidelsky R. What's Wrong with Economics：A Primer for the Perplexed[M]. New Haven：Yale University Press，2020.

2　Subramanian S. A Dominant Character：The Radical Science and Restless Politics of J. B. S. Haldane[M]. New York：W. W. Norton & Company，2019.

3　Quinn W. ，Turner J D. Boom and Bust：A Global History of Financial Bubbles[M]. Cambridge：Cambridge University Press，2020.

4　Fullbrook E. Market-Value：Its Measurement and Metric[M]. Montpelier：World Economic Association Books，2019.

5　Orrell D. Behavioral Economics：Psychology，Neuroscience，and the Human Side of Economics[M]. London：Icon Books，2021.

6　Binmore K. Rational Decisions[M]. Princeton：Princeton University Press，2009.

7　Van Dijk J. The Network Society[M]. Thousand Oaks: Sage, 2020.

8　Frey C B. The Technology Trap: Capital, Labor, and Power in the Age of Automation[M]. Princeton: Princeton University Press, 2019.

9　Kose M A., Terrones M E. Collapse and Revival: Understanding Global Recessions and Recoveries[M]. Washington: International Monetary Fund, 2015.

10　Ball P. Beyond Weird: Why Everything You Thought You Knew about Quantum Physics Is Different[M]. Chicago: The University of Chicago Press, 2018.

11　Ball P., Ibid.

12　Freud S. Civilization and Its Discontents[M]. London: Penguin Books, 2014.

13　Capra F. Turning Point: Science, Society, and the Rising Culture[M]. Oak Park: Bantham Books, 1983.

14　Capra F., Mattei U. The Ecology of Law: Toward a Legal System in Tune with Nature and Community[M]. Oakland: Berrett-Koehler Publishers, Inc., 2015.

15　Dyson G. Analogia: The Emergence of Technology Beyond Programmable Control[M]. New York: Farrar, Straus&Giroux, 2020.

16　Edelman G M. Bright Air, Brilliant Fire: On the Matter of the Mind[M]. New York: Basic Books, 1993.

17　Edelman G M., Tononi G. A Universe of Consciousness: How Matter Becomes Imagination [M]. New York: Basic Books, 2020.

18　LeDoux J. The Deep History of Ourselves: The Four-Billion-Year Story of How We Got Conscious Brains[M]. New York: Viking, 2019.

19　Suchman L. Plans and Situated Actions: The Problem of Human-Machine Communication (Learning in Doing: Social, Cognitive and Computational Perspectives)[M]. Cambridge: Cambridge University Press, 1987.

20　Kauffman S. A World beyond Physics: The Emergence & Evolution of Life[M]. Oxford: Oxford University Press, 2019.

21　Eagleman D. Livewired: The Inside Story of the Ever-Changing Brain[M]. New York: Pantheon Books, 2020.

22　Dyson G. Turing's Cathedral: The Origins of the Digital Universe[M]. New York: Vintage Books, 2012.

23　Cobb M. The Idea of the Brain: a History[M]. London: Profile Books, 2020.

24　The Economist, December 1st-7th, 2018.

25　Thiel P., Masters B. Zero to One: Notes on Startups, or How to Build the Future[M]. New York: Crown Business Books, 2014.

26　Ezrachi A., Stucke M E. Virtual Competition: The Promise and Perils of the Algorithm-Driven Economy[M]. Cambridge, MA: Harvard University Press, 2016.

27　Brynjolfsson E., McAfee A. The Second Machine Age: Work, Progress, and Prosperity in a Time of Brilliant Technologies[M]. New York: W. W. Norton & Company, 2014.

28　Case A., Deaton A. Deaths of Despair and the Future of Capitalism[M]. New Jersey: Princeton University Press, 2020.

29 Bostrom N. Superintelligence: Paths, Dangers, Strategies [M]. Oxford: Oxford University Press, 2016.

30 Tegmark M. Life 3.0: Being Human in the Age of Artificial Intelligence [M]. New York: Alfred A. Knopf, 2017.

31 Kurzweil R. The Singularity is Near: When Humans Transcend Biology [M]. New York: Penguin Books, 2005.

32 Sejnowski T J. The Deep Learning Revolution [M]. Cambridge, MA: The MIT Press, 2018.

33 De Prado L M. Advances in Financial Machine Learning [M]. New Jersey: Wiley, 2018.

34 Gilder G. Telecosm: How Infinite Bandwidth Will Revolutionize Our World [M]. New York: The Free Press, 2000.

35 Lev B., Gu F. The End of Accounting and the Path Forward for Investors and Managers [M]. New Jersey: Wiley, 2016.

36 Buzsaki G. The Brain from Inside Out [M]. Oxford: Oxford University Press, 2019.

37 Pinker S. The Language Instinct: How the Mind Creates Language [M]. New York: Harper Collins Publishers, 1995.

38 Pinker S. How the Mind Works [M]. New York: W. W. Norton & Company, 1997.

39 Stetka B. & Prett S. A History of Human Brain: From the Sea Sponge to Crispr: How Our Brain Evolved [M]. Portland: Timber Press, 2021.

40 Tomasello M. Becoming Human: A Theory of Ontogeny [M]. Cambridge, MA: The Belknap Press of Harvard University Press, 2019.

41 Tomasello M. A Natural History of Human Thinking [M]. Cambridge, MA: Harvard University Press, 2014.

42 Tomasello M., Dweck C., Slik J., Skyrms B., Spelke E. Why We Cooperate [M]. Boston: A Boston Review Book, 2009.

43 Dehaene S. How We Learn: Why Brains Learn Better Than Any Machine···For Now [M]. New York: Viking, 2020.

44 Edelman G M., Tononi G. A Universe of Consciousness: How Matter Becomes Imagination [M]. New York: Basic Books, 2020.

# 失控的资本

发条经济学的终结

The Financial and Conceptual
Foundations of Intangible Asset
Manager Capitalism

## 第三章

## 数据主义是数据崇拜
## 还是范式转变

　　数据主义认为宇宙由数据流组成，任何现象或实体的价值取决于其对数据处理的贡献。数据主义的诞生发端于达尔文的生物"算法"思想与艾伦·图灵的图灵机思想的融合。计算机科学家已经学会了设计越来越复杂的数字算法。算法是一组有条理的步骤，可用于进行计算、解决问题和做出决策。算法不是特定的计算，而是进行计算时所遵循的方法。

　　数据主义综合了两家的观点，指出同样的数学定律既适用于生物进化，亦适用于数字算法。数据主义消除了生物与机器之间的障碍，期望数字算法最终能够破译并超越生物算法。根据数据主义，莫扎特的歌剧《魔笛》、股市泡沫、HIV 病毒是三种基本的数据流模式，可以使用相同的基本概念和工具对其进行分析。

　　生命依赖于数字编码指令，在序列和结构（从核苷酸到蛋白质）之间进行翻译，核糖体用于读取、复制和解释基因序列。生物算法和计算机算法不同之处在于执行指令的不同寻址方法。在数字计算机中，指令采用命令（地址）的形式，其中地址是确切的（绝对的或相对的）存储器位置，这一过程可以通俗地理解为"用你在这里找到的东西做这个，然后把结果带到那里"。一切不仅取决于精确的指令，还取决于这里、那里和何时的精确定义。在生物学中，指令说，用那个的模板来做这件事。"那个"不是由定义物理位置的数字地址来标识，而是通过分子模板，该模板通过一些较小的可识别部分来识别大的复杂分子。这就是生物体由微观（或接近微观的）细胞组成的原因，因为只有通过保持所有组件在物理上紧密接近，随机的、基于模板的寻址方案才能足够快地工作。没有中央地址授权，也没有中央时钟。很多事情可以同时发生。这种从局部的、偶然的过程中获得普遍的、有组织的优势的能力，是（到目前为止）将生物体中的信息处理与数字计算机的信息处理区分开来的关键。我们对生命的理解随着我们对复杂分子机器工作原理的了解的增加而加深。而我们对技术的理解随着机器越来越接近生物的复杂性却不断减少……遗传密码中的信息和大脑中的信息的储存方式不同。我们基因中的信息更加数字化，比预期的更有顺序，更有逻辑，而我们大脑中的信息却比预期的数字化程度更低，更无序，更缺乏逻辑……大脑是一个统计学的概率系统，逻辑和数学作为更高层次的过程运行。计算机是一个逻辑的、数学的系统，在此基础上可以建立更高层次的统计学的概率系统，如人类的语言和智能……在数字编码系统中，每个数字都有精确的含义，即使有一个数字放错了地方，计算可能产生错误的答案或停止。在脉冲频率编码系统中，意义是通过脉冲在给定位置之间传输的频率来传达的——无论这些位置是大脑中的突触还是万维网上的地址。改变频率会改变意义，但交流、存储信息和对信息的解释是概率性和统计性的，与每个比特是否在完全正确的时间、处于完全正确的位置无关。意义存在于连接的内容、连接的地点、连接的频率，并被编码在所传达的信号中。代码——我们现在称之为应用程序——正在打破数字地址矩阵和中央时钟周期在指定位置和时间时对错误和模糊性的容忍。互联网的脉冲频率编码是描述搜索引擎工作架构的一种方法，而神经元的 PageRank 是描述大脑工作架构的一种方法。这些计算结构使用数字部件，但是由系统作为整体执行的模拟计算超过了它在其上运行的数字代码的复杂性。（Dyson，2012，pp. 276 – 280）

许多数据都是原始的和非结构化的。结构化数据具有高度的组织性。它可以被编码，放在电子表格中，排序和搜索。交易记录、损益表和历史温度表都是结构化数据的示例。它们可以用计算技术来分析。非结构化数据则相反。它没有预定义的模型或结构。各个数据点之间没有明确定义的关系，因此无法在电子表格中排序或按数据透视表进行组织。每天拍摄的数百万张随机照片、警察之间记录的对话、企业服务器之间发送的无数电子邮件都是非结构化数据的一些例子。传统的计算方法只有在非结构化数据首先被人类提炼或处理为结构化数据的情况下才能得到有效的使用。这显著增加了分析数据的成本并降低了对数据的反应速度。对数据架构的人为调整——将其置于重新定义的框架中，大大降低了数据的丰富性。

数字文化的特点是数据数量呈爆炸式增长，而源自数据的信息增长较少。毕竟，信息的基础是已经获得意义的数据。数字技术使原本应该包含信息的数据变得太容易倍增了。我们社会中的数据供应正在快速增长，甚至呈指数级增长。目前，数据世界大约每两年翻一番。2018 年的 IDC 报告预测，这个宇宙的数据量将从 33ZB 增长到 175ZB。在 20 世纪 80 年代和 90 年代互联网兴起后，数据增长速度加快；随着千禧年后云计算和大数据的启动，增长速度变得更高。然而，在所有这些年里，对信息形式的需求增长滞后，每年仅增长约3%。我们的社会从这些信息中提取的知识数量的增长预计会更少。信息与知识的供给多次重叠、重复，在接收信息时要应对选择性注意、选择性感知和信息的大量过剩。然而，最令人震惊和最具戏剧性的结论是关于所有这些数据、信息和知识的影响。它们在影响行为（语用学）方面的实际影响似乎是微不足道的：一旦达到特定阶段，个人和组织的活动对信息高度不敏感。在20世纪80年代，据估计，与50年前相比，公共机构和公司实际上使用更多的信息来做出同样的决定。根据 Van Cuilenburg 和 C. W. Noomen 的研究，决策质量并没有得到很大提高。今天，我们希望人工智能（AI）将改变这一点，因为它的发明是为了提供决策选项，使用编程知识处理数据和信息。数据、信息、知识的增长与实际影响之间的巨大差距涉及所谓的生产率悖论：信息技术产生的生产率增长低于预期，特别是在服务部门……最好的解释可能是这样一种推测，即信息和通信技术几乎无法跟上我们所创造的社会、经济和文化生活的复杂性。我把这称为信息和通信技术缺乏实际影响的悖论。对这一悖论的解释是，社会复杂性的上升与试图应对这一问题的信息和通信技术的使用之间的持续竞争。（Dijk, 2020, pp. 198 – 199）

人工智能是关于应用机器而不是人类来解释非结构化数据的过程。它旨在加快这一进程，并对其进行扩展，以适应所涉及的大量数据，同时还能够识别人类可能无法找到的新的和正在出现的模式。人工智能之所以能够做到这一点，是因为它不像传统的静态计算方法，而是利用过去和现在的数据从经验中学习。学习的思想是定义人工智能的一个重要组成部分，在连续的迭代或数据循环中训练模型以提高其性能。监督学习技术（Supervised Learning）为正在训练的模型提供了数据，这些数据已经由人类进行了结构化和标记，并且其中已经概述了明确的目标。无监督学习（Unsupervised Learning）训练数据不包括标签或指令，有时甚至不提供目标，而是允许模型自行识别结构、模式和数据内的分组。第三种方法称为强化学习（Reinforcement Learning），它根据目标对模型中变量的性能进行评分，以确定哪种模型最适合给定的数据集。

在最基本的层面上，机器学习解析现有数据，并从中学习。然后基于该学习做出预测。实际上，它是简单回归模型中的一条最佳拟合线，每次添加新数据点时都可能会有所改善。当用这个新数据重新计算最佳拟合线时，可以说它已经学会了，因为它现在是预测下一个数据点的更准确的模型。在实践中，机器学习模型通常通过将数据集分成两部分来训练，其中一半数据用于训练算法，另一半用于测试算法的性能。除了少数例外，随着可用于训练和评估模型的数据集的大小增加，模型输出的精度和粒度也会提高。

在某些方面，数据是一种自然资源，就像石油一样，可以拥有和交易。但数据具有公共物品的特点，应该尽可能广泛地加以利用，以最大限度地创造财富。数据是不可竞争的，因为它们可以被无限复制。它们可以被许多人使用，而不限制其他人的使用。但它们也是排他性的。像加密这样的技术可以控制谁能访问它们。根据设置加密滑块的位置，数据确实可以成为像石油这样的私人物品，也可以成为像阳光这样的公共物品，或者介于两者之间的物品，即所谓的"俱乐部物品"。就像石油一样，数据必须经过提炼才能发挥作用。在大多数情况下，它们需要被清理和标记，这意味着去除不准确的地方，并标记以识别可以看到的内容，例如标记一段视频。旧金山的初创公司 Scale AI 在全球雇用了数千名标记员，他们大多来自低收入国家，工作内容是审查自动驾驶车辆的视频片段，并确保该公司的软件对房屋和行人等信号进行了正确分类。在数据能够为人工智能服务提供动力之前，还需要通过算法为 AI 提供数据，以教会它们识别人脸、自动驾驶车辆。不同的数据集往往需要结合起来，才能形成统计模式。

21 世纪第二个十年，中国是人脸识别的热土。自 2019 年 12 月 1 日起，所有申请中国移动账户的客户必须进行面部扫描，以证明身份。拥有用户的面部识别信息可以让公司通过智能手机摄像头实时验证用户身份。旷视科技和商汤科技是两家非常有价值的初创公司，它们都是依靠机器学习的中国人工智能公司。它们不会要求人类程序员用区分一张脸和另一张脸的规则来编程计算机。相反，程序员为计算机提供了大量的人脸数据，通常是照片，并编写软件，从这些照片中寻找模式，这些模式可以可靠地用于区分一张独特的脸和另一张脸。学习软件所获得的模式为识别人脸制定了比人类程序员所能明确描述的任何规则都更好的规则。人类善于识别面孔，有了正确的软件，计算机可以学得更好。与人类程序员相比，面部识别软件的部署要容易得多，也便宜得多。它只需要软件，借助强大的计算机和数据。这就是人工智能的三位一体。

中国的巨大优势在于数据。数据本身对人工智能没有多大用处。重要的是必须首先标记数据。这意味着数据集必须被赋予计算机所需的背景信息，以便学习该数据集的组成部分之间的统计关联及其对人类的意义。为了学会区分猫和狗，需要首先向计算机展示每只动物都被正确标记的图片。为了学会区分一个人的脸和另一个人的脸，首先必须使用标签数据向计算机显示一张脸是什么，然后再次通过人类标签来区分颧骨和眉毛。只有有了足够的标签指令，它才能在没有人类帮助的情况下开始识别人脸。支撑旷视科技和商汤科技这样的公司的是一个庞大的数字基础设施，通过它来收集数据，并在数据被送到机器学习软件之前，对其进行清洁和标记，以使人脸识别正常运行。

MBH 是中国最大的数据工厂之一，它在中国的欠发达地区雇用了 30 万名数据贴标员。每个贴标员每天工作 6 小时，标记一连串的人脸、医学图像和城市景观。MBH 将数据流推送给他们——就像一条数字传送带一样——MBH 透过数据，创建机器学习的教学大纲。他们并不选择要标记的数据，而是让数据自行被选择。为了使分发标签的工作高效完成，MBH 使用了类似亚马逊网站所运用的向客户推荐产品的机器学习方法。MBH 收集员工进行标签工作时的数据，"机器学习"记录了工作人员的目光、鼠标移动和键盘敲击动作。它还会记录工作人员正在执行的数据标记任务类型，从医学图像标记到文本翻译。根据任务类型和完成效率，它能够识别在某些任务上比其他人做得更好的贴标员，并将这些任务交给这些相应的人员。所有这些都是自动发生的，因为 MBH 的客户将任务提交给公司，这些系统让数据标签大军几乎实时地对数据进行分类。以 TikTok 为例，当 TikTok 的自动系统无法确定数据是否是色情内容时，会将假定的色情内容传递给数千名人类数据标记员，让他们裁定这些内容，并在不到一秒的时间内将他们的汇总答案返回给 TikTok。

MBH 通过互联网，利用地区间的工资差异进行工资套利。在很多方面，MBH 是一个连接劳动力供应和需求的众包平台，就像优步一样。但与优步不同的是，它不是一个本地的众筹平台。中国欠发达地区的许多省级政府热衷于向 MBH 提供补贴，鼓励其在欠发达地区开设数据工厂，以获取急需的就业机会。随着对面部识别标记任务的需求减少，机器学习诊断疾病的医学图像标记需求正在增加。面部识别的门槛很低，但并不是每个人都了解肿瘤在图像中的样子。标记这些条件需要专家的知识。还有无数的街景，一旦被贴上标签，就可以让自动驾驶汽车了解它们行驶的城市道路。没有数据标签基础设施，人工智能服务就无法起飞。

标签需求让阿里巴巴创建了一种机器学习服务，就像淘宝基于图像的产品搜索一样。阿里巴巴的购物者可以在商店橱窗里拍下一件商品的照片，然后使用淘宝 APP 立刻就可以被引导到一个能购买该商品的页面。阿里巴巴每天处理 10 亿张这样的图片。同样，安装在商店各处的摄像头跟踪购物者，并识别他们关注和购买的产品。这为机器学习软件提供了大量的标记数据。2019 年 9 月，阿里巴巴宣布推出汉光 800，这是一款由台积电制造的专门用于执行此类机器学习任务的芯片，它的性能击败了所有同类芯片。

石油的比喻听起来很恰当，因为某些类型的数据和从中提取的见解已经被广泛交易。在线广告可能是个人数据的最大市场。根据咨询公司 Strategy& 提供的数据，2018 年全球个人数据的总价值为 1780 亿美元。从挖掘数据中提供见解是 Facebook 和谷歌的商业模式。然而，数据未能成为一种新的资产类别。大多数数据从未经转手，使其可交易的尝试也尚未启动。尽管数据通常被认为是一种商品，特别是公司数据集，往往具有不可替代的价值，但是每一种数据的收集方式、目的和可靠性都各不相同，这使得买卖双方很难在价格上达成一致。交易的另一个障碍是数据集的价值取决于谁控制它。"数据没有真正的价值。"[1]（Coyle，1997）

有效的数据经济是将数据不断转换为对决策有意义的信息。目前创建了三种类型的经济用途数据：企业、政府和其他组织的运营数据；用于营销和监视的个人化数据；大数据。到目前为止，数据经济中最大的一部分数据是组织的运营数据。它们是信息和通信技术的主要产物。自提供免费服务以换取个人数据的互联网平台兴起以来，个人化数据已成为数据经济的第二大部分，且仍在不断增长，这些数据主要用于营销或广告以及监视或控制公民、消费者和企业。在几十年的时间里，所有这些数据都是通过互联网积累起来的，并借助人工智能的技术创建成大数据。它们为决策提供了越来越有意义的信息。在资本主义经济中，数据通常被私人公司盗用。他们将其货币化，并将其转化为可出售资产。事实上，它们可以很容易地被私人拥有，也可以被公开拥有。（Dijk，2020，p. 86）

个人数据的产权界定一直是一个很棘手的问题，因为许多信息不能归属于一个人。更复杂的是，数据具有正负两方面的外部性，这意味着市场经常失灵。然而，亚马逊的 AWS 推出了一个旨在使交易数据成为可能的市场。它就像一个智能手机应用程序上的在线商店。买家订阅信息流，同意许可条件，然后 AWS 处理付款。AWS 代表了一种集中式模型，在这种模型中，所有数据都集中在几个地方收集和处理。这种集中化是有成本的。一方面是当公司想要将数据转移到其他云时，它们必须支付高昂的费用。此外，将数据集中在大型中心可能会给环境带来高昂的成本——将数据发送到中央位置会消耗能量。一旦到了那里，继续咀嚼它们的诱惑是巨大的。另一方面，SWIM Ai，是一家边缘计算的代表性公司，在边缘计算中，数据被实时处理，并尽可能接近它们被收集的地方。现在，软件的存在是为了将计算能力转移到最适合的地方。自动驾驶汽车等应用程序需要快速反应的连接，无法承受断开连接的风险。计算能力需要部署在附近，特别是如果数据太大而无法发送到云时。正是在这两极之间，数据经济的基础设施有望伸展开来。

乔治·吉尔德（George Gilder）在《谷歌之后的生活：大数据的衰落和区块链经济的崛起》（*Life After Google*：*The Fall of Big Data and the Rise of the Blockchain Economy*）一书中写道：在谷歌的引导下，互联网不仅充斥着不受欢迎的广告，还充斥着机器人和恶意软件。它不是把权力放在个人手中，而是变成了一片有漏洞的云，所有的金钱和权力都上升到了顶端。在更深的层次上，谷歌的世界——它的界面，它的图片，它的视频，它的图标，它的哲学——都是 2D 的。谷歌不仅仅是一家公司，而是一个世界系统。在这种意识形态的重压下，互联网正在崩溃。它的拥护者坚持平坦宇宙理论：有了确定性的化学和数学就足够了。他们认为人类思维是随机进化过程的次优产物。他们相信硅脑（silicon brain）的可能性。他们认为，机器能够以与人类学习相媲美的方式"学习"。意识是人类的一个相对不重要的方面，从物质中涌现出来，对真正新奇事物的想象是逻辑封闭的世界中的一种错觉。（Gilder，2018，p. xv）[2]

数据处理软件和云计算正越来越接近地实现乔治·吉尔伯特（George Gilbert）所说的人工智能组装生产线。这是指一百年前发生的事情，当时电力取代蒸汽成为工厂的主要动力来源。以前，机器必须紧密地围绕着动力源——蒸汽机。电力革命后，电力使机器可以安置到需要的地方，这使得装配线变得可行。然而，现在发生的事情实际上是相反的。数字时代的机器——公司的业务应用程序和构建这些应用程序的软件——实际上正在围绕一个新的动力源重新组合，即被称为数据仓库或数据湖的中央数字存储库。随着时间的推移，这可能会让公司建立自己的完整的数字孪生（digital twins）。

当数据主要用于跟踪公司的交易（如处理订单或管理供应链）时，数据集成成了一个主要问题。自那以后，数据集成变得更加困难。在 20 世纪 90 年代，公司开始使用数据来计算它们的表现，这就是所谓的分析。十年前，它们开始挖掘数据来预测业务，这种方法最初被称为大数据，现在则被称为人工智能。如今，一家公司的数据通常不仅分布在许多本地数据库中，还存在于不同的云服务中，并从第三方和连接设备流入。

正是数据仓库和数据湖使使用数字内容变得更加容易。它们的不同之处在于构建信息的方式。第一种采用了比第二种更刚性的方法，两者都可以在云中运行。这不仅使它们的管理成本更低，而且它们可以很容易地从许多不同的来源获得数据，并由许多不同的用户使用。另一家初创公司 Snowflake 就是这样一家公司，它将其数据仓库转变为所谓的数据平台，使其可以扩展到不同的计算云。亚马逊的 AWS 和微软的 Azure 也提供类似的产品。专门数据库还有另一项发展：由于数据来自实时数字流，因此必须区别对待。初创公司 Confluent 销售基于 Apache Kafka 的云服务，Apache Kafka 是一个开源程序，可以分析这些数据流并将其转储到数据湖中。

第三种软件和服务将所有这些都变成了人工智能组装线。其中一些工具为数据处理做好了准备，另一些则使设计和训练人工智能算法变得容易，将其部署在应用程序中以自动决策并不断改进它。意大利国家电力公司（Enel），一家公用事业公司，已经使用这种工具来识别它需要追查的电力窃贼。壳牌石油公司设计了一套算法，确保其数千个备件在全球范围内可用。Kiva 是一家非营利贷款机构，它用 Snowflake 提供的平台建立了一个数据仓库，使其能够更好地决定谁应该获得贷款。

另一方面，开放数据运动的拥护者推动组织和大学放弃它们的数据，以便它们能够被广泛使用。一些人将这些努力视为数据开源运动的开端，类似现在软件行业中占主导地位的开源方式。微软渴望看到这种情况的发生。对于个人数据，主要的限制是日益严格的隐私法，如欧盟的《通用数据保护条例》（GDPR）以及《加州消费者隐私法案》（CCPA）。

数据经济已经非常不平等了，它由几个大平台主导。亚马逊、苹果、Alphabet、微软和 Facebook 的总利润超过了 550 亿美元。这种企业不平等在很大程度上是网络效应的结果：经济的力量导致规模集聚效应。随着数据的扩大，其产生的效能将越来越多地应用于非科技公司甚至国家。在全球 70% 的最大平台中，美国和中国占据了 90% 的市值。世界其他地区有可能成为纯粹的数据提供者，同时不得不为产生的数字情报付费。这正是联合国贸易和发展会议所警告的。

如何治理数字平台，使其为大多数公民创造价值，而不是为少数人谋取私利，是当今的一个重大问题。大型科技公司通过使用互联网和人工智能等技术积累了创纪录的利润。它们受益于网络经济和先行者优势，这与巨大的广告收入一起创造了一种平台经济，其特点是强劲且不断增长的规模回报；在这种经济中，亚马逊和谷歌等公司拥有巨大的市场力量。问题是，它们越来越多地使用这种权力来收取所谓的现代资本主义体系中的"算法租金"，这看起来更像是"数字封建主义"——使用算法来操纵人们看到的和他们想要的东西的能力。正如社会心理学家肖莎娜·祖博夫（Shoshana Zuboff）所说，我们认为自己很幸运，因为我们可以"免费"搜索谷歌，但实际上谷歌是在免费搜索我们，并在这个过程中大赚一笔。这些大公司有能力出售我们的个人数据，并操纵搜索以增加其广告收入，这是竞争管理机构必须解决的大问题，同样还要应对与避税相关的问题（转移利润来源以最大限度地减少税负）。"大科技"背后的许多"科技"是公共投资的产物，这一事实更有力地证明了公共资助的技术必须服务于公众利益。这需要从市场塑造的角度进行监管，并需要找到政府鼓励价值创造而不是价值榨取的方法。捍卫潜在的公共利益可以从"公共资源"（如数据公共资源）的角度来界定。过去对公共资源的管理，如经济学家埃莉诺·奥斯特罗姆（Elinor Ostrom）等人所指出的，强调如何构建分享共同利益的方式，以确保它随着时间的推移而持续再生，而不是被个人利益所破坏。奥斯特罗姆的重要工作研究了公有领域（如海洋渔业）如何因为过度开采、管理不善而遭到破坏，这为一些社群管理好公共资源以确保子孙后代的利益不受损害提供了理论基础。她表示，只要资源的使用和保管遵循一定的规则，就没有必要（由政府）进行过度集中的指挥和控制或由公司进行私有化。这些集体行动规则包括明确界定共同资源的界限、监测使用情况、非正式解决冲突和参与性决策结构。这样的规则在今天考虑如何管理数据共享时可能非常有用。考虑到人们每次"点击"都会创造数据，这一点至关重要。数据是集体创建的，对于公民获得教育、医疗和公共交通等服务的权利越来越重要。因此，找到确保我们治理数据创造以促进共同福祉的方法，对于获取包容性增长的能力至关重要。（Mazzucato，2021，pp. 196 - 198）

人们期望将数据提炼为信息，将信息提炼为知识，将知识提炼为智慧。但是，数据主义者认为，人类再也无法应对海量的数据流，因此他们无法将数据提炼为信息，更不用说知识或智慧了。因此，处理数据的工作应该委托给电子算法，其能力远远超过人脑。数据主义者对人类知识和智慧持怀疑态度，他们更愿意相信大数据和计算机算法。正是生物学对数据主义的拥抱，将计算机科学的突破变成了一种可能改变生命本质的可能性。

今天，不仅单个有机体被视为数据处理系统，整个社会（不单指人类社会）也被视为数据处理系统，如蜂巢、蚂穴、细菌群落、森林和人类城市。市场也是一种数据处理系统，正如哈耶克在半个世纪前提醒我们的那样，他认为市场机制优于中央计划。根据数据主义者的说法，自由市场资本主义和苏联模式的社会主义并不是相互竞争的意识形态、道德信条或政治制度。它们本质上是相互竞争的数据处理系统。资本主义使用分布式处理，而苏联模式依赖集中式处理。

计算机和其他数字技术的进步正在增强我们的精神力量，使我们能够使用大脑来理解和塑造我们的环境，就像蒸汽机及其后代为肌肉力量所做的那样。它们允许我们突破以前的限制，将我们带入新的领域。丹尼尔·丹尼特（Daniel Dennett）在《从细菌到巴赫：心智的进化》一书中（*From Bacteria to Bach and Back*：*The Evolution of Minds*）（Dennett，2017）[3] 讲述了人类神经元的故事，神经元作为微小酵母细胞（本身是更简单的微生物的远亲）的远亲，本身并不具备智能，但这些细胞通过组成特定的组织结构能够产生出惊人的创造力。正如计算机可以在不理解其背后的算法的情况下执行复杂的计算一样，生物也可以在不理解它们为什么这样做的情况下表现出精细调整的行为。这就是丹尼尔所说的"无需理解而有的能力"（Competence without Comprehension）。

人类并不掌握特殊的理解力。更确切地说，人类的思维是通过对模因进行文化进化的过程而得到增强的。模因是可以复制的行为。文字就是一个很好的例子。词语和其他模因赋予了人类强大的新能力，如交流、明确表达、反思、自我审问和自我监控。用计算机打个比方，模因进化提供了"思维工具"——有点像智能手机应用程序——将人类转变为理解力强的智能设计师，引发了文明和技术的大爆炸。

丹尼尔·丹尼特预计，计算机的能力将继续提高，但他怀疑它们能否很快发展出真正的理解力，因为它们缺乏培养人类理解力的自主性和社会实践。举个最时髦的例子，所谓的超级人工智能并不是通过更深入地理解围棋、国际象棋或雅达利（Atari）游戏而成功的。超级人工智能成功地大大加快了玩游戏的速度，捕捉了有限和确定性机制的大部分可能性空间。丹尼特担心，人们可能会高估他们的人工制品的智能，并变得过度依赖它们，而人类理解所依赖的制度和实践可能会因此受到侵蚀。这一转变究竟将如何进行仍不得而知。快速且不断加速的数字化可能会带来经济混乱。你所掌握的正统新古典主义工具箱不会有太大帮助，除非，区块链技术为经济人创造了一个虚拟的去中心化的现实，柏拉图式的栖息地。新古典主义市场原教旨主义者的乌托邦，但对其他人来说却是反乌托邦。

根据詹姆斯·洛夫洛克（James Lovelock）的说法，在我们星球的历史上有两个决定性的事件。[4]第一次是在大约34亿年前，光合细菌首次出现。光合作用将阳光转化为可用的能量。第二次是在1712年，托马斯·纽科门建造了一台蒸汽泵。它燃烧煤炭，利用产生的热量将水烧成蒸汽，蒸汽通过一个可移动的活塞进入汽缸。活塞上升，然后将附近溪流中的冷水喷入气缸。冷凝后，压力下降，活塞移回其起始位置。水泵在此过程中做了大量的工作，并清除了矿井中的水。这个小引擎的发明引发了工业革命。

根据洛夫洛克的说法，尽管"工业革命"这个词足够准确，但更好的说法是"人类世"（Anthropocene），它涵盖了从纽科门安装蒸汽泵到现在的300年间人类对整个地球的统治。人类世是一个新的地质时期，人类首次开始将煤炭中储存的太阳能转化为有用的动能。这使得人类世成为地球处理太阳能的第二个阶段。在第一阶段，光合作用的化学过程使生物体能够将光转化为化学能。洛夫洛克将第三阶段称为"新星世"（Novacene），即太阳能转化为信息的阶段。在新星世，新的生命将从现有的人工智能系统中诞生。他们的思维速度比我们快许多倍，他们会像我们现在看待植物一样看待我们。但这并不是科幻小说中想象的那种残酷暴力的机器接管地球的故事。这些超级智能生物将像我们一样依赖于地球的健康。另一些人将第三阶段称为第三次产业演进。

在有机生命经历了 40 亿年自然选择进化之后，科学正在迎来智能设计塑造的无机生命时代，而设计者正是人类科学家。生物技术和人工智能的结合可能会产生完全摆脱原始人类模式的身体和精神特征。（Harari，2017）[5]我们的大部分身体结构、体能和心智能力仍然与尼安德特人和黑猩猩相同。不仅我们的手、眼睛和大脑明显是原始的，而且我们的欲望、我们的爱、我们的愤怒和我们的社会纽带也是原始的。尤瓦尔·赫拉利（Y. N. Harari）认为，将生物体、人类和他们的大脑视为算法工程是错误的。细胞和芯片的工作原理在物理上是完全不同的，芯片的比特和字节都是为特定目标而编程的。二者只有一些表面上的相似是可以接受的。一个人与他的环境有一种积极和自主的关系。这是由人类心灵的直接意向性造成的。意向性是由人作为特定环境中的生物和社会人的需要和价值所激发的。

## 注释

1　Coyle D. The Weightless World：Strategies for Managing the Digital Economy［M］. Cambridge，MA：The MIT Press，1997.

2　Gilder G. Life After Google：The Fall of Big Data and the Rise of the Blockchain Economy［M］. Washington：Regnery Gateway，2018.

3　Dennett D. From Bacteria to Bach and Back：The Evolution of Minds［M］. New York：W. W. Norton & Company，2017.

4　Lovelock J. Novacene：The Coming Age of Hyperintelligence［M］. Cambridge，MA：The MIT Press，2019.

5　Harari Y N. Homo Deus：A Brief History of Tomorrow［M］. New York：Harper，2017.

# 失控的资本

发条经济学的终结

The Financial and Conceptual
Foundations of Intangible Asset
Manager Capitalism

## 第四章

## 互联网的辩证演变：
## 从全球公域到货币化的
## 私人圈地再到互裂网

"WWW 是一个网络，其节点是文档，其链接是 URL，这一结构允许我们通过点击鼠标获取一个又一个文档。据估计，万维网拥有超过一万亿个文档，是人类有史以来建立的最大网络。它的数量甚至超过了人类大脑的神经元数量。万维网在我们日常生活中的重要性怎么强调都不过分。同样，我们不能夸大万维网在网络理论发展中所起的作用：它促进了许多基本网络特征的发现，并成为大多数网络测量的标准试验台。"阿尔伯特 – 拉斯洛·巴拉巴西（Albert-Laslo Barabasi）在《网络科学》（*Network Science*）中写道。[1]卡尔·夏皮罗（Carl Shapiro）和哈尔·瓦里安（Hal Varian）推广了术语"网络效应"（Network Effect）[2]，意思是在数字世界中，规模很容易产生规模。瓦里安被称为谷歌经济学领域的亚当·斯密和谷歌广告模式的教父。

扬·范迪克[3]（Van Dijk，2012，pp. 37 – 42）提出：为了理解网络到底是什么以及它们如何运行，我们必须认识到它们具有特殊的结构属性。这些都可以用网络的一些"定律"来概括。它们不是某种自然法则，而是对网络中的人类行为施加压力的定义性的实现条件，它们可以被改变，尤其是当其结构发生变化时。理解这些"定律"有助于解释我们在网络上观察到的事物，并有助于找到干预相关网络结构的机制。概括来说，网络世界呈现出七条定律：

（1）网络连接定律<sup>一</sup>

（2）网络外部性定律<sup>二</sup>

（3）网络扩展定律<sup>三</sup>

（4）小世界定律<sup>四</sup>

（5）注意力极限定律<sup>五</sup>

（6）网络中的幂律<sup>六</sup>

---

㊀　在网络社会中，社会关系相对于其所连接的社会单位而言，影响力越来越大。

㊁　网络对网络外部的事物/人产生影响。参与网络的人越多，其他人加入的可能性就越大。个体面临连接他人的压力。

㊂　当网络生长时，它们往往会变得过大。网络单元失去监督，不再相互联系。为解决这一问题，搜索引擎、门户网站和社交网站等中介机构必不可少。

㊃　在大规模网络中，大多数单元不是邻居，但仍然可以在几步内（六度分离）就能到达几乎所有其他单元，从而创建一个小世界。对这一现象的解释是：个体被分割在一个个相互之间具有强联系的集群中，然后再通过远距离且通常是弱联系来接触其他集群中的人。通过这些步骤，不同集群里的人才能互相通达。

㊄　原则上，网络中的每个人都能够与网络中的其他人联系和交流，但注意力是有极限的。在网络上撰写/制作内容的人越多，他们的受众平均数量就越少。

㊅　在大型无标度网络中，那些已经有许多链接的单元获得更多链接，而大多数单元只保留几个链接。其机制是联系、优先依附和社会传染的不断增长。

(7) 趋势放大法则<sup>⊖</sup>

杰克·戈德史密斯（Jack Goldsmith）和蒂姆·吴（Tim Wu）讲述了永远摆脱地理位置限制的自治网络社区梦想的破灭，也讲述了一种新型互联网的诞生——这是一种边界网络，在这个网络中，领土法律、政府权力和国际关系与技术发明创造一样重要。[4] 随着中国和美国将各自的数字市场隔离开来，两国都在寻求在世界其他地区的增长。亚马逊正在印度推广支付服务。中国的支付宝服务在巴西很活跃。与此同时，一个分裂的互联网（Splinternet，本书称之为互裂网）已经成为现实。

互联网已经成为世界大国的新战场。随着美国和中国争夺互联网运营和监管方式的控制权，互联网不再是一个单一体，而正在成为一个互裂网，这是控制高增长高科技产业的更大范围竞争的一部分现实。两个竞争对手都在支持本土公司，试图通过保护自己的供应链，为长期的科技和贸易争端做好准备，从而赢得"科技冷战"。强调元素的组织结构和关系，就需要减少对元素和单元本身的关注。单元和元素的特点，人类个体也包含其中，以及它们自身的构造，都不是关注的重点。相反，自然科学和社会科学中的每个网络方法都强调元素的关系。它反对原子论的现实观和正统经济理论的个人主义方法论，后者通过加入个体属性来衡量社会现实。因此，正统的经济理论是无用的，实际上扭曲了对网络的理解。

---

⊖ 网络是倾向于放大现有社会和结构趋势的关系结构。当使用通信技术网络和计算机等技术时，它们可作为强化工具。

由五角大楼资助的阿帕网（ARPANET）是兰德公司的保罗·巴兰（Paul Baran）的智慧结晶，他依据的是所谓的分组交换（packet switching）思想。巴兰的主要目标是开发一种能够在苏联的第一次核打击中幸存下来，并仍能向美军导弹基地传输信息以进行报复的网络。因此，该网络具有分布式的性质。互联网不仅仅是分组交换，它需要计算机、通信、各种软件和其他协议。阿帕网在 20 世纪 90 年代被正式私有化。

保罗·巴兰的分组交换、温特·瑟夫（Vint Cerf）编写的 TCP/IP 协议和发明万维网的蒂姆·伯纳斯·李（Tim Berners Lee）爵士在促进计算机相互连接而形成开放网络的进程中发挥了重要作用，如此人们就可以看到其他节点上的内容，而不只是自己硬盘驱动器上的内容。

要了解互联网最近的历史，请记住，像大多数数字系统一样，它是分层设计的。底层是允许不同种类的网络和设备交换信息的所有协议，或称网际协议。因此有了互联网。在这一层面上，它在很大程度上仍然是分布式的。尽管提供互联网接入的公司数量急剧下降，但没有一家公司能够控制这些协议。互联网的基础是为了移动数据和发布信息而设计的，因此其协议并不记录之前由谁传输内容。

互联网是在没有记忆的情况下建立的。互联网的到来似乎预示着一种管理人类事务的新方式，它将把我们从领土统治的暴政中解放出来。自治的网络社区将永远摆脱地理位置。它依赖于开源的对等网络。互联网是由分散的科学家、程序员和业余爱好者群体创建的，并将继续由他们塑造，他们自由地与世界分享他们的智力劳动成果。开源协作网络创造了互联网所依赖的很大一部分代码，它们影响的不仅仅是互联网，还有智能手机、股票市场乃至飞机。但过去十年的情况表明，各国政府拥有一系列控制离岸互联网通信的技术，从而对在其境内的互联网实施强制手段来执行其法律。

万维网的创始人蒂姆·伯纳斯·李认为互联网本身正在消亡。2014 年，互联网经历了一次非常黑暗的转折。在此之前，网站的流量来自许多地方，网络是一个活跃的生态系统。但从 2014 年开始，超过一半的流量开始来自 Facebook 和谷歌。五年后，超过 70% 的流量由这两个来源主导。（Tepper & Hearn，2019，p. 101）

互联网应该是开放的、无政府的、去中心化的，最重要的是自由的。20 世纪 90 年代，美国在线（AOL）帮助人们上网并发现内容。那是一个有围墙的花园。AOL 在幕后操纵用户体验，这与 Web 的精神背道而驰。一旦用户开始通过当地的有线电视公司上网，他们能用谷歌在网上找到任何东西，这样大多数用户就不会再回到 AOL 的怀抱。Facebook 如今已经成为 AOL 2.0，一个中心化的网络。在上面你只会发现 Facebook 公司想要的东西。它就像 AOL 一样，通过用户的生活史、照片、朋友和家庭联系对用户进行锁定。无数的文章和视频只出现在 Facebook 守卫森严的大门后面。Facebook 已经成为一种数字护照，许多应用程序和网站不允许没有 Facebook 账户的用户加入。

如今，个人和私营企业之间的权力严重失衡。当两家公司控制了大部分流量时，网络不再是免费的……面对由两家私营公司控制的封闭网络，用户要求 Facebook 和谷歌修复这一问题。正如马特·泰比（Matt Taibbi）简明扼要地指出的那样，"谷歌和 Facebook 成为问题的原因和解决方案本身，这告诉你政府和监管机构已经变得多么无关紧要。"（Tepper & Hearn，2019，p. 102）

互联网已经四分五裂，正在变得分崩离析。互联网、它的语言、它的内容、它的规范，远远没有使世界变得平坦，而只是使其更符合当地的情况。其结果是，互联网在不同国家和地区之间的差异越来越大，这些国家和地区之间被带宽、语言和过滤器的围墙分隔开来。这种边界互联网反映了来自政府的自上而下的压力，这些政府正在对其边界内的互联网实施国家法律管控。它还反映了自下而上的压力，这些压力来自不同地方的个人，他们需要符合当地偏好的互联网，也来自网页运营商和其他内容提供商，它们努力塑造互联网体验以迎合这些需求。

互联网的设计并不是某种完全成形的宏大理论或愿景的结果。相反，互联网的开放设计是由特定工程挑战的特殊性所决定的。互联网的创造者，主要是在政府内外工作的学者，他们没有创建一个信息帝国的权力或野心。他们面对的是一个电话线归 AT&T，技术和计算能力归大型计算机中心的各领地的拼凑，每一个都有独特的协议和系统。网络的建设和维护任务过去和现在都主要由网络运营商执行或外包。网络运营商充当网络的看门人。电话运营商、互联网平台、互联网服务提供商和广播运营商在很大程度上决定了谁和什么可以访问网络，以及网络上的特定应用程序有多昂贵。"在过去的三十年里，世界电信和计算机网络设备市场已被 10 家公司控制。其中一些重要的名字有华为、思科系统、阿尔卡特朗讯（诺基亚）、富士通和爱立信。这些公司必须进行非常密集的资本投资，而且它们的研发成本极高。因此，需要高营业额和高利润。这是一个问题，因为在信息和网络经济中，硬件的利润率远低于软件和服务的利润率，通常不到总收入的 2% 或 3%。生产终端设备（电话、计算机、调制解调器、解码器、收音机和电视机）的大公司也在不断地集中，原因是一样的：利润率低。2020 年计算机设备制造业的巨头是联想、惠普、苹果、戴尔、三星、宏碁和华硕。其中四个来自东亚，三个来自美国。"（Van Dijk，2020，p. 94）

20 世纪 80 年代和 90 年代 "华盛顿共识" 的成功实施，使电话和广播领域的大型国家公共垄断企业私有化，并被拆分为具有不同职能的部分，如运营商和内容提供商。然而，在 2000 年之后，私营部门再次出现了以寡头垄断形式出现的第二种垄断趋势。经营和承载电话和广播服务的趋势已从公共垄断转向私人寡头垄断。公共垄断在全国范围内发挥作用，而当代私人寡头垄断越来越多地在国际层面上运作。在固定电话领域，他们是 AT&T、中国电信（China Telecom）、日本电话电报公司（NTT）、威瑞森（Verizon）、德国电信（Deutsche Telecom）和 Telephonica。在移动通信方面，它们包括中国移动（China Mobile）、印度的 Airtel、英国的沃达丰（Vodafone）、西班牙的 Telefonica 和马来西亚的 Axieta。在广播公司层面如时代华纳、新闻集团（默多克）、贝塔斯曼、Canal +、UPC（Liberty Global）和微软 NBC 主导着国际市场。在电话和广播领域不存在完全的垄断——

基本上存在竞争——但公司之间可以默契地瓜分世界市场、固定价格，并从标准化和互联互通的国际法规中获益。大型国际电话和广播公司越来越多地进行合作和合并。少数几家企业集团正准备瓜分世界市场。最终的结果将是由少数竞争有限、几乎不承担任何公共责任的国际私人寡头垄断取代国家政府控制的没有竞争的公共垄断。互联网上的运营商和服务提供商要么集中而大，要么分散而小。互联网平台日益成为所有网络生产商的核心，从一开始就成为寡头垄断。它们是美国五大平台——苹果、亚马逊、谷歌、微软、Facebook，和中国的大型平台——阿里巴巴和京东的电子商务，腾讯的通信平台和百度的搜索引擎。其他国家的平台要小得多。数据公司和云计算服务也很集中，通常与互联网平台有着密切的关系，2020 年最大的几家是亚马逊网络服务（AWS）、微软、谷歌和甲骨文。相反，在一开始，互联网服务提供商（ISP）在地方范围内相对较小且分散。世界上有无数的互联网服务提供商。一段时间后，他们也会与完成私有化的国家电话运营商和大型私营运营商合并。（Van Dijk，2020，p. 95）

互联网在一个使用者和拥有者脱离的基础设施上运行。所有者总是另有其人，在 20 世纪 70 年代，所有者在美国是 AT&T。它被设计用来连接人类思想，但 AT&T 无法控制用户的活动。几十年来，网络的服务对象不断发展壮大，几乎囊括所有人，由此必然产生的平等主义将持续存在。

封装的概念是指一个网络如何与其他网络互连。这意味着将来自本地网络的信息包装在一个信封中，以便互联网可以识别和引导。在后来被称为传输控制协议（TCP），它规定了数据包的大小和流速标准，从而为计算机用户提供了一种可以在所有网络中通行的"世界语"。作为一个实际问题，这一创新将允许互联网在任何基础设施上运行，并携带任何应用程序，信息包可以通过任何类型的有线或无线广播网络，甚至是那些由一个实体拥有的、严格控制的网络，如 AT&T。

这是一个独立于其运行的物理基础设施的电子信息网络。封装的发明使互联网的分层结构诞生了，由此通信功能被分离，允许网络通过协商接入各种设备、介质和应用不同的技术标准。互联网协议的诞生有其必要性。这也是考虑到各种不同网络的存在，而创建者对这些网络的权力有限，因此有必要通过发明一种协议来连接不同类型的网络。

传输控制协议/互联网协议（TCP/IP）和互联网架构的其他方面都依赖于创始人对网络的信念。用技术术语来说，他们创建了一个具有开放式体系结构或端到端设计的网络。用非技术术语来说，创始人接受了一种不信任集中控制的设计。实际上，他们将美国自由主义，甚至是 20 世纪 60 年代的理想主义融入了互联网的通用语言中。互联网的设计是开放、简约和中立的。它是开放的，因为它愿意接受几乎任何类型的计算机网络加入一个通用的网络。它是极简主义的，因为它对想要加入的计算机的要求很少。最后，它在应用程序之间是中立的。

网络中立的概念产生于互联网的端到端设计结构，它有利于用户而不是网络服务提供商。虽然用户为互联网连接付费，并且他们支付的价格可能取决于他们的互联网服务提供商提供的网速或质量，但一旦连接，他们传输的数据包就会被网络服务提供商以与处理其他所有人数据包相同的方式处理。为了商业利益，网络服务提供商正试图获取对通过互联网交换的信息的控制。网络中立性的支持者认为，网络应该保持"愚蠢"，从而允许最终用户通过开发自己的应用程序进行协作和创新。这种分布式智能使互联网成为一种独特的通信媒介。政府和网络服务供应商有不同的看法。2011年，俄罗斯、乌兹别克斯坦、塔吉克斯坦和中国向联合国大会提交了一份提案，呼吁制定信息社会国际行为准则。该提案的序言指出，"治理互联网相关公共问题的政策权力是国家的主权。"截至2019年，支持互联网政府控制形式的国家又新增了印度、巴西、南非和沙特阿拉伯。

互联网在美国经济中扮演着核心角色，就像在中国一样。但它的架构有一个严重的缺陷。它的软件堆栈缺乏信任和交易功能。它的开放系统互连（OSI）模型定义了七层。虽然一些层已经合并，但现有的层都不提供真实货币价值的信任/验证/真实性/准确性机制。也许，这很好地符合MBA课程的理论框架：货币中性的新古典主义经济理论。

当一切都是"免费"的时候，最初的分布式互联网架构就足够了，因为互联网不是交易的工具。当它所做的只是显示网页、发送电子邮件、运行论坛和新闻以及超链接学术网站时，网络并不绝对需要安全基础。但是，当互联网成为货币交易的广场时，新的安全制度变得不可或缺。互联网工程任务组（Internet Engineering Task Force）和万维网等开发原始协议的组织本可以将安全制度添加到规则中。尽管他们这样做了，只是姗姗来迟。也许，其中一个原因是，许多互联网先驱认为，这些协议足以阻止集中化。事实证明他们错了。

要理解当代互联网，需要从模仿硬件的堆栈开始。国际标准组织的开放系统互连模型的七层 Netplex 方案由分层堆栈组成，其中较低功能由较高功能控制。底层是物理层、光纤线路、微波振荡器、混频器、1550 纳米和 900 纳米激光器、光电探测器、硅路由器、掺铒放大器以及双绞线电话线、天线、同轴电缆——这个名单是无穷无尽的——它们在上层的命令下通过网络传输数据包。

在 OSI 堆栈中，物理层之上是数据链路。在这种介质中，硬件变成了"固件"，而软件定义了电气规范、定时规则和电子－光子转换，使信息能够通过链路从一个节点或计算地址传输到下一个。交换机在第二层运行，只将数据包传递到下一个节点。局域网（如以太网或 WiFi）在此级别运行。第三层是网络层，即路由器域，它与传输层（第四层）结合以建立端到端链路，从而构成 TCP/IP 协议。这是 IP 地址和传输控制协议流量混洗组成的整个系统，包括整个网络的端到端连接。

第三层负责数据包的报头、身份和地址。第四层执行数据包的实际传输和接收以及流量管理、负载平衡。第三层和第四层往往是中央权力的堡垒，政府及其情报部门在这里追踪域名和地址。第五层从头到尾管理特定的双向通信，无论是视频流、Skype 呼叫、发起协议会议、消息交换、电子邮件发布还是交易。第六层和第七层是用于演示和应用程序的方案——用户界面、窗口、格式、操作系统。这些被总结为超链接方案。其中 70% 的链接都是通过谷歌和 Facebook 这两个主要的"围墙花园"来处理的。

互联网需要一种新的支付方式，以跟上全球网络和商业的发展。这是为了避免不断的浮动货币交换，而浮动货币的波动性比它们所衡量的全球经济更大。只要互联网设备是分布式的，新系统就应该是分布式的：一个基于用户之间点对点连接的分散的异构系统，而不是一个基于国家金融机构的集中层次结构。于是比特币区块链应运而生。

在现有的七层互联网基础设施之上，比特币账本建立了一个新的功能层——第八层——就像超文本传输协议（HTTP）在传输控制协议/互联网协议（TCP/IP）之上建立网络层一样。这个新的交易层允许将安全和识别功能从网络中分离出来。基于信息理论的新突破，安全可以是异构的而不是分层的——分布在网络之外数以百万计的可证明安全的设备上，并且无法从网络获得。这是一种新的安全模式，与网络上现有的密码、用户名、PIN、个人令牌和黑客攻击后修复程序的泥沼截然相反。在比特币交易中，个人信息的披露并不比在现金交易中更有必要。

随着亚马逊、苹果和其他在线市场在 21 世纪初的崛起，互联网的大部分都被交易占据了，整个行业都退回到了云端。硅谷的主要企业家放弃了分布式互联网架构，代之以集中和细分的订阅系统，如贝宝（PayPal）、亚马逊、苹果的 iTunes、Facebook 和谷歌云。优步、Airbnb 和其他独角兽公司紧随其后。这些中央集权的堡垒违反了科斯的企业范围定理。该定理指出："只有当寻找外部各方并与其签订合同的成本超过因缺乏真实价格、内部市场和规模经济而导致的低效率时，企业应将交易内部化。"行业在集中中寻求安全，但集中化并不保证安全。事实也的确如此。

分布式组织与互联网一样古老。大约 50 年前，它的第一批用户意识到通过交换电子邮件和数字文件可以做很多事情。这些交流导致了开源的发展。软件，由地理上相距遥远的陌生人群体共同编写。今天，大多数分布式创业公司都有开源的根基，Gatsby 就是其中之一。Automattic 公司的 1200 名员工几乎都在家里工作，该公司以开发 WordPress 软件而闻名。2018 年被微软收购的 GitHub 拥有数百万开源产品，它可能是世界上最大的分布式企业。它的 2000 名工作人员中有三分之二远程工作。大多数构建区块链（一种分布式数据库）的公司本质上都是分散的。

帮助客户管理社交媒体账户的 Buffer 公司主管乔尔·加斯科因（Joel Gascoigne）在科罗拉多州博尔德市远程办公。在线支付公司 Stripe 的总部设在旧金山，其工程中心是一群远程工作人员。D：Code：IT 是一家金融科技公司，总部位于伦敦，设计工作室位于维也纳。分布式初创公司之所以存在，是因为有一系列数字工具，常见的如 Slack（聊天）和 Zoom（视频会议）等企业消息服务软件，以及 Miro（头脑风暴虚拟白板）或 Donut 等不太知名的软件。Process Street、Confluence 或 Trello 等其他工具帮助管理工作流程，并跟踪虚拟通道中发生的事情，这在人们不共享同一物理空间时至关重要。为分布式企业提供组织架构的公司，如 Rippling，允许员工远程获取企业服务并调试他们的设备。

谷歌开发了现实的整合模型，结合了名为 BIG DATA 的知识理论、技术愿景、集中式云计算以及植根于开源软件的信仰。谷歌的知识理论 BIG DATA 就像牛顿的理论一样激进和令人生畏。牛顿提出了几条相对简单的定律，根据这些定律，任何新的数据都可以得到解释，知识储备也可以得到扩充和调整。成千上万的工程师通过一次解释一个数据，已经并正在增加人类知识的储备。约翰·格里宾（John Gribbin）[5]展示了混沌和复杂性如何在各个尺度上渗透到宇宙中，控制着生命和星系的演化。混沌和复杂性远远没有颠覆过去的一切，而是简单科学定律的成功延伸。

BIG DATA 的方法则不同。它的理念是，如果满足两个条件，就可以取代以前缓慢、笨拙、按部就班的人脑搜索知识的方式。世界上所有的数据都可以在一个"地方"编辑，并且可以编写足够全面的算法来分析它们。这种知识论是一种源于人工智能追求的心智论。从这个角度来看，大脑从根本上也是算法的，迭代地处理数据以得出结论。与这种观念不符的是，对实际大脑的研究表明，人类大脑更像是感觉处理器，而不是逻辑机器。

伊恩·麦吉尔克里斯特（Iain McGilchrist）说，一个人的感觉不是对他的认知评估的反应，也不是对他的认知评估的叠加，而是相反：先有影响，后有思考。（McGilchrist，2010）[6]在任何认知过程开始发挥作用之前，我们都会对整体做出直观的评估，尽管毫无疑问，它们以后会被用来"解释"和证明我们的选择。我们立刻对整体进行评估，而关于具体方面的信息片段则根据整体进行判断，而不是相反。这意味着，我们的情感判断和整体感依赖于大脑右半球，发生在对部分的认知评估之前（大脑左半球的贡献）。对此，马文·明斯基（Minsky，2006）[7]提供了一套细致入微的说法。

云是一个庞大的新型重工业，由庞大的数据存储和处理器系统组成的庞大数据中心，通过数百万英里的光纤线路连接在一起，消耗的电力和产生的热量超过了历史上大多数工业企业。2006 年，谷歌收购了安卓，这是一个开源操作系统，它赋予了世界各地的公司与 iPhone 竞争的能力。随着安卓的蓬勃发展，有两件事变得显而易见。互联网开创了一个可持续开放系统的新时代，但正如苹果所展示的那样，集成封闭系统的垄断仍像以往一样不可抗拒。

集中化在所谓的互联网"第三层"中日益加剧，包括许多消费者服务，从在线搜索到社交网络。它所有的扩展都已经产生了。苹果的 IOS 或谷歌的安卓是大多数人使用的智能手机操作系统。亚马逊、谷歌和微软是中国以外云服务领域最主要的参赛选手。阿里巴巴在云服务领域拥有强大的全球领先地位。据彭博社报道，2017 年，阿里巴巴在中国刚刚起步的云服务市场占据了 45% 的份额，价值 690 亿元人民币（100 亿美元），而腾讯只占 10%。然而，中国几乎每部智能手机都安装了腾讯的微信，因此为企业提供了多种产品和巨大的市场。

Facebook 可能是世界上最大的社交网络，但腾讯基于广泛产品的商业模式和技术在很多方面都远远优于 Facebook。腾讯只有不到

20%的收入来自网络广告，而 Facebook 98%的收入来自网络广告。腾讯拥有数字助理"小微"、移动支付系统"财付通"和云服务"微云"，还推出了电影工作室"腾讯影业"。2007 年，它推出了一个基于云的平台，允许公司通过"小程序"（即微型应用程序）向微信用户提供服务。每天有超过 100 万个"小程序"被 2 亿多人使用，其中大部分是微信用户。目前，腾讯在这类小程序上的收入微不足道，而且，像字节跳动这样的竞争对手也推出了类似的产品——字节小程序。

蚂蚁金服的网商银行和腾讯的微众银行发展迅速。两家公司都使用自动化、机器学习和数据库来定义身份识别和安全标准，这些标准在银行和在线支付中至关重要。微众银行的面部识别工具的错误率不到百万分之一，而人眼的平均错误率为 1%。网商银行 2018 年服务了全国 2000 万家中小企业。网商银行还向其他 200 家银行出租其工具包，并希望以中国香港和新加坡作为试验场向外扩张。投资者认为国际化是有希望的：蚂蚁金服是一家私营公司，在最新一轮融资中估值为 1500 亿美元。微众银行正在走一条不同的道路。它正在开源基础上提供其创建的基础设施，以便外国银行可以在此基础上进行建设。

中国保险公司平安保险决心成为一家拥有 32 项独立业务的云公司，以帮助出口其在国内打造的技术。2019 年在纽约上市的下一代公司 OneConnect，为走向数字化的金融公司提供人工大脑和神经系统。它为中国最大的银行和 99%的次级银行提供服务。该公司提供的云服务涵盖了从后台办公到客户业务的所有方面。它属于新一代中国公司，这些公司正在重新焊接向发展中国家输送资金的管道。

据《南华早报》报道，百度、阿里巴巴、腾讯持有 150 家海外公司的股份。根据 Abacus 的数据，阿里巴巴在海外拥有 56 个数据中心，腾讯拥有 Snap 17.5% 的股权、Spotify 7.5% 的股权。但在 2018 年，美国外国投资委员会（CFIUS）阻止了几家中国公司的收购请求，其中最大的一笔是阿里巴巴旗下蚂蚁金服以 12 亿美元收购速汇金（MoneyGram）。2019 年，中国企业在美国的投资降至 50 亿美元以下（2016 年为 460 亿美元）。特朗普总统的"让美国再次伟大"（MAGA）政策似乎是为了推迟全球金融意大利面式的纠缠，而不是解开它们。

数据巨头亚马逊、Facebook 和谷歌主导着各自的核心市场，它们积累的数字信息比其他任何西方公司都多。它们使用存储的信息来销售定向广告，并推动其人工智能服务的发展。谷歌的业务核心是一张网站列表和人们搜索历史的数据库。Facebook 会跟踪用户的身份以及他们之间的互动。亚马逊收集用户信用卡号码和购买行为。

这些数据巨头处理、传输和存储数据的能力呈爆炸式增长。科学家将爆炸定义为以超过系统调节能力的速度向系统注入能量。这导致了局部压力的增加，并且如果系统是无约束的或者约束可以被打破，其冲击波将向外扩散。这些爆炸性的增长正在通过工作驱替给现行社会经济体系注入压力，其速度快于现行社会经济体系通过工作创造吸收压力的速度。潜在的爆炸性来自于工作岗位流失向系统注入破坏性能量的速度与社会经济系统通过创造就业机会来吸收这种能量的能力之间的不匹配。数字技术应用于信息和通信技术的爆发浪潮推动了这种驱替。人工智能和远程移民（telemigration）消

除了工作岗位。取而代之的是由人类的聪明才智以一种从容不迫的
速度推动的技术进步。工作岗位流失的速度和工作岗位创造的速度
之间的根本不匹配一直是技术变革的"月之暗面"。在超级智能时
代，破坏的速度更快。理查德·鲍德温（Richard Baldwin）指出，
技术产生经济转型，经济转型产生经济和社会剧变，剧变产生反弹，
反弹产生解决方案。[8]

到目前为止，美国数据巨头似乎都采用了注意力经济的商业模
式。他们通过为我们提供免费的信息、服务和娱乐来吸引我们的注
意力，然后把我们的注意力卖给广告商。数据巨头们的目标似乎比
以往任何注意力商家都要高得多。尽管我们比过去的国王们富有得
多，但我们太容易被困在消费主义的跑步机上，通过我们购买的东
西不断寻找身份、联系和自我转变。

这些数据巨头的战略目标不是销售广告，这只是他们目前的战术
目标。通过吸引我们的注意力，它们成功地积累了大量关于我们的数
据——包括我们行为的方式、时间、地点和原因。这些数据比任何广
告收入都更有价值。将谷歌的用户视为其顾客是不准确的——没有经
济交换，没有价格，也没有利润。用户也不以工作者的角色发挥作用。
用户没有劳动报酬，也不操作生产资料。用户不是产品，而是原材料
供应的来源。谷歌的产品来源于用户的行为数据。它的产品是关于预
测用户，而不关心用户做了什么或对用户做了什么。

从中期来看，这种数据储备为一种完全不同的商业模式开辟了
道路，其受害者将是广告业本身。该战略商业模式的基础是将决策

权从人类转移到算法，包括选择和购买物品的权力。一旦算法为我们选择和购买东西，传统的广告行业就会变得多余。谷歌的目标是达到一个临界点，我们可以问谷歌任何事情，并得到世界上"最好的答案"。

卡尔·波兰尼（Karl Polanyi）在其不朽著作《大转型：我们时代的政治和经济起源》（*The Great Transformation：The Political and Economic Origins of Our Time*）[9]中指出了人类历史的三个重要转变。首先是给人的生命打上劳动力的烙印。其次是把土地打上商品的烙印。第三是将商品和服务的自由交换打上货币的烙印。肖莎娜·祖博夫（Shoshana Zuboff）在《监视资本主义时代：在新的权力前沿为人类未来而战》（*The Age of Surveillance Capitalism：The Fight for a Human Future at the New Frontier of Power*）一书中补充道（Zuboff，2019）[10]，第四大转变是"作为新兴的经济秩序，它征用人类经验作为免费原材料，用于关于提取、预测和销售的隐蔽商业行为，使商品和服务的生产服从于新的行为修正架构"。谷歌是硅谷第一个理解"行为盈余"概念的公司，在这个概念中，人类经验屈从于注意力、商人的监视、资本主义的市场机制，在这种屈从下，人类"行为"重生了。一个人在网上所做所想的一切都有可能被平台技术公司货币化。所有的人类活动都可能是被科技公司商品化的原材料。祖博夫说："谷歌之于监视资本主义，就像福特汽车公司和通用汽车之于基于大规模生产的管理资本主义。"几乎我们所做的一切都可以被平台公司挖掘，但前提是它们能保持信息是免费的。这意味着保持个人数据的价值不透明，忽视内容的版权，使其难以保护。

"随着大型科技公司扮演主要角色的监控资本主义的兴起，对于大型科技公司和其他收割个人数据的公司来说，个人数据就是我们主要的业务输入……你是用来制造把你卖给广告商的产品的原材料。"拉纳·福鲁哈尔（Rana Foroohar）[11]指出，"正如在任何交易中一样，掌握最多信息的一方才能做出最明智的交易。重要的是，大型平台科技公司和大型金融机构坐在信息和商业沙漏的中心，他们会对任何通过其中的东西抽成。他们是庄家，庄家永远是赢家。"

乍一看，Twitter 和 Facebook 可能很相似。两家都是社交网络，将用户在线连接起来，并以 feed 流的形式把内容呈现给他们，这是一个永无休止的宠物帖子、图片和视频的列表。每一家都使用各种技巧从用户的行为中收集数据，使广告商能够准确地触达目标，广告商为此付费，以影响用户做出的决定。迪帕扬·戈什（Dipayan Ghosh）[12]阐明了两种社交网络之间的差异。Twitter 本质上是一个互联网"演讲角"，在这里任何人都可以发表意见，其他人也可以回应，是"一对多"的广播网。Facebook 是一个"一对一"或"一对几"的网络，复制了朋友、家人或同事之间的社交关系。这种差异可能看起来很微妙，但它对两家公司的业务有几方面的影响。

Facebook 能够收集更多关于其用户的数据，因为他们与他人的互动更多。这使得定位广告变得更容易。Facebook 还受益于更强大的"网络效应"。每增加一个用户，就会使服务对他人更有用，从而吸引更多的用户。Twitter 缺乏这样一种涡轮增压式的增长引擎。对大多数人来说，交朋友是一种社交需要，但即使是对一些非常外向的人来说，演讲台并不是生活必需的。2019 年，Facebook 的用户是 Twitter 的 9 倍，收入是后者的 21 倍，利润是后者的 12 倍。此外，强大的网络效应是 Facebook 极力捍卫的一项主要资产。它在 2012 年斥资 10 亿美元收购了 Instagram，在 2014 年斥资 190 亿美元收购了 WhatsApp。

正如凯西·奥尼尔（Cathy O'Neil）在《数学毁灭的武器：大数据如何增加不平等并威胁民主》（*Weapons of Math Destruction：How Big Data Increases Inequality and Threatens Democracy*）一书中所揭露的那样，一个特别值得关注的领域是大型科技公司如何使用机器而不是人际关系来判断客户。[13] 他们通过使用不透明的算法来收集在线数据，并使用这些数据来创建客户档案并进行销售。这些模型越来越多地把人类的偏见、误解和癖好编码到管理我们生活的软件系统中。就像上帝一样，这些数学模型是不透明的，它们的工作原理对所有人来说都是不可见的，除了领域中的最高"牧师"：数学家和计算机科学家。它们的"判决"，即使是错误的或有害的，也是无可争议或无法投诉的。它们倾向于惩罚我们社会中的穷人和被压迫者，而让富人更富。（O'Neil，2016，p. 3）因此，你在网上所做的事情最终可能会影响你的现实生活。

从长远来看，通过汇集足够的数据和足够的计算能力，数据巨头们可以破解生命最深层的秘密，然后利用这些知识不仅为我们做出选择或操纵我们，还可以再造有机生命和创造无机生命形式。为了在短期内维持巨头的生存，销售广告可能是必要的，但科技公司往往根据他们收集的数据而不是他们创造的金钱来评估应用程序、产品和其他公司。一款流行应用的商业模式可能是赔钱的，但只要它能吸收数据，它就可能价值数十亿美元。现金充裕的科技公司已经成为 21 世纪的金融工程师。公司财务的回报率分析没有太大帮助。

蒂姆·吴（Wu，2011）[14] 建议道，要理解我们所知的威胁互联网的力量，我们必须了解信息技术如何催生产业，以及产业如何形成整体结构。正如其他经济理论一样，这里没有实验室，只有过去的经验。阐明过去以预测未来是经济史存在的理由，而这在美国大学鼓吹大规模营销的 MBA 课程中明显缺失。这是可以理解的，因为历史多次否定了他们的新古典主义咒语。

熊彼特对他所理解的亚当·斯密的价格战幻想没有耐心，即通过削弱竞争对手来实现增长，从而提高市场的整体效率。熊彼特认为，在资本主义的现实中，与教科书上描述的不同，重要的不是那种传统的竞争，而是来自新商品、新技术、新供应来源以及新型组织的竞争。熊彼特的理论并没有说明法律有能力阻止创造性破坏，避免传统行业的死亡，或者通过不管制合并和收购来帮助加速创造性破坏的进程。

美国国会于 1998 年通过的《数字千年版权法案》（*Digital Millennium Copyright Act*）赋予在线服务公司"安全港"豁免权，使其免于为其用户的行为承担版权侵权责任，以保护电子商务网站免于对第三方行为者在其网站上销售的内容负责。电子商务约占美国零售业的 10%，而亚马逊是目前最大的参与者，估计占 43% 的份额。在 1998 年，亚马逊占了所有在线购物增量的 53%，这意味着其主导地位相当稳固。亚马逊的反竞争效应源于其内在冲突，即它既是直营商，又是邀请其他卖家入驻的平台运营商。根据 Upstream Commerce 的说法，亚马逊跟踪其网站上第三方卖家的销售情况，并使用这些数据来销售最受欢迎的商品，与它的入驻商家展开直接竞争。亚马逊在监管假货和与自己的合作伙伴竞争方面存在明显的利益冲突。作为一个平台，它希望有最多的人在其网站上销售，就像 Facebook 和谷歌希望博取最多的眼球来销售广告一样。至于这些钱是不是来自盗版内容，科技巨头们根本不在乎。ProPublica 最近的一项研究发现，亚马逊正在利用其市场力量和专有算法，以牺牲第三方卖家和许多用户的利益为代价，为自己谋取利益。当用户在网站上搜索数百种商品时，大约有四分之三的时间，亚马逊将自己的直营产品放在第三方产品之上，尽管竞争对手的产品更便宜。作为一个平台，"既当运动员又当裁判员"的回报无疑是丰厚的。（Tepper & Hearn，2019，pp. 104 – 105）

谷歌的控股公司 Alphabet 在 2018 年是全球第二大公司。以市值衡量，苹果是第一名。加上亚马逊、微软和 Facebook，这五家公司形成了越来越令人担心的全球寡头垄断。这五家公司在过去 10 年里总共收购了超过 436 家公司和初创公司，而监管机构没有对其中任何一起提出质疑。仅在 2017 年，它们就在收购上花费了超过 316 亿美元。现在，大多数小公司都不指望靠自己取得成功，它们唯一的目标是在被压垮之前被大型科技公司收购。（Tepper & Hearn，2019，p. 106）

在20世纪70年代，微处理器从根本上降低了计算机的成本。20世纪90年代，开源软件开始试图废黜微软当时占主导地位的操作系统Windows。麻省理工学院（MIT）人工智能实验室（Artificial Intelligence Laboratory）的理查德·M.斯托尔曼（Richard M. Stallman）认为，软件代码正迅速成为人与人、人与物之间交流的语言，将新的通信媒体封闭和私有化，允许少数企业在收取租金的同时决定访问条件，这是不道德的。为了保持软件的分布性、协作性和自由性，斯托尔曼组织了一个程序员联盟，并建立了一个名为GNU的操作系统，该系统由自由软件组成，任何人都可以访问、使用和修改。1985年成立了自由软件基金会。GNU通用公共许可协议（GPL）与传统版权不同，传统版权赋予持有者禁止他人复制、分发作者作品的权利，GPL允许作者给予每个收到作品副本的人复制、改编或分发作品的许可，并要求任何由此产生的副本或改编也受同一许可协议的约束。GPL打开了软件自由共享的大门。

在斯托尔曼的GNU操作系统和GPL诞生六年后，林纳斯·托瓦兹（Linus Torvalds）为个人计算机的类Unix操作系统设计了一个自由软件内核，该内核与GNU项目兼容，并遵守自由软件基金会的GPL协议。Linux内核使世界各地成千上万的人通过互联网合作改进自由软件代码成为可能。1998年，埃里克·S.雷蒙德（Eric S. Raymond）和布鲁斯·佩伦斯（Bruce Perens）创建了开源计划OSI，以减弱自由软件运动对商业利益的恐惧。

如果不是被指控垄断大型机的IBM在1969年决定将计算机及其程序分开销售，微软可能永远不会统治个人电脑软件，这一举措创造了软件行业；如果不是千禧年代的微软在美国和欧洲的反垄断审判结束后被迫同意不得歧视竞争对手的浏览器，并许可竞争对手的软件和其他操作系统与 Windows 轻松兼容，谷歌可能不会以这样的方式起飞。

微软的第一个操作系统 MS – DOS，实际上是通过收购另一家公司 Seattle Computer Products 而来的，其本身亦是另一个操作系统 CP/M 的克隆；微软的 Windows 是苹果 Macintosh 操作系统的翻版；微软的 Word 和 Excel 分别是 WordPerfect 和 Lotus 1 – 2 – 3 的副本。到 20 世纪 90 年代末，微软对网景公司展开了掠夺。IE 是微软对网景 Navigator 的复制，很快 Navigator 就无处可去了，而 IE 无处不在。短短几年，网景公司就破产了。[15]1998 年，美国司法部对微软公司发起反垄断诉讼案，这是 20 世纪美国最大的反垄断诉讼案，也是改变了互联网发展史的一起反垄断案。若非此案，在当年反垄断执法力度最小的情况下，微软将处于控制互联网未来的完美位置。

微软被建成了一个技术围墙花园。然而，在 2020 年 4 月 21 日，微软宣布计划在 2022 年前推出 20 个数据共享小组，并公布其部分数字信息，包括其在新冠肺炎疫情方面收集的数据。经合组织（OECD）建议，如果更广泛地交换数据，许多国家可以获得相当于其 GDP 1%~2.5% 的增益。这是基于对初创企业利好机会的大胆假设。大多数人都认为，更容易获取数据是非常有益的，因为数据是非竞争性的。与石油不同的是，数据不会耗尽，能被多机构使用和重复使用，同时为各种人工智能算法提供动力。除了鼓励非商业共享，微软还在开发软件、许可证和规则框架，以便企业交易数据或为他们提供有限的访问权限。乐观主义者认为，微软此举对数据的影响，就像 IBM 在 20 世纪 90 年代拥抱 Linux 操作系统对开源软件的影响一样。Linux 后来成为微软 Windows 的竞争对手，如今支撑着谷歌的 Android 移动软件和大部分云计算。

不到 100 家公司收集了在线生成的所有数据的一半以上。更多的数据分享会降低集中程度。数据比代码更复杂。大多数程序员都使用同一种语言，开源团体主要解决技术问题。而数据往往来自不同的行业，没有一种共同的语言。与通过从囤积的数据中发布定向广告获取利润的 Alphabet 和 Facebook 不同，微软的大部分收入来自销售帮助他人处理数字信息的服务和软件。共享的数据越多，对微软越有利。

火狐（Firefox）是由非营利组织 Mozilla 基金会开发的一款网络浏览器。它是从被微软 IE 浏览器扼杀的网景浏览器的灰烬中浴火重生的凤凰。2012 年，Mozilla 开发了 Firefox OS，与苹果的 IOS 和谷歌的 Android 移动操作系统竞争。Mozilla 诞生于 1998 年，当时微软和网景爆发了"浏览器大战"。尽管这场斗争让微软在监管机构那里陷入了深深的麻烦，几乎让它分崩离析，但网景不得不投降。不过它发布了浏览器的源代码，以便志愿开发人员联盟可以保存网景的火种。即使与其他开源项目相比，Mozilla 也是一个不同寻常的混合体。它拥有近 23000 名志愿者，他们贡献了大约一半的代码，换来的不过是同行的认可和参与他们认同的项目所带来的满足感。它是两个组织的合二为一：Mozilla 基金会和拥有 1100 名员工的 Mozilla 公司。前者是一个慈善机构，它拥有后者，以确保后者不会偏离其使命。

Mozilla 企业部门负责产品，并收获了搜索引擎为出现在火狐起始页上而支付的现金。2017 年，谷歌、百度、Yandex 和其他许多公司为从火狐获得的流量支付了 5.42 亿美元。

Mozilla 已经证明，开源方法可以在消费者软件中发挥作用。火狐是第一个屏蔽广告并允许用户匿名上网的浏览器，这推动了商业浏览器提供类似的功能。

由于竞争不利，Mozilla 终止了 Firefox OS 这个命运多舛的移动操作系统项目。但另一只"凤凰"由此而生。KaiOS 是从废弃的软件中创造出来的操作系统，在 2017 年为 3000 万台设备提供系统支持，2018 年又为 5000 万台设备提供支持。大多数是简单的翻盖手机，在西方国家售价约为 80 美元，或者是更简单的翻盖手机，印度人和印尼人分别只需付 20 美元和 7 美元。总部位于中国香港的 KaiOS 为智能手机设计了这款软件，这些手机拥有老式的数字键盘和较长的电池续航时间，以及 4G 连接、Facebook 等流行应用程序和无需时髦触摸屏的非接触式支付等功能。谷歌在 2018 年向 KaiOS 投资了 2200 万美元。即使 KaiOS 在 2019 年为另外 7000 万台设备提供系统，正如该公司预计的那样，这也只是苹果和安卓手机年销量 15 亿台的二十分之一。

十年前，美国公司在 4G 领域处于领先地位，为新手机和应用程序制定了标准，并在全球范围内推广。这种主导地位帮助苹果、谷歌和其他美国企业创造了数十亿美元的收入。中国吸取了教训，在未来 5 年内投资 1800 亿美元部署 5G 网络，并将大量无线频段分配给三家国有供应商。在美国，这部分频段在很大程度上是商业禁区，因为它是由联邦政府使用的。美国公司正在试验频谱的不同部分，这些频段在实验室条件下有一些优势，但很容易被建筑物和树木阻挡。

新技术巨头所掌握的市场力量造成的潜在后果比 20 世纪之交所看到的任何力量都更大、更有害。彼时，斯威夫特（Swift）、标准石油（Standard Oil）、美国烟草（American Tobacco）、美国制糖公司（American Sugar Refining Company）或美国钢铁（US Steel）等公司拥有的传统市场力量允许它们提高食品、钢铁、烟草、糖和石油的价格。而现在，这不仅仅是价格的问题。

现在的等效行动是迫使今天的技术巨头开放它们的数据金库，从而降低进入门槛，让新来者有更好的竞争机会。现在该轮到数据了。如今，在线应用程序捆绑了用户界面、代码和数据。例如，Facebook 以其网站和应用程序而闻名，但两者都只是虚拟冰山的一角。大多数软件和所有维持社交网络运行的信息都在公司的云中。控制这些数据赋予了这些公司权力。用户表面上拥有自由地转移到另一家应用的权利，但他们将失去所有的信息，包括他们与朋友的连接。

欧盟委员会于 2018 年 7 月 18 日对谷歌处以 43 亿欧元的罚款，并责令谷歌停止模仿 20 世纪 90 年代微软的产品策略。当年，为了确保其市场领先地位，微软没有让买家选择，而是在搭售合同中捆绑了几个软件交付给买家。谷歌的案件涉及其移动操作系统

Android，以及捆绑的相关软件和服务，如 Google Play、Chrome、YouTube、Google 搜索和其他几个应用程序。实际上，谷歌给了智能手机制造商和电信运营商一个要么全有要么全无的选择，就像微软在 20 世纪 90 年代所做的那样。如果制造商想在它们的设备上安装这些程序中的任何一个，它们必须全部安装，并在显著位置显示它们的图标。由于制造商公司至少需要应用程序商店来使它们的产品在商业上可行，它们别无选择，只能遵守。此外，谷歌不允许手机制造商在其任何机型上安装安卓竞争对手的系统。

相比之下，在 Web3.0 界面中，代码和数据是分开的。这将允许权力回流到用户，用户将决定哪个应用程序可以访问他们的信息。如果他们对一个社交网络不满意，他们可以很容易地切换到另一个。有了这种去中心化的应用程序（DAPPs），用户还可以直接与其他用户交互，而不需要中间的信息囤积中介。类似的想法曾历经波折。分散式服务，当时被称为"点对点"，在 20 世纪 90 年代末和 21 世纪初短暂繁荣。但他们失败了，主要是因为没有一个强大的分散式数据库。

区块链结合了数据库和网络技术，是一个数字化的点对点去中心化平台，用于追踪人与人之间交换的各种价值。它的名字来源于数据块，每个数据块都是网络中刚刚进行的所有交易的快照，这些快照连接在一起创建了一个数据块链，加起来就是网络活动的每分钟记录。由于该记录存储在网络中的每台计算机上，它就像一本无法更改、损坏或删除的公共账簿，使其成为未来电子商务和透明治理的高度安全的数字主干。

随着区块链的发明，一个没有集中管理员的账本由其部分用户（称为"矿工"）集体维护，他们也保护区块链并使其他人受到制约。一个强大的去中心化系统是可行的。区块链是一个专门的数据库，其形式是交易历史的不可更改的记录，它是一个数字的古巴比伦泥板。大多数 Web3.0 项目都带有智慧协议，这些代码片段封装了业务规则，在某些事件发生时自动执行。先进的项目专注于建立 DAPPs 所需的软件基础设施。Blockstack 被视为此类应用的操作系统，可以说是非常雄心勃勃。

以太坊（Ethereum）是一种使用区块链技术的数字货币，其可能的应用之一是使微型电网能够建立可再生能源的点对点交易。这些微型电网允许附近每一个拥有智能电表、互联网连接和屋顶上的太阳能电池板的家庭、办公室或机构在产生多余的电量时进行连接并出售，所有这些都以数字货币的单位自动记录。这种分散的网络，从一个街区到整个城市，增强了社区对停电的适应能力，同时减少了远距离能源传输的损失。

中国金融科技领域由两家公司主导：阿里巴巴旗下的蚂蚁金服，以及以社交媒体网络微信闻名的腾讯。据估计，蚂蚁金服在 2017 年的市值为 1500 亿美元，略低于汇丰银行。两家公司都是从支付业务开始的。蚂蚁金服起源于 2004 年创建的支付宝，财付通于 2005 年由腾讯的在线消息平台 QQ 推出，后来被嫁接到微信中。这两家公司都通过将移动应用程序与线下支付相结合而蓬勃发展。在中国，几乎所有的商家都提供二维码，可以通过手机扫描进行支付。2017年，支付宝占据了中国移动支付市场 54% 的份额。它与中国以外的

250 多家金融公司合作，以便中国用户使用。

蚂蚁金服和腾讯更感兴趣的是吸引用户使用其他金融服务，而不仅仅是支付。一旦用户进入它们的平台，只需在智能手机上轻点手指，就可以访问共同基金、保险产品和虚拟信用卡。腾讯旗下的微众银行和蚂蚁金服旗下的网商银行进军零售银行业务，增加了监管机构对洗钱的担忧，但也引领着中国本土金融科技的发展。

为确保公司创始人的绝对控制权而建立的控制结构被称为"关键人风险"，是国内外争论的一大焦点。中国不允许外国实体拥有敏感资产，并在相关领域设置了政府许可证。这些许可证由中国个人拥有，通常包括创始人，并被捆绑到可变利益实体中。此外，在美国上市的中国公司拥有"双层"股票结构，允许创始人拥有一种特殊类别的股票，拥有更高的投票权。例如，阿里巴巴在电子商务领域的竞争对手京东（JD. com）将这一比例设定为 1 股比 20 票，这使得京东创始人刘强东能够以不到 20% 的股份控制京东 80% 的投票权。

谷歌在硅谷的另一个创举是在 2004 年的公开募股中引入了双层股权结构。两位创始人佩奇和布林将控制超 B 类投票权股票，即每股拥有 10 票的股票，而 A 类股票每股只有 1 票。这一安排使佩奇和布林免受市场和投资者压力。随后，创始人实行了三股结构，增加了 C 类零投票权股票。到 2017 年，布林和佩奇控制了 83% 的超级投票权级别的 B 类股，这相当于拥有 51% 的投票权。

当谷歌一马当先时，许多硅谷创始人会跟随。到 2015 年，15%

的首次公开募股（IPO）采用双层股权结构，而 2005 年这一比例仅为 1%。2012 年，Facebook 的 IPO 采用了两级股票结构，让马克·扎克伯格控制了投票权。该公司随后在 2016 年发行了无投票权的 C 类股票，巩固了扎克伯格对决策的个人控制。尽管这些股权结构的后果仍在争论之中，但绝对的公司控制权让谷歌和 Facebook 的创始人能够积极收购面部识别、深度学习、增强现实等领域的初创企业。

谷歌的布林和佩奇逃避了投票的合法性、民主监督或股东治理的要求，他们对自己的组织和世界信息的呈现进行控制，百度和阿里巴巴的首席执行官也是如此。Facebook 的扎克伯格逃避了投票的合法性、民主监督或股东治理的要求，他控制着日益普遍的社会联系方式以及隐藏在其网络中的信息。类似这样的例子如今并不少见。

## 注释

1  Barabasi A-L. Network Science[M]. Cambridge，MA：Cambridge University Press，2016.

2  Shapiro C. & Varian H. Information Rules：A Strategic Guide to Network Economy[M]. Brighton，MA：Harvard Business Review Press 1998.

3  Van Dijk J. The Network Society[M]. Thousand Oaks：Sage Publications，2012.

4  Goldsmith J. & Wu T. Who Controls the Internet：Illusions of a Borderless World[M]. Oxford：Oxford University Press，2008.

5  Gribbin J. Deep Simplicity：Bringing Order to Chaos and Complexity[M]. New York：Random House，2004.

6  McGilchrist I. The Master and His Emissary：The Divided Brain and the Making of the Western World[M]. New Haven：Yale University Press，2010.

7  Minsky M. The Emotion Machine：Commonsense Thinking，Artificial Intelligence，the Future the Human Mind[M]. New York：Simon & Schuster，2006.

8  Baldwin R. The Globotics Upheaval：Globalization，Robotics，and the Future of Work[M]. Oxford：Oxford University Press，2019.

9  Polanyi K. The Great Transformation：The Political and Economic Origins of Our Time[M]. New York：Beacon Press，1957.

10　Zuboff S. The Age of Surveillance Capitalism: The Fight for a Human Future at the New Frontier of Power[M]. New York: Public Affairs, 2019.

11　Foroohar R. Don't Be Evil: How Big Tech Betrayed Its Founding Principles – and All of Us [M]. Sydney: Currency, 2019.

12　Ghosh D. Terms of Disservice: How Silicon Valley is Disruptive by Design[M]. Washington: Brooking Institute, 2020.

13　O'Neil C. Weapons of Math Destruction: How Big Data Increases Inequality and Threatens Democracy[M]. New York: Crown, 2016.

14　Wu T. The Master Switch: The Rise and Fall of Information Empires[M]. New York: Vintage Books, 2011.

15　McCullough B. How Internet Happened: From Netscape to iPhone[M]. New York: Liveright Publishing Corp. , 2018.

# 失控的资本

发条经济学的终结

The Financial and Conceptual
Foundations of Intangible Asset
Manager Capitalism

## 第五章

## 如何用静态理论解释
## 快速变化的世界

2017 年，英国经济和社会研究委员会（Economic and Social Research Council）表示，它正在建立一个来自不同学科的专家网络，包括心理学、人类学、社会学、神经科学、经济史、政治学、生物学和物理学，其任务是彻底改变经济学领域。埃里克·拜因霍克（Eric D. Beinhocker），在《财富的起源：进化、复杂性和经济学的彻底重塑》一书中（Beinhocker，2007）[1]分析了这种革命热情的原因。生物系统和经济系统共享进化的核心算法——分化、选择和放大——因此具有相似性。但实际上它们的进化之路是不同的，必须在它们各自的背景下理解。丹尼尔·丹尼特（Daniel Dennett，1995）[2]将进化作为一种通用算法，它是一种"无需设计者的设计"。

主流经济学认为，社会现象最好被理解为个人行为的总和，这种方法被称为方法论个人主义。它有两个特点：在经济学家的社会地图上，唯一被认可的行为者或主体是人（这"现实地"包括家庭和小企业，但不包括组织和阶级），个人的选择和决定是独立的，即特定于做出这些选择和决定的人。这一双重主张使经济学家能够使用一个简单的加法公式来证明，总体结果是个体参与者大量自由裁量决定的结果。由此而生的进一步假设是，平均而言，个人的计划能够得以完成——也就是说，没有不确定性——人们可以通过将个人计划相加得出一个总数。这种将个人选择描述为平行直线的方法有两个巨大的缺陷。首先，仅从个人角度进行的解释忽略了他们之间的关系，因此也忽视了做出选择的社会结构。个人是选择"网络"的一部分。因此，任何类型的总体结果都是个人选择加上社会结构的总和。第二个特点（或者说缺陷）可以用"合成谬误"（Fallacy of Composition）<sup>⊖</sup>这个短语来概括。即使是独立做出的选择，个人的选择也会相互影响。对于主流经济学家来说，仅仅将"人"指定为唯一的选择单位是不够的。他们在此单位之前冠以"理性"。他们有连贯的计划，他们有目的地行动以实现计划，并计算出得到自己想要的东西的最有效方法。主流经济学向我们展示了一种人类类型——理性经济人（Homo Economicus）。人类的计算机器不断计算如何以最小的成本获得最大收益。这个计算是依靠价格完成的，每个人和每件事都有一个价格。经济学家将社会结构简化为经济交易，并将人类行为的一个方面——成本计算（"我做 X 而不是 Y 要花多少钱？"）——归纳为所有人类行为的普遍法则。（Skidelsky，2020，pp. 8 – 9）

丽莎·费尔德曼·巴雷特（Lisa Feldman Barrett）在《情绪是如何产生的：大脑的秘密生活》（*How Emotions Are Made*：*The Secret Life*

---

　㊀　合成谬误由经济学家萨缪尔森提出。该谬误是指，对局部来说是对的东西，仅仅由于它对局部而言是对的，便说它对总体而言也必然是对的。

of the Brain）一书中补充道，经济学过去常常使用一个被称为"理性经济人"的概念，理性人会控制自己的情绪来做出理性的经济判断。这一概念是西方经济理论的基础，尽管它在学院派经济学家中已经失宠，但它仍继续指导着经济实践。然而，如果身体预算分配区域（body-budgeting regions）驱动着其他所有大脑网络做出的预测，那么理性经济人的模型在生物学上就是谬误的。如果你的大脑运行在充斥内感受性的预测基础之上，你就不可能成为一个理性人。美国经济基础的底层核心概念——有些人可能会说，也是全球经济基础的——植根于一个神经学的童话。过去三十年的每一次经济危机，至少在某种程度上，都与理性经济人模型有关。《七个坏主意：主流经济学家如何破坏美国和世界》（Seven Bad Ideas：How Mainstream Economists Have Damaged America and the World）一书的作者杰夫·马德里克（Jeff Madrick）表示，经济学家的几个最基本的想法引发了一系列金融危机，最终导致了大衰退。贯穿这些想法的一个共同主题是，不受监管的自由市场经济运作良好。在这些经济体中，有关投资、生产和分配的决策都是基于供求关系，没有政府监管或监督。数学模型表明，在某些条件下，不受监管的自由市场经济确实运行良好。但其中一个"特定条件"是，人们是理性的决策者。在过去的五十年里，我已经数不清有多少实验表明人们不是理性的行动者。你不能通过理性思考来克服情绪，因为你的身体预算状态是你每一个想法和感知的基础，所以内感受性和情感存在于人类头脑运行的每一个时刻。即使你认为自己是理性的，你的身体预算和它对情感的影响也是存在的，潜伏在表面之下。如果人类理性思维的观点对经济如此有害，而且它没有得到神经科学的支持，为什么它会持续存在？因为我们人类一直认为，理性使我们在动物界中与众不同。

2008 年的经济崩溃是经济学专业的一次重大失败。经济学家不仅没有预见到即将到来的冲击，而且一旦危机出现，他们亦不知如何应对。这种失败的部分原因可以追溯到还原论者将事物分解为简单构成的愿望。在现代经济理论的语言中，这导致了对"代表性行为人"（representative agents）的依赖，这种结构试图利用一个"超级消费者"来捕捉所有消费者的行为。在某种程度上，这样的选择源于 14 世纪的奥卡姆修士的信条，即偏爱更简单的，而不是更复杂的解释。在现实中，代表性行为人的使用也受到经济学家通常使用的建模工具的限制，因为这些工具只有在系统中存在高度同质性的情况下才能部署。虽然同质性是一个有用的假设——出于哲学和实践的原因——但对复杂系统的研究表明，异质系统的行为可能不那么容易被平均。复杂系统通常具有某种程度的内在随机性，这种随机性与主体的行为或相互作用的结构有关。事实上，现代企业管理中的一个关键要求是通过从任何过程中消除所有随机性来源来寻求质量。对复杂性的研究表明并非如此。随机性是达尔文进化论的基础，它依赖于这样一种观念，即繁殖过程中的错误（变异）将为自然选择的磨坊提供有利条件，并产生"最美丽、最奇妙的无尽形式"。这让我们想起了约翰·H. 米勒（John H. Miller）在《整体的粗略审视：商业、生活和社会中的复杂系统科学》（*A Crude Look at the Whole*：*The Science of Complex Systems in Business*，*Life*，*and the Society*）（Miller，2015，pp. 9 - 11）中的观点。

经济是一个进化系统的概念是一个激进的想法，因为它直接与主流经济学范式相矛盾，主流经济学范式将经济描述为一个系统，随着时间的推移从一个平衡点移动到另一个平衡点，由来自技术、政治、消费者口味变化和其他外部因素的外部冲击推动。但这远不是一个新想法。迈克尔·斯特雷文斯（Michael Strevens）在《知识机器：非理性如何创造现代科学》（*The Knowledge Machine：How Irrational Created Modern Science*）一书中提醒我们：托马斯·库恩（Thomas Kuhn）认为，当科学家从旧范式跳到新范式时，他们往往会从预测性较低的范式跳到预测性较高的范式，尽管他们在起步时无法理解新范式具有卓越的未来预测潜力的根本原因。但是，库恩认为，科学本身在创造新知识的能力方面在各种信仰体系中是至高无上的……无与伦比的是它彻底测试这些想法的能力，驱使他们得出合乎逻辑或不合逻辑的结论。科学异常严谨的核心恰恰是科学家个体的局限性，他们无法看到流行范式之外的东西。（Strevens，2020，p. 32）[3]

丽莎·巴雷特谨慎地提醒我们，人类大脑可以做很多令人印象深刻的事情，但同时也严重误导了自己……一个大脑如此善于相信自己的发明，以至于我们把社会现实误认为是自然世界……三位一体的大脑概念及其在情感、本能和理性之间的史诗般的战斗是一个现代神话：三位一体的大脑⊖概念是科学中根深蒂固的神话。下面还有一些可以让你开心的事实。在 18 世纪，严肃的学者认为热是由一

---

⊖ "三位一体的大脑"（triune brain）假说是 Paul MacLean 于上世纪六十年代提出的理论。此理论根据在进化史上出现的先后顺序，将人类大脑分成"爬行动物脑"（Reptilian brain）、"古哺乳动物脑"（paleomammalian brain）和"新哺乳动物脑"（neomammalian brain）三大部分。每个"脑"通过神经纤维与其他两者相连，但各自作为相对独立的系统分别运行，各司其职。他认为这三个脑的运行机制就像"三台互联的生物电脑"，各自拥有独立的智能、主体性、时空感与记忆。

种名为卡路里（caloric）的神秘液体产生的，而燃烧是由一种名为燃素的虚构物质引起的。19 世纪的物理学家坚持认为，宇宙中充满了一种不可见的物质，称为以太，它是光的介质。而他们同时期的医学家将诸如鼠疫之类的疾病归咎于一种被称为瘴气的难闻气体。在这些理论被推翻之前，这些神话中的每一个都在 100 年或更长时间里被公认为事实。（Barrett，2020，p. 125，p. 146）[4]

理查德·纳尔逊（Richard Nelson）和西德尼·温特（Sidney Winter）1982 年的著作《经济变化的进化理论》（*An Evolutionary Theory Of Economic Change*）[5]利用新开发的计算机模拟工具做了将进化论与经济学相结合的早期尝试。J. 斯坦利·梅特卡夫（J. Stanley Metcalfe）在《演化经济学与创造性破坏》（The Graz Schumpeter Society，1998）[6]中提出了他的进化理论的中心主题；即多样性驱动变化。资本主义的独特之处在于其引入新行为模式的去中心化和分布式能力。无论是技术的、组织的还是社会的，它们都是推动经济变革的燃料。现代资本主义向我们提出了一个悖论。其变革机制所依赖的个别创造性行为，因其缺乏协调而引人注目。然而，这种巨大的微观创造力的后果却深深地依赖于市场进程对这种创造力成果的有力协调。将不协调的创新努力与随后对所产生的活动的市场协调结合起来，是资本主义变革模式的独特特征。

底物中性算法理论（Substrate-neutral algorithmic theory），以及约翰·霍兰德（John H. Holland）[7,8,9]，约翰·梅纳德·史密斯（John Maynard Smith）[10]，斯图尔特·考夫曼（Stuart Kauffman）[11]以及圣塔菲研究所的布莱恩·阿瑟（W. Brian Arthur）为复杂经济学的繁荣撒下

萌芽，复杂经济学将经济系统视为一个复杂的适应性系统（Arthur，2015）。[12]圣塔菲研究所的理论物理学家杰弗里·韦斯特（Geoffrey West）[13]是复杂性科学领域的先驱，他总结了几十年来对规模的普遍规律的探索，不仅是对生物体，也包括城市、经济和公司，他辨别了它们共同的模式，并通过解释为什么一些公司蓬勃发展而另一些公司失败，为什么创新持续不断，以及为什么这种动态威胁到全球的可持续性，提出了他对可持续性的大统一理论的愿景。

近半个世纪前，在《熵定律与经济过程》（*The Entropy Law and the Economic Process*）（1971）一书中，[14]尼古拉斯·乔治斯库 – 罗根（Nicholas Georgescu-Roegen）的基本见解是，经济活动从根本上讲是关于秩序创造的，而进化是创造秩序的机制。他认为，虽然人类物种的生物形式继续通过我们的基因缓慢进化，或者说"内体进化"，但与此同时，我们也在通过我们的文化快速"外体进化"。乔治斯库 – 罗根并不是第一个提出这一观点的人。我们从达尔文那里可以看到这一理论的端倪，而20世纪60年代皮埃尔·泰尔哈德·德·夏尔丹（Pierre Teilhard de Chardin）[15]发展了一种基于内体进化和外体进化思想的哲学。乔治斯库 – 罗根也不是唯一一个从文化进化中寻找答案的经济学家。

乔治斯库 – 罗根认为，新古典主义经济学中隐含的持续经济增长理念与永动机有着同样的问题。它违反了基本的物理定律。事实上，整个机械类比都是错误的。"任何相信自己可以为人类物种的生态拯救绘制蓝图的人，都不理解进化甚至历史的规律——这是一种以不断创新的形式进行的永久斗争，而不是一种可预测、可控制的物理化学过程，比如煮鸡蛋或向月球发射火箭。"（Georgescu-Roegen，1971）新古典主义经济理论并不认为生产是受生物物理极限和热力学定律制约的物理转变。这也表明，资源稀缺性的力量在本质上是一种限制因素，并不那么容易通过资本对资源的替代而逃脱——正如新古典主义增长经济学家经常宣称的那样。他争辩说，但大多数昂贵的 MBA 课程的设计者和他们廉价的模仿者都忽视了这一点，特别是在他们成为美国公司股东财富最大化的大众营销者之后。

哈耶克在《自由秩序原理》（*The Constitution Of Liberty*）中写到了文化进化。[16]肯尼斯·博尔丁（Kenneth Boulding）在《生态动力学：社会进化的新理论》（*Ecodynamics: A New Theory of Societal Evolution*）中提出了他的理论。[17]但正是乔治斯库－罗根将他的理论建立在科学基础上，特别是进化论和热力学第二定律之间的联系上，即宇宙不可避免地从低熵状态走向高熵状态的原则。他的论点是，经济系统存在于真实的物理世界中，因此，它们必须像宇宙中的其他事物一样遵守同样的熵增定律。经济是地球的一个子系统。经济必须符合地球的行为模式。如果经济要接管整个生态系统的管理——每一个变形虫、每一个分子和每一个质子都将根据人类的目的进行分配，并被相应地定价，则所有的"外部性"都将内部化，任何事物都不再是包罗万象的经济的外部因素，生物圈中的所有关系都将内化到经济的货币账户中。

正如经济的微观单位——企业、家庭，作为一个更大的总量、宏观经济系统的一部分运作一样，总量经济也作为一个更大的系统——自然生态系统、地球的一部分运作。宏观经济是地球生态系统（GAIA，盖亚）的一个开放的子系统，实际上依赖于 GAIA 系统，既是低熵物质能量的输入源，又是高熵物质能量的输出汇。跨越系统与子系统边界的物理交换构成了环境经济学的研究对象。这些流动需要根据其相对于生态系统的规模或总量来考虑，而不是根据总流动量的一个组成部分相对于另一个组成部分的价格来考虑。

经济学的问题是如何运用稀缺的手段，在物理极限内获得尽可能多的有序价值，但要注意不要为了满足较低的价值而忽视较高的价值，从而浪费资源。稀缺是由我们的环境决定的，环境是有限的、不增长的，在物质上是封闭的，尽管对太阳能的固定能量流入是开放的。它也受热力学定律的支配。最大的伦理经济问题是运用我们有限的终极手段来服务于一个参照终极目的排序的目的层次。我们的终极手段是低熵物质能量——满足我们需求所需的能量，但我们不能净生产，只能消耗。我们有两个根本不同的低熵源：太阳能和地球存量。它们的稀缺模式不同。太阳是流量有限但存量丰富的，地球存量有限但暂时是流量丰富的。我们可以按照自己选择的速度消耗地球上稀缺的低熵，实际上是在今天使用明天的化石燃料。但是，我们必须等待明天才能从太阳那里获得明天的能量。我们不能"开采"太阳。在分配地球资源和跨代知识转移时，如何平衡当前和未来世代的利益是一个涉及伦理问题的话题。这其中的一个伦理问题是如何在满足当前世代需求的同时，不危害未来世代的需求，公正地分配有限的资源如土地、水和能源等。另一个伦理问题涉及跨代知识转移，即将一代人所掌握的知识、技能和经验传递给下一代。跨代知识转移因应对气候变化和推进可持续发展而变得越来越重要。

价值的经济定义不仅要考虑人类劳动或所有权，还要考虑自然资本。根据乔治斯库 – 罗根的门生赫尔曼·戴利（Herman Daly）的说法，一旦考虑到自然资本的损失，大部分所谓的经济增长已经变得不经济了。戴利在《从不经济增长到稳态经济》（*From Uneconomic Growth to Steady-State Economy*）（Daly，2014）中指出，解决方案是以约翰·斯图亚特·穆勒（John Stuart Mill）所称的稳态经济为目标，即在生态限制下保持经济活动，为子孙后代保护资源，并专注于质量改进而不是规模的总体增长。[18]他将稳态定义为通过低生产率将人口和物质财富（人工制品）的恒定存量维持在某个选定的理想水平。生产流程从消耗开始（接着是生产和消费），以等量的废水或污染结束。吞吐量是库存的维护成本，对于任何给定的库存规模，都应将其降至最低，但要受到新颖性的合理需求所产生的一些限制。（Daly，2014，p. 19）"热力学定律为维护活动的改进提供了理论限制。"（Daly，2014，p. 10）正如大学所教授的以及政府机构和开发银行所实践的那样，环境经济学主要是微观经济学。理论上的焦点是价格，最大的问题是如何将长期的环境危机内部化，从而得出反映全部社会边际机会成本的价格。一旦价格合适，环境问题就"解决"了——没有宏观经济层面。原因是，环境宏观经济学是一个空盒子，存在于托马斯·库恩所说的"范式"中，以及约瑟夫·熊彼特所说的"分析前视野"。有人可能会说，视觉是"右脑"提供给"左脑"进行分析的东西。无论在分析前的视野中遗漏了什么，都不能被随后的分析重新捕捉到。为了控制石油等不可再生资源的使用，1973 年，赫尔曼·戴利提出了上限拍卖交易制度。政府将限制资源开采，并将开采权出售给出价最高者。因此，它可以控制资源消耗的速率。稳态经济必须按照与增长型经济不同的原则来组织。自由贸易只会鼓励环境标准的"逐底竞争"，因为资本几乎是全球流动的，而劳动力不受签证限制。

托马斯·皮凯蒂（Thomas Piketty）在《资本与意识形态》（*Capital and Ideology*）中提出：令人惊讶的是，18 至 19 世纪欧洲成功的军事战略和制度与亚当·斯密在《国富论》中推荐的道德制度几乎没有什么相似之处。在经济自由主义的基础文本中，斯密建议政府坚持低税收和平衡预算（公共债务很少或没有），绝对尊重财产权，劳动力和商品市场尽可能实现一体化和竞争性。在所有这些方面，18 世纪中国的制度远比英国更具斯密主义色彩。特别是，中国市场的一体化程度要高得多。粮食市场在更广阔的地理区域内运作，劳动力流动性明显更大。中国的税率要低得多：仅占国民收入的 1%~2%，而 18 世纪末的欧洲为 6%~8%。清政府实行严格的预算正统观念：税收支付一切开支，而且没有赤字。相比之下，欧洲国家尽管税收较高，但积累了大量的公共债务。（Piketty，2020，p. 374）

亚历山大·温特（Alexander Wendt，2015）[19]提出人类是行走的波函数这一命题，旨在将社会现实描述为量子意义上的涌现，认为社会生活符合量子力学，挑战了原子论、决定论、机械论和客观主义的经典世界观。温特的量子意识假说通过提出意识是一种宏观的量子力学现象，区别于经济人的唯物主义、原子论、决定论、机械论的世界观及其绝对的时空和主客区分，提出了意识的问题及其与物理世界的关系问题。根据温特的说法，所有的意向现象都是量子力学的，包括个人思想和公共或集体意图，如规范、文化和语言。

亚历山大·温特的"量子人"（Quantum Man）是一种具有物质属性但并非完全物质的、有意识的存在，处于超定态而非明确定态，同时是从属于和产生非局部因果关系的主体。他们是自由的、富有目的性的，并且十分有生命力。简而言之，他们是主体而非客体，比起代表性行为人更像是一种机制，永远处于变化中。此外，这种机制也是一种过程，通过这个过程，个体拥有自我决定权。他们通过塌缩波函数来决定自身的现在；通过将自己投影到未来并向后推导实现相关性决定了自身的未来；而通过添加或替换掉自身的粒子信息，他们甚至在某种程度上决定了自身的过去。（Wendt，2015，p. 207）

杰尔姆·R. 布斯迈耶（Jerome R. Busemeyer）和彼得·D. 布鲁扎（Peter D. Bruza），在《量子思维》（*Quantum Models of Cognition and Decision*）一书（2012）[20]中声称，量子理论中的数学结构比传统模型能更好地描述人类思维，他们引入了两个量子理论概念，即"关联性"（Contextuality）和"量子纠缠"（Quantum Entanglement），来为概率动态系统建模。其中，"关联性"用于理解不确定条件下推断和决策产生的效应；"量子纠缠"则用于以非还原主义方式建模认知现象。他们通过这两个量子理论构造来探索将概率动态系统应用于认知和决策领域，展现了人类决策研究的新视角。传统的认知和决策科学建模依赖于经典概率动态系统，但借助量子理论，他们将认知系统建模为一个在状态空间上随着时间移动的波，直到达到决策的状态，此时波函数塌缩为一个点状粒子形式，状态变得确定。他们认为，不确定状态的波动性质体现了人类面对冲突、歧义、混乱和不确定性的心理体验，而确定状态的粒子性质则体现了经过决策后的确定性。

大卫·奥雷尔（David Orrell）的《量子经济学》 （*Quantum Economics：The New Science of Money*）[21]为正统的新古典主义经济理论提供了另一种选择。在数学金融中，受量子物理学启发的方法具有比通常的统计方法更大的计算优势，这也改变了人们对金融系统的思考方式，即从一个具有额外随机性的机械系统，转变为一个具有重叠可能性的世界，在这个世界中，不确定性是系统固有的，而不是额外增加的特征。与此同时，新兴的量子认知科学和量子社会科学从量子力学中获得了更广泛的灵感，来思考人类如何做出决策和相互影响。（Orrell，2018，p. 6）

新古典主义经济学的先驱们被训练成工程师，但他们对物理学的理解极其肤浅，他们坚持认为经济学必须成为一门数学科学，以便注入一些纪律和清晰的思想。"经济学模仿物理学的总体目标是发现隐藏在货币、价格和收入等日常现象背后的价值的基本自然决定因素。"[22]（Mirowski，1989，p. 250）20 世纪后期，许多没有意识到新古典主义是物理学的再加工产品的经济学家认为，他们可以假设货币和/或收入具有恒定的边际效用（Marshal，1920，p. 842）。他们几乎没有意识到，他们所做的实际上只是完成了最初的物理学隐喻——通过强制把货币和效用等同起来以实现能量守恒。（Mirowski，1989，p. 251）

奥雷尔补充道，新古典主义经济学是建立在牛顿经济学的基础上的，牛顿认为经济是一个机械系统，由自利的原子论个体组成，他们只通过交换商品和服务进行互动，并推动市场达到稳定的均衡状态，因此将价格变化视为随机扰动。货币没有重要的作用，主要是作为一种惰性的交换媒介。（Orrell，2018，p. 99）在过去的 150

年里，新古典主义经济学一直坚持许多与现实相左的假设。例如，经济是一台自我稳定的机器，它由原子单位组成，如独立的牛顿粒子，这些粒子可以用确定性定律以及理性经济人的思想来理解和预测，这种原子单位构成了新古典模型的核心。经济行为主体被视为粒子，而某一特定商品的边际效用或负效用，被定义为消费一个或多个单位商品所获得的满足感，消费行为被视为某种作用于商品空间的力量。（Orrell，2018，p. 177）

牛顿力学的一个特点是可以用一种优化问题的数学形式来表达。在一个场中运动的物体沿着最小作用量的路径移动，其中"作用量"代表一种能量耗散形式。按照相同的理论，新古典经济学家认为，在经济中，个人通过花费有限的资源来最大化自己的效用。经济学家随后可以对如何在市场经济中设定价格进行牛顿式计算，从而得出威廉·斯坦利·杰文斯（William Stanley Jevons）所称的"自利和效用机制"。（Orrell，2018，p. 176）奥雷尔阐明了这一模型在解释经济现象时的认知约束。

冯·诺依曼在他 1937 年的扩张经济模型中明确地将"布劳威尔不动点定理"作为其分析的核心，米罗斯基在书中对此进行了批评与反驳，认为该定理在经济学中的应用存在缺陷（Mirowski，2002）[23]。在 1944 年的《博弈论与经济行为》[24]中，冯·诺依曼改变了对数学的使用态度。"到了 20 世纪 50 年代，至少对于冯·诺伊曼而言，不动点定理的重要性已经被贬低了，他更青睐于能够得到建设性证明的核心博弈论定理。冯·诺伊曼倾向于把极大极小定理作为优于其他解法（如纳什均衡）的主要原因之一是，它易于接受建设性证明，而纳什均衡不是。"这可能有助于解释为什么冯·诺伊曼视纳什的解决方案为"平凡"：毕竟，他在十多年前就将布劳威尔不动点定理应用于经济学中，随后认识到这是一条末路。（Mirowski，2002，p. 450）

"理性经济人"在冯·诺伊曼的博弈论领域发挥了显著作用。博弈论中的关键技术是布劳威尔不动点定理，它是用于演示系统方程的稳定和最优解的一种方法，这些方程代表博弈的可能结果。博弈论最初是为经济学而开发的，但在冷战期间发挥了重要作用，特别是在相互保证毁灭理论（Mutual Assured Destruction，MAD）方面。根据 MAD 理论，如果双方都知道发动战争将导致双方立即灭亡，理性的参与者可以实现稳定的均衡。它也可以用来解释中国人民银行 21 世纪初的高额美元储备。然而，尽管有 MAD 理论和博弈论的原则，特朗普总统还是选择了挑起贸易争端，实施他的选择性保护主义。

尽管新古典主义经济学有着根植于力学的渊源，因此也提出许多有建设性的模型，但阿罗（Kenneth Arrow）、德布鲁（Gerard Debreu）和纳什从布尔巴基（Nicolas Bourbaki）那里得出的教训是，均衡的存在性问题实际上只是对模型逻辑一致性的证明：没有人迫切致力于将模型作为模拟现实的计算工具。他们都拥抱了不动点定理……定义了平衡的本质，而忽略了它是否存在以及如何发生。从这个意义上说，他们最终确实摆脱了经典力学的渊源，这可能在一定程度上解释了为什么在他们自己的评价中，他们自己的经济学传统历史对他们已不再重要，菲利普·米罗斯基声称。（Mirowski，2002，p. 410）

在肯尼斯·阿罗和杰拉德·德布鲁的证明中，"理性经济人"也发挥了作用，他们再次利用布劳威尔的不动点定理，证明了在高度理想化的市场经济中，自由市场会导致一个最优"不动点"，在这个点上，价格被设定在正确的水平，任何改变都会使至少一个人的境况变得更糟，这种情况被称为帕累托最优。但要完成这一壮举，理性经济人必须拥有无限的计算能力和为未来各种可能发生的情况制订计划的能力。阿罗-德布鲁模型似乎为亚当·斯密的"看不见的手"提供了数学证明，斯密的理论认为自由市场具有内在的自我稳定能力，并将价格设定在最优水平。

阿罗和德布鲁想象了一个"虚拟大拍卖"，它可以帮助所有参与者在时间开始之前（即未来尚未到来）就可对所有可能需要在未来买卖的商品和服务进行竞标，直至所有市场都达到供需平衡状态。所有商品和服务的价格、需求和供给都在拍卖中确定。这里的假设是，市场的自我调节能力足以实现资源配置的最优化。而一旦在拍卖中确定价格、需求和供应之后，生活就开始了，并且未来将不会有任何市场重新开放，因为拍卖已经完成了它的工作，所有人只需按照在拍卖中达成的合同提供服务并接受购买的商品和服务。在这样的经济模型中，货币毫无用处，因为拍卖中的价格机制足以解决货币的基本问题，如交换媒介、价值储藏和参照价值等问题。需要注意的是，这只是一个假设。它的主要目的是用来阐述"看不见的手"的概念，即市场的自我调节能力对于实现资源配置的最优化是非常重要的。同时，这个理论也有一些假设的限制和缺陷，比如排除了不确定性的影响，而现实中很难完全消除不确定性。默文·金

（Mervyn King）在《炼金术的终结：货币、银行和全球经济的未来》（*The End of Alchemy*：*Money*，*Banking*，*and the Future of the Global Economy*）一书中阐述了阿罗和德布鲁对"看不见的手"的证明。[25]

阿罗－德布鲁证明（The Arrow-Debreu Proof）启发了一般平衡模型的发展和后来的动态随机一般均衡模型（DSGE）的发展，这些模型仍然是今天政策制定者依赖的工具，尽管它们在 2008 金融危机中失败了。DSGE 模型处理汇总数据，忽略复杂性，将经济视为均衡系统，并将经济的错综复杂的结构简化为单一的统一维度。这些模型的名称具有误导性。"动态"仅指模型在应对外部冲击时随着时间变化而发生变化，而不是指任何内部动态。"随机"意味着随机决定，指的是诸如油价冲击或技术进步等随机扰动，这些扰动被视为外部效应。但是这些外部效应源自稳定的分布，因此可以从过去的经验中进行估计，并且是线性的，意思是小冲击产生小影响，两倍冲击产生双倍影响。"一般"意味着模型应该包括所有市场，但忽略了衍生品和其他形式的金融纠缠。这些模型假设供给和需求驱动价格达到一个均衡点，在这个均衡点上，消费者最大化他们的效用，企业最大化他们的利润，所有的市场都出清。（Orrell，2018，pp. 222－223）

DSGE 模型嵌入了理性期望假设（REH）和真实商业周期（RBC）理论，以及许多名义刚性和市场不完美性。最常见的是价格和工资刚性以及各种形式的消费者短视。这导致了暂时的需求短缺，而央行政策可能会对此产生重大的短期影响。在接受 REH 和 RBC 理论作为宏观经济分析框架的过程中，DSGE 模型的建模者放弃了凯恩斯对不确定性的强调。在动态随机一般均衡模型中，不存在不确定性，只存在已知概率分布内的偶然不完美信息。DSGE 模型中货币这一交换媒介的存在作用非常有限，因此提供了一种理想的偏离现实重要事实的方法。

根据大卫·奥雷尔的观点，经济主体并不像主流新古典主义经济学所假设的那样，表现得像独立的牛顿粒子，经济活动的参与者实际上紧密纠缠在一起，并参与到一种集体的量子舞蹈中。正如卡伦·巴拉德（Karen Barad）所说，存在不是个人的事情。个人并不预先存在于他们的互动中；相反，个人是通过其纠缠不清的内在关系出现的，并成为其内在关系的一部分。（Orrell，2018，p. 7）

我们需要重新定位我们的关注点，去理解人类行为和偏好的本来面目，而不是从容易建模的角度去观察。大多数现实世界的资源分配决策都是由人类做出的，人类的大脑包括能够进行推理的前额叶皮层和边缘系统，后者经过进化编码，以本能和情感的方式行事。麻省理工学院人工智能实验室的联合创始人马文·明斯基（Marvin Minsky）在《情感机器：常识思维、人工智能和人类思维的未来》（*The Emotion Machine：Commonsense Thinking，Artificial Intelligence，and Future of the Human Mind*）一书中（Minsky，2006）[26] 展示了如何通过研究人类认知系统以开发人工智能，进而帮助提高资源分配决策的质量。越来越多的此类决策被交给人工智能实现。明斯基提出了"心智社会"（Minsky，1986）的观点，即我们所谓的"智能"并不是一个单一的事物，而是由许多个体部分集体相互作用而产生的涌现现象。智能的魔法在于，当这些部分以特定方式组织时，它们可以完成单个部分无法完成的事情。[27]

伊恩·麦吉尔克里斯特（Iain McGilchrist）在《大师和他的使者：分裂的大脑和西方世界的形成》（*The Master and His Emissary：The Divided Brain and the Making of the Western World*）一书中提出（2010），注意力不仅仅是与其他认知功能并存的一种功能。相反，我们对世界的关注实际上改变了我们所关注的世界的本质。注意力改变了我们对事物的看法。通过这种方式，它改变了世界。这种变革性或改变世界的注意力可以在我们遇到和经历的每一种关系中看到。调整我们的注意力模式可以产生深远的影响，有人可能会把这种惊人的能力称为"注意力效应"。这正如量子力学中一种非凡的现象，即人们认识到观察行为如何改变被观察到的东西。这是因为，"我是我的注意力，其他一切都是给予的，不是我的。"[一]

在现代"注意力经济"的新数字技术中，注意力的这种独特作用也得到了认可，在这种经济中，人类的凝视越来越多地被货币化，并作为一种资源被挖掘，这再次表明了它在 21 世纪经济社会景观中的中心地位。硅谷的免费服务提供商竞相吸引我们的注意力和情感投入，并将其货币化，以产生生存所需的现金流。

据说科学的目标不是迎合人类的先入之见，而是减少我们的无知和愚蠢。认知科学正处于人工智能突破的前沿，[28,29] 可能会改变我们看待自己的方式。我们已经习惯于把人类称为智人（Homo

---

[一] 编者注：这句话的意思是注意力是个体感知和理解世界的重要工具。其他一切都是给定的，不是个体自己的，例如，环境、生活条件、社会背景等。因此，个体只有通过注意力才能感知和理解世界。

Sapiens）。智能是思维能力的表现。但现在这种观点正在受到挑战，人类的智能也许很快就会被 AI 所超越。马克斯·泰格马克建议将"智能"替换为"感知能力"，即主观体验的能力。他在《我们的数学宇宙：寻求现实的终极本质》一书中，将人类重新命名为 Homo Sentients（Tegmark，2014）。[30]

在《深度学习革命》中（2018），[31] 特伦斯·J. 谢诺夫斯基（Terrence J. Sejnowski）展示了学习算法如何从原始数据中提取信息；如何利用信息创造知识；知识如何成为理解的基础；以及理解如何带来智慧。雷·库兹韦尔在《奇点临近：当人类超越生物学》（2005）[32] 和《如何创造思维：人类思维的秘密》（2012）[33] 一书中，解释了原因和方法。冯·诺依曼在 20 世纪 50 年代末首次使用"奇点"一词来指代未来技术驱动的事件。直到数学家弗诺·文奇（Vernor Vinge）普及了即将到来的"技术奇点"，它似乎才流行起来。这个词现如今与雷·库兹韦尔联系在一起，他曾预言，到 2025 年，计算机的处理能力将超过单个人类大脑的处理能力，到 2050 年，单个计算机的处理能力可能达到所有人类大脑的总和。奇点现在通常被理解为人工智能获得与人类相当的"一般智能"的那一个点。奇点之所以重要，不仅是因为超过这一点，机器将能够在每一项任务上超越人类，还因为人工智能将能够在没有人类干预的情况下自我发展，因此这种人工智能可以在我们无法理解的情况下不断上升。

奇点或超级人工智能计算机，其理解和操纵世界的能力使我们自己相形见绌，相当于人类和蚯蚓之间的智力差距。这引发了乌托邦主义者和反乌托邦主义者的讨论。例如，谷歌的首席科学家雷·

库兹韦尔是一位乌托邦主义者，他设想了一个激进的未来，在这个未来中，人类和机器完全融合，以扩展我们的意识并征服死亡。其他乌托邦主义者认为，通用人工智能使我们能够破译物理宇宙的奥秘，在人类无法想象的水平上理解宇宙，并解决棘手的问题。反乌托邦主义者则不同意这些观点。

算法越来越多地为我们做出选择。这些算法越来越多地通过学习我们在新的数字世界中留下的数据痕迹来工作。机器学习完成了新发现的自动化。它使智能机器人和计算机能够自我编程。佩德罗·多明戈斯（Pedro Domingos）[34]概述了机器学习的五个主要思想流派——符号主义者、联结主义者、进化主义者、贝叶斯主义者和类推主义者——每一个流派都有自己的主算法，这是一种通用的学习算法，原则上你可以用它来从任何领域的数据中发现知识。符号主义者的主算法是逆演算法，联结主义者的主算法是反向传播算法，进化主义者的主算法是遗传编程算法，贝叶斯主义者的主算法是贝叶斯推理算法，类推主义者的主算法则是支持向量机算法。机器学习的核心是预测。从数字元数据中预测我们想要什么、我们行动的结果，以及我们如何实现目标。新古典经济学属于符号主义者流派。

联结主义主张建立可以学习的计算机网络。它建立在"赫布相关"（Hebbian Correlation）和"误差反向传播"算法（Error Back-Propagation）的基础上。唐纳德·赫布（Hebb，1949）在《行为的组织：神经心理学理论》（*The Organization of Behavior：A Neuropsychological Theory*）[35]中指出："当细胞 A 的轴突接近到足以激发细胞 B 并反复或持续参与激发它时，在一个或两个细胞中会发生一些生长过程或代谢变化，细胞 A 对细胞的激发效率会有所增加。"换句话说，学习就是不断加强经常发生的联系。不像行为主义者坚持认为黑盒必须保持关闭，赫布对发现黑盒——大脑——中发生了什么变化更感兴趣，并正确地猜测出是突触的强度发生了变化。

在赫布提出见解几年后，弗兰克·罗森布拉特（Frank Rosenblatt）建立了一个名为 Perceptron 的计算机程序，该程序由两层"节点"开关组成，它们之间的连接可以改变。它的工作是改变连接的强度，直到其输出"正确"的模式。30 年后，在输出层和输入层之间增加了第三层节点，联结主义网络开始呈现出原始学习机器的特性，尤其是在采用了"误差反向传播"算法之后。"误差反向传播"是指调整隐藏层和输出层单元之间的连接强度，特别是当输出有误时，调整前向连接的强度，将误差校正传播回机器。

现在是真正解释金融市场实际运作的时候了，而不是像符号主义者和新古典经济学家所假定的那样。我们需要观察信息处理的方式，观察序列相依性、繁荣和突然中断危机等现象，而不是将这些现象视为高效和理性的市场边缘的噪音。我们需要呈现世界的实际情况，而不是像新古典经济学家那样假定以便于进行简单的数学计算。经济史研究的重要性不言而喻。我们需要研究金融崩溃的历史，以及未能预测它们的那些理论和数学，但我们更需要正视这些理论。

在历史上的不同阶段，对财富的渴望从少数受害者扩散开来，吞噬了所有的社会阶层。这种情况发生在 17 世纪的阿姆斯特丹，当时追求财富的道路显然铺满了郁金香。在 18 世纪的伦敦，财富之路更像是通往南太平洋的海峡。在 19 世纪的伦敦，它是铁路。在 20 世纪的纽约，它是公路、铁路和空中通道的结合。在 20 世纪末，它是信息高速公路。

所有这些都是"泡沫"，即某一特定行业的股票价格的快速上涨是没有根据的，因此很容易同样迅速地崩溃。卡洛塔·佩雷斯（Carlota Perez）的《技术革命与金融资本：泡沫与黄金时代的动力学》（*Technology Revolutions and Financial Capital：The Dynamics of Bubbles and Golden Ages*）[36]提出了一个充满挑战意味的主张，即经济如何利用技术的重大划时代变化周期性地发生着，首先演变为一段时间的炒作和投机，包括知识和金融方面的炒作和投机，然后是危机，然后是长期的技术部署。佩雷斯证明，技术领域的重大变革不仅意味着少数行业的异常快速增长，还意味着"技术经济范式转变"。格林斯潘在 20 世纪 90 年代多次使用这个表达来向国会解释他的货币政策，这些政策导致了互联网泡沫。

经济繁荣和衰退之间存在着一种可观察到的模式。它们始于对经济变革的兴奋预期。在媒体造势师的帮助下，经理人和投资者共同创造了一个故事，最初是一种貌似可信的解释，然后演变为推断，并逐渐夸大。最终，数据与叙事产生不可调和的矛盾，乐观情绪转化为悲观情绪，繁荣变为衰退，接踵而至的是一轮紧缩。自 2018 年 8 月以来，平台公司股价暴跌，许多人不禁要问，科技行业是否正在经历希腊戏剧的经典序列：傲慢、愤怒和复仇。这是二十多年来的第二次崩溃。第一次是在 20 世纪 90 年代后半期，于 2000 年 3 月结束，第二次是自 2018 年 9 月以来。历史似曾相识。对新经济公司的炒作程度特别高，这是因为互联网上数据无处不在，并且有些数据明显不靠谱。然而，欧洲中央银行（ECB）和美联储的反应却并非如此。在 2019 年，它们降低了利率并实行了量化宽松政策。

布伦达·斯波顿·维萨诺（Brenda Spotton Visano，2006）在《金融危机：社会经济原因和制度背景》（*Financial Crises：Socio-Economic Causes and Institutional Context*）[37]中通过识别信用、技术和制度在资本主义历史演变中的作用来解释金融危机。创新推动了陷入危机的资本主义机制和文化的进化，从这一点讲，变革必须是永恒的。创新引发的社会和经济变革是深刻的，也是极不确定的。从根本上说，一项创新提供的实质性进步的潜力是不确定的，这部分取决于对这种潜力的集体评估。

在美国次贷危机发生的几年前，维萨诺得出结论，创新越具革命性，投机热情在民众中蔓延的可能性就越大。在一个特定的革命性创新中，一个人可以投机的手段越容易获得，投机的强度就越大。以何种方式提供信贷以支持和促进先前的投机，或以何种方式收缩信贷以促进危机的转移，关键取决于金融结构的发展水平以及构成该结构的特定金融工具和企业的性质。当一个具有革命性的创新在经济体系中传播扩散的过程持续很长时间时，这个经济环境将逐渐变得更加脆弱和不稳定。在历史上的重大转型时期，金融机构的行为往往会使得投机行为变得极度激进，从而加剧市场波动和不确定性。这些投机行为可能会导致金融泡沫和危机。正是在这些重大转型时期，金融机构催生了最耀眼的投机行为。

在股市历史上，很少有这么多投资者在如此长的时间里，从如此少的股票上赚到这么多钱。自 2013 年以来，标普 500 指数中所有公司价值上涨的 37% 是由其中 6 家成员——谷歌、亚马逊、苹果、脸书、微软和奈飞所贡献的。同期，中国实体股票价值上涨的 28% 归功于两家公司：阿里巴巴和腾讯。2018 年 9 月和 10 月，这 8 家公司的价值中位数下跌了 21%，是全球股市下跌幅度的两倍。截至 2018 年 10 月底，大约有 9000 亿美元的市值蒸发。同年，沃尔玛斥资 160 亿美元收购了印度电商公司 Flipkart 77% 的股份，预计 2019 年 Flipkart 将亏损 10 亿美元，此后亏损更多。电视评论员们认为，市场暴跌的原因是全球实际利率上升，还有经济增速减缓、利润预期下降以及资本密集度上升。2013 年至 2018 年间，这 8 家公司的总投资额为每年 1800 亿美元。在这 8 家公司中，只有奈飞需要资本市场进行自身融资。

我们需要对经济活动的目标提出问题。在定义经济活动的目标时，几十年来主导新古典主义经济学家政策实施的工具性传统智慧简单地假定，最大化人均 GDP 增长是一个不言自明的理想目标，而不平等是合理的，因为它有助于最大化增长。评估经济表现和社会进步的方式从根本上是错误的。国内生产总值的估量没有考虑到资源消耗和环境退化。GDP 乐观地描述了经济生产总量和生产产生的收入变化，无论这些收入是由少数人还是多数人、本国居民还是外国人、家庭还是企业获得。即使绝大多数人的收入没有改善，GDP 也可能上升。单一的 GDP 数字并不能充分概括人们正在经历的事情。[38] 如果我们想要更准确地反映经济成功和被剥夺的诸多方面，我们需要一个更广泛的指标——囊括不平等、经济不安全和可持续性等因素。（OECD & Stiglitz，2019，p. XVI）

许多情况下人们仿佛是在合力消灭科学发现，特别是那些冒犯文化神圣准则的、令人不安的发现。作为一个物种，我们倾向于固守主流文化的熟悉的、令人舒适的一致性。深入研究经济活动的目标以及收入等经济变量与人类根本目标之间的联系，例如人类在"活的"地球中的福祉可持续性，对于我们的生存来说是至关重要的好经济学，无论多么困难。

有令人信服的证据表明，我们地球上的生物和物理组成部分是一个单一网络的一部分，该网络以自我调节的方式运作，以维持广泛适合生命存在的条件，但它经历了各种规模的波动，包括冰期 - 间冰期节律和大规模灭绝，类似于混沌边缘自组织系统中发生的波动。盖亚理论是一种在分子层面上研究物质结构的方法，通过将每个原子嵌入其必要的位置来研究分子尺度结构。这是一种理解能量流动的方式，从最小的活细胞到整个地球的能量流动。这是一种理解宇宙中不断增长的秩序和意外事件的方法。盖亚理论指出地球系统的熵值相对比较稳定，不像宇宙系统那样逐渐增加，这是因为地球生态系统具有一种自我调节的能力，使得它能够保持相对稳定的状态，从而形成了所谓的"熵停滞"。生命的产生是地球的熵减少的过程。

地球在某种程度上是活着的，或者可以被当作是活着的，这一观点在许多神话和人类情感中都很常见，几个世纪以来一直是科学的主题。然而，它的现代理论形式可以追溯到 20 世纪 60 年代，当时在加州喷气推进实验室（JPL）工作的英国科学家詹姆斯·洛夫洛克（James Lovelock）提出的见解。在思索探测其他行星上的生命时，洛夫洛克博士转向了由物理学家提出的热力学，即关于热、功和秩序的科学。生命的物质流和能量流，使其能够增加和维持自身的复杂性。在此过程中，形成了一个复杂而高度有序的生态系统，从而维持了地球系统的低熵状态。

有了这个定义，洛夫洛克博士建议通过寻找秩序的迹象来探测其他星球的生命迹象，特别是以化学不均衡的形式——即本质上不可能存在的化学混合物，这些混合物必须通过熵的持续输出来维持。他的结论是，在行星水平上，这种最易探测到的秩序，能在大气成分中找到。

在地球上，除了水蒸气外，99% 的大气是氮气和氧气。最后 1% 中的大部分由氩、氦和氖以及二氧化碳和甲烷等其他气体组成。正如洛夫洛克博士所指出的，这种混合物是不平衡的。氧气和甲烷相互反应。这种反应在大气中不断发生。要使这些气体同时存在，需要一种或两种活跃的来源。地球上的生命充当了这个角色。植物、藻类和光合细菌产生氧气。产甲烷菌产生甲烷。另外，在放电的作用下，氧气和氮气也会相互反应，产生氮氧化物。这再一次证明，生命提供了一个中和过程，让两种气体的水平保持不变。脱氮菌通过将含氮化合物（如氧化物）转化为气态氮来产生它们所需的能量，从而不断增加大气中的氮含量。

地球的邻居，火星和金星的大气，与地球这种由生物驱动的不稳定性形成了鲜明的对比。它们不包含在观察到的浓度下可能发生反应的气体组合。它们处于平衡状态。这使洛夫洛克博士得出两个结论：火星和金星上没有生命；地球大气层在某种程度上或某种意义上是有生命的。它不是由细胞组成的，也不是被膜包围的，也不能繁殖。但是，能量和物质通过地球上的生命体流动，使大气始终处于不平衡状态，抵御了熵的增长。因此，生命强加的秩序和不平衡超越了细胞、个体和物种的界限。洛夫洛克的第一个结论并不受欢迎。许多科学家想把机器人送到火星去寻找生命。从第二个结论出发，洛夫洛克博士假设，地球在某种程度上表现为一个活的有机体，地球具有自我调节、自我纠正的能力，这使得地球的大气成分、气候和生态系统得以保持在生命所需的范围内。例如，各种生物类型、大气成分和海洋生物共同维持地球表面的温度稳定。生命积极地寻求让环境符合自己的喜好，这是该假说早期的一个关键特征，但现在并没有被广泛接受。然而，人们普遍认为，地球大气层的组成取决于生物活动，维持地球可居住性的各种反馈机制都有生物成分。

地球环境是其不断进化的"居民"的产物，而不是充当它们进化的背景，这一观点从表面上看似乎是不太可能的。据估计，地球上的生物体含有约 5500 亿吨碳。加上其他元素，记住，按重量计算，生物的主要成分是水，你可能会得到总共 2 万亿吨。大气层重5000 万亿吨。地球上薄薄一层的绿色有机生命，质量占比不到0.1%，怎么可能对地球发号施令呢？答案是，生命是一种特别有活力的东西。以每秒消耗的能量表示，地球上的生命运行需要大约 130 万亿瓦。这大约是人类使用能量的 10 倍，是来自地球内部能量流的 3 倍——地球内部能量流驱动着所有的火山活动、地震和板块构造。

生命利用这种能量所做的大部分事情是化学的：构建分子，分解它们，并将一些最终的废物倾倒到环境中。这种化学活性是持久的。数十亿年来，通过光合作用和呼吸作用将碳活动来回转移的循环一直是地球运行的基础。氮的循环也是如此。巨大的生物地球化学循环比现存的任何山脉、海洋或大陆都要古老。这些工作主要由细菌和古细菌完成。它们早于动物和植物的出现。太古代（原核生物产生核膜之前）地球大气的组成是一个数据很少的课题。但地质记录清楚地表明了一件事——它不含氧气。只有在相关形式的光合作用进化出来之后，大量的游离氧才进入空气。在此之前，细菌产生的甲烷水平——在没有氧气的情况下，可能相当高——最终走向崩溃。因为甲烷是一种温室气体，所以地表平均气温在那时大约在 30 ~ 50 摄氏度。大约 25 亿年前，氧气大爆炸事件使地球陷入冰河时代，冰盖蔓延到赤道。

在随后的大气历史中，氧气水平间歇性地增加，并以各种方式与生命联系在一起。氧气在大约 7 亿年前达到阈值水平，这与第一批动物的进化之间似乎存在联系。如果没有氧气为新陈代谢提供额外的能量，很难——也许根本就不可能出现动物那种精力充沛的生活方式。树木的出现，能够以比以前的光合作用更强大的形式储存碳，并使其难以被其他生物分解，这使大气中的二氧化碳含量下降到足以引发另一个全球冰河时代的水平。一些碳被地球回收，转化为煤。如今对煤的开采和利用正在见证生命在几亿年后以另一种方式改变大气——再次带来严重的气候后果。几十年来，洛夫洛克博士的见解发展了对生命在地球历史中所扮演角色的新认识。

盖亚假说假定地球是有生命的。大气气体、地表岩石和水的各个方面都受到生物体的生长、死亡、新陈代谢和其他活动的调节。整个行星空气系统是"亚稳定"（metastable）的，以其反应性的不稳定为稳定的常态。化学反应的持久性是由生物的联合作用产生的。整个行星表面，不仅仅是有生命的物体，还有我们认为是惰性背景的大气，都远离化学平衡，对此最好的解释是整个行星表面是有生命的。地球是一个单一的巨型生命系统。共生就是不同物种的生物体在物理接触中生活在一起。在共生关系中，伙伴共生体在同一时间住在同一地点，实际上相互接触，甚至相互进入对方体内。这是一种微妙的宇宙观，与新古典主义经济学家的观点不同。

林恩·玛格丽丝（Lynn Margulis）在《共生星球：演化的新视角》（*Symbiotic Planet：A New Look At Evolution*）一书中阐述了这一观点[39]：她认为，新型生命形式的共生起源（symbio-genesis）现象，比信奉传统达尔文主义的进化生物学家们想象的要普遍得多。传统生物学更强调竞争而非合作在演化过程中的作用。正如爱德华·特纳（Edward Tenner）在《效率悖论：大数据无法做到的事情》（*The Efficiency Paradox：What Big Data Can't Do*）一书中所论述的（2018），正统经济学家过分强调由人工智能和数字平台算法赋能的原子化竞争，实际上可能导致努力的浪费、机会的错失，最重要的是无法突破既定模式。[40]

## 发条宇宙的终结

我们越来越多地选择把钱花在某种形式的知识上。我们想买的越来越多的东西根本不是"东西"，它们是无形的；严格地说，它们既不是商品，也不是服务。它们不是东西，它们是人类思维的产物，它们不属于制造业，而是智造业（mentefactures）。例如计算机软件、医疗、电影、录制的音乐。人类已经进入了知识产生知识的阶段。消费品的知识成分具有一些显著的特征。与应用于生产过程的知识相同，它们不占用物理空间，也没有重量。因此，它们不会占用任何实际资源。我消费得更多并不会减少可供你消费的数量。它具有无限的扩展性。一部电影有 200 人或 200 万人或更多的人观看，对其制作成本来说没有影响。这就是正统经济学家的窘境。

杰里米·里夫金（Jeremy Rifkin）在《零边际成本社会》（*The Zero Marginal Cost Society：The Internet of Things，the Collaborative Commons，and the Eclipse of Capitalism*）[41]一书中预言了"零边际成本社会"的到来，从搜索引擎到软件，从新闻到能源，每一种增量商品和服务的价格都将朝着"免费"的方向下跌，因为世界上的每一种设备和实体都包含在物联网中，在物联网中，指数级的网络效应产生了休闲和富足的新经济。这些产品具有四个经济特性：可扩展性、沉没性、溢出效应和协同作用。这些特性当然也体现在有形资产上，但无形资产在更大程度上展示了它们。

从历史的长河来看，2008 年的金融危机可能会被证明像 1929 年自由市场资本主义的危机一样具有根本性的转折意义，1929 年的危机导致了金融资本主义，在 20 世纪 30 年代诞生了管理资本主义，20 世纪 60 年代和 70 年代管理资本主义的危机演变成了自从 20 世纪 80 年代至 2008 年的资产管理资本主义。20 世纪 30 年代的大萧条促生了一个致力于维护充分就业的政权。20 世纪 70 年代的大通胀促生了一个维持低通胀率的政权。有人声称，20 世纪 90 年代的"大幻觉"将促生一个致力于维护金融稳定的政权。根据国际货币基金组织总裁克里斯蒂娜·拉加德（Christine Laggard）的说法，2018 年 10 月到目前为止，有证据支持美国金融不稳定风险正在增加。

50 多年来，经济学的主要流派一直致力于通过复杂的数学来探索经济理性人如何在市场中互动。他们得出的结论似乎是乐观的，有时甚至是盲目乐观的。肯尼斯·阿罗和杰勒德·德布鲁证明了拥有完全完整市场的竞争性市场经济是帕累托有效的。新古典主义经济学家罗伯特·卢卡斯（Robert Lucas）认为，如果人类不仅在偏好和选择上是理性的，而且在预期上也是理性的，那么宏观经济就会有很强的均衡趋势，持续的非自愿失业就不再是问题。

理性预期理论家遵循着主导范式——主观概率的普遍适用性。关于预期的假设是基于公理理性（axiomatic rationality）的关于行为的推论。由此产生的理性预期理论要求所有经济主体——企业、家庭和政府——的预期不仅要彼此一致，而且要与描述它们的模型一致。这种方法不仅假设存在一个真实的"现实世界"模型，而且经济学家知道这个模型是什么，实际上所有人——从华尔街巨头到最卑微的农民——都知道这个模型是什么，而且他们都基于这些知识

形成一致的预期并根据这些预期采取行动。（Kay & King，2020，p. 342）

新古典主义经济学已经发展出了关于企业行为的垄断、双头垄断和完全竞争等模型，但在少数企业领域，建模和预测遇到了困难。主要是因为在建模假设经济主体是超理性的、消息灵通的，时间是即时的，地点是不存在的，经济主体由一个单一的原型来代表，并在一个充满变化的系统中孤立地寻求平衡。新古典主义经济学所传达的信息是，人类的行为可以足够理性，如果我们拥有足够的信息，那么经济就会具备像上发条的时钟一样的可预测性。即便是新古典经济学中的不确定性，也是一种良好行为的不确定性。发条宇宙的梦想在科学方面结束于 20 世纪，在经济学方面将终结于 21 世纪。经济太复杂，太非线性，太动态，对机会的曲折变化过于敏感，除了在最短的期限内，我们不能对任何事情做出预测。

有效市场假说（EMH）似乎表明，流动性金融市场不是由图表分析师幻想的模式驱动的，而是由所有可用信息的有效处理驱动的，从而使证券的实际价格成为对其内在价值的准确估计。EMH 主张金融市场价格已经充分反映了所有可以获取的信息，所以在这样的市场中，没有人可以通过信息不对称，获得超越市场预期的利润。经济学家们纷纷提出理论支持这样一个命题，即完全自由的市场可以实现配置效率的最优。同时，有效市场假说将收入增加所带来的效用等同于生活满意度，这种观点的部分原因是为了尽量保持数学模型的精确性。在这个背景下，深入探讨收入与福利或幸福之间的关系可能会使数学模型变得更加复杂，不易于量化。在经济学中，为了简化问题并便于建立数学模型，学者们往往会将生活满意度直接与收入增长相关联，这有助于在分析经济现象时保持计算的简便性和准确性。这种简化的方法使得经济学家可以聚焦于一个明确定义的最大化问题，如追求收入最大化。然而，这种简化可能忽略了收入、福利和幸福之间存在的更为复杂和多样的关系。遗憾的是，新古典学派对经济的描述采用了这种简化的态度。

乔治·吉尔德（George Gilder）在《财富与贫困：21世纪的新版本》（*Wealth and Poverty*：*A New Edition for the Twenty-First Century*）[42]一书中写道：两类人的态度形成了戏剧化的对比，一方是那些押注支持次贷计划的人和那些押注反对次贷计划并努力揭露欺诈行为的人。错误一方——不良抵押贷款和金融债券的买家——是世界上大多数中央银行、世界银行、国际货币基金组织、房利美和房地美、花旗集团、美林、德意志银行和美国银行。所有这些机构都很容易获得政府资金和安全网的托底，所有的抵押热情都得到了全球金融警察、大学、慈善机构和最老练的政客的全力支持。这与有效市场假说所描绘的理性市场有所不同，因为这些机构并没有做好充分的风险评估，也没有考虑到市场的不确定性。这也说明，金融市场的运作不仅受到有效市场假说的控制，还受到许多其他因素的影响，包括政治、文化、利益等。因此，我们需要更全面和综合的视角来理解金融市场的运作方式。

彻底改革经济学的教学方式是为了让学生更好地理解现代世界——如果这的确是目标的话。更好的是，它应该提高该学科描述和预测经济现实的能力。所谓的"现实"首先指的是普遍存在的人为导致的全球性退化现象：我们现在面临着从土壤侵蚀、荒漠化、森林砍伐和生物多样性丧失，到含水层过度抽水、微粒和气体空气污染以及重金属污染土地等问题。其次，当人工化合物进入环境并最终在世界范围内分布时，产生了真正的全球影响。这种分布造成了前所未有的挑战，因为有效管理这些影响需要采取协调一致的全球行动，而现有的、甚至日益扩大的经济差距进一步削弱了采取这些措施的可能性。人为温室气体排放导致的全球气候变化是迄今为止环境转变最重要的后果，其不受控制的状况对全球经济繁荣甚至地球某些地区的可居住性构成了重大威胁。（Smil，2021）[43]

经济危机也是经济理论的危机。艾伦·柯曼（Alan Kirman）在《复杂经济学：个人与集体理性》（*Complex Economics：Individual and Collective Rationality*）一书中指出，大多数对 2008 年危机演变的分析都指向了三个主题——传染、网络和信任——但这三个主题在正统经济理论中都不起主要作用。[44]经济和金融部门已组织成一个高度相互依存的系统。矛盾的是，经济成分的过度关联和衍生品的大量交易实际上掩盖了信息，而不是揭示了信息。因此，该系统一手组织了其自我毁灭，导致了总体情况的根本变化。这是相互影响、相互依存和信任关系的破裂，而不是源于对稳定市场的外部冲击。在经济运行中，个人、企业和银行之间的直接互动是不完美的，但这是现代经济运行的基础。

经济需要被视为一个复杂的适应系统，其中的主体不断相互作用。我们从统计物理学和生物学中知道，总体行为不能从平均值或"代表性"主体的行为中推导出来。正如蚂蚁窝的有组织活动不能从

"蚂蚁代表"的行为来理解一样。所有的蚂蚁都被赋予了能力，但没有理解力。宏观经济现象不应从代表性个体和代表性企业中推导出来。同样，我们也不能推理出代表性企业由被赋予超强理解能力的人管理。

新古典经济学对每个"代表性经济主体"进行单独考虑，而未将不同经济主体之间的相互影响纳入考虑范围。然而，实际情况是代表性经济主体的适应性（如其在经济中的繁荣程度）是所有经济主体的复杂函数，这意味着各个经济体之间的关系会影响它们的经济适应性。如果我们假设这些代表性经济角色是独立的，那么各种变量的相对属性将很快达到一个最佳状态并保持稳定。但如果"代表性经济主体"相互作用、进化，那么寻找最大适应性就会复杂得多。与弗雷德·霍利（Fred Hoyle）在《智能宇宙：创造与进化的新视角》（*The Intelligent Universe：A New View of Creation and Evolution*）（1988）[45]中的观察一致，宇宙是一个"纠缠不清的循环，其中一切都依存于其他一切"。例如，如果电子再轻一点，就不会有稳定的恒星，如果电子再重些许，就不会有如晶体和 DNA 分子等有序结构。如果质子增重 0.2%，它们就会衰变为中子，无法容纳电子，因此不会有原子。如果它们轻一点，那么原子中的中子就会衰变为质子，因此除了氢外，不会有任何其他稳定的原子。

计量经济学是经典统计方法在经济学和金融学序列中的应用。计量经济学的基本工具是多元线性回归，这是高斯在 1794 年之前就已掌握的一项技术。标准的经济计量模型不具备学习能力。很难相信，像 21 世纪金融这样复杂的事物，可以通过简单的协方差矩阵求逆来理解。每一门经验科学都必须在观察的基础上建立理论。如果用来对这些观察结果建模的统计工具箱是线性回归，研究人员将无法认识到数据的复杂性，理论也将过于简单，用处不大。计量经济学似乎是经济学和金融学在过去几十年里没有取得有意义进展的一个重要原因。马科斯·洛佩斯·德普拉多（Marcos Lopez de Prado）在《金融机器学习进展》（*Advances in Financial Machine Learning*）（2018）[46]中展示了机器学习相对于全权投资组合经理的认识论差异和优势。

全权委托投资组合经理的投资决策不遵循特定的理论或基本原理，否则，他们就是系统的全权委托投资组合经理。他们接收原始新闻并分析，但主要依赖于他们的判断或直觉。他们可能会根据一些故事来合理化其决策，但每个决策都有一个故事。因为没有人完全理解他们下注背后的逻辑，投资公司要求他们彼此独立工作，各自为政，以确保多样化。

约瑟夫·熊彼特认为，投机狂热往往伴随着新产业或新技术的诞生而出现，此时人们高估了收益，而低估了新引入资本对压低回报率的影响。查尔斯·金德尔伯格（Charles Kindleberger）在《狂热、恐慌与崩溃：金融危机的历史》（*Manias, Panics and Crashes: A History of Financial Crisis*）一书中（2005）[47]提出了类似的建议。第一阶段是置换（displacement），这激发了投机兴趣。随之而来的是积极的反馈，因为不断上涨的股价吸引了新的投资者，而这些投资者又进一步推动股价上涨。最后阶段是狂热，这时投资者失去了理智。

在熊彼特的著作中，他认为经济是通过不断出现"裂缝"和进行"飞跃"来不断进化的。繁荣和萧条是普遍存在的，是经济生命力的展现。同样，他严厉批评了正统经济学家对完全竞争益处的强调，甚至认为垄断可能有利于刺激创新。物理学家把系统特性的突然变化称为相变。在随机网络中，从小群集到巨型群集的相变发生在一个特定的点，此时边的片段数与节点数的比值超过1。我们可以将一条边对一个节点的比值视为临界点，在此之前，随机网络被认为是稀疏连接的，之后则被认为是密集连接的。S形曲线是包含各种相变的形状，包括创造性破坏、冰的融化、新技术的传播、科学范式的转换以及帝国的衰落。许多我们认为是线性的现象实际上都是S形曲线，因为没有什么可以无限制地增长。在相对论中，加速度不会随着力的增加而线性增加，而是遵循以零为中心的S形曲线，这与牛顿的线性观点不同。

S形函数描述了许多自然增长过程以及创新的采用和传播，无论是新的工业技术还是新的消费品。最初缓慢的增长在J形弯曲处加速，随后是快速上升，其增长速度最终减慢，则形成第二个弯曲，随后增长逐渐放缓，直到增长变得极小并接近特定参数的最高可达限制，最终趋于稳定。这种函数在许多现象中都具有重要应用，其中最著名的S型函数是表达逻辑生长的函数。与增长数量成正比的指数无限增长不同，逻辑生长函数的增长是有限度的，其增量随着生长量接近其最大可能水平（在生态学研究中通常称为承载力）而减少。

网络会对周围的人和事物产生影响，这种影响被称为"网络效应"。随着越来越多的人参与网络，这种影响也会变得越来越大。随着网络的发展，它会对人们施加加入网络的压力。第一个临界点出现在达到关键数量用户时。当大约20%～25%的人口连接到网络时，网络对其他人的参与来说就更有意义。这种情况尤其出现在通信网络中，比如电子邮件和社交网络网站。一段时间后，当大约三分之二的人口连接到网络时，第二个临界点就会到来。到了饱和点，增长速度就会减慢。但从此以后，人们或多或少都必须参与，否则就有被社会排斥的风险。在发达国家，电子邮件和社交网络的这两个临界点均已经到来。这种压力在两个临界点上会不断加强。（van Dijk，2020，p. 36）

网络还会对事物产生影响，不仅影响计算机、电话和电视等设备，还影响工业生产中的各种机器以及物联网设备。要加快和控制生产和分发过程，就需要把它们全部连接起来。由于网络是系统，因此它们的连接必须遵循通用标准。一个拥有被许多人接受的标准的网络拥有权力——决定谁能连接到网络并与他人进行通信的权力。总的来说，人们更喜欢通用标准，因为这样他们就可以在同一系统中接触到更多的人。这也是为什么微软操作系统和其他软件如此受欢迎的原因之一。除了传输控制协议（TCP）和互联网协议（IP），操作系统如Windows、Mac OS和Linux、浏览器如Internet Explorer、Mozilla Firefox和Google Chrome、标记语言如HTML、手机系统如Android（Google）或iOS（苹果）、搜索引擎如Google Search和Bing或中国的百度以及微信等都是重要的软件标准。（van Dijk，2020，p. 37）

# 注释

1  Beinhocker E D. The Origin of Wealth: Evolution, Complexity, and the Radical Remaking of Economics[M]. New York: Random House Business Books, 2007.

2  Dennett D. Darwin's Dangerous Idea: Evolution and the Meaning of Life[M]. New York: Simon & Schuster, 1995.

3  Strevens M. The Knowledge Machine: How Irrationality Created Modern Science [M]. New York: Liveright Publishing Corporation, 2020.

4  Barrett L F. How Emotions Are Made: The Secret Life of the Brain[M]. New York: William Morrow, 2018.

5  Nelson R., Winter S. An Evolutionary Theory of Economic Change[M]. Cambridge, MA: Harvard University Press, 1982.

6  Metcalfe J S. Evolutionary Economics and Creative Destruction[M]. London: Routledge, 1998.

7  Holland J H. Adaptation in Natural and Artificial Systems: An Introductory Analysis with Applications to Biology, Control, and Artificial Intelligence [M]. Cambridge, MA: The MIT Press, 1992.

8  Holland J H. Hidden Order: How Adaptation Builds Complexity[M]. New York: Basic Books, 1995.

9  Holland J H. Signals and Boundaries: Building Blocks for Complex Adaptive Systems[M]. Cambridge, MA: The MIT Press, 2014.

10  Maynard S J. Evolution and the Theory of Games[M]. Cambridge: Cambridge University Press, 1982.

11  Kauffman S. Origins of Order: Self-Organization and Selection in Evolution [M]. Oxford: Oxford University Press, 1993.

12  Arthur W B. Complexity and the Economy[M]. Oxford: Oxford University Press, 2015.

13  West G. Scale: The Universal Laws of Growth, Innovation, Sustainability, and the Pace of Life in Organisms, Cities, Economies, and Companies[M]. London: Penguin Press, 2017.

14  Georgescu-Roegen N. The Entropy Law and the Economic Process [M]. Cambridge, MA: Harvard University Press, 1971.

15  De Chardin T P. The Future of Man[M]. New York: Doubleday, 2004.

16  Hayek F. Constitution of Liberty[M]. Chicago: University of Chicago Press, 1978.

17  Boulding K E. Ecodynamics: A New Theory of Societal Evolution[M]. Thousand Oaks: Sage View Printing, 1979.

18  Daly H. From Uneconomic Growth to Steady-State Economy[M]. Northampton MA: Edward Elgar, 2014.

19  Wendt A. Quantum Mind and Social Science: Unifying Physical and Social Ontology[M]. Cambridge: Cambridge University Press, 2015.

20  Busemeyer J R., Bruza P. D. Quantum Models of Cognition and Decision[M]. Cambridge: Cambridge University Press, 2012.

21  Orrell D. Quantum Economics: The New Science of Money[M]. London: Icon Books, 2018.

22  Mirowski P. More Heat than Light: Economic as Social Physics as Nature's Economics[M].

Cambridge: Cambridge University Press, 1989.

23　Mirowski P. Machine Dreams: Economics Becomes a Cyborg Science[M]. Cambridge: Cambridge University Press, 2002.

24　Neumann J V., Morgenstern O. Theory of Games and Economic Behavior [J]. 1944.

25　King M. The End of Alchemy: Money, Banking, and the Future of the Global Economy[M]. New York: W. W. Norton & Company, 2016.

26　Minsky M. Emotion Machine: Commonsense Thinking, Artificial Intelligence, and Future of the Human Mind[M]. New York: Simon & Schuster, 2006.

27　Minsky M. Society of Mind[M]. New York: Simon & Schuster, 1986.

28　Bostrom N., Ibid.

29　Tegmark M. Our Mathematical Universe: My Quest for the Ultimate Nature of Reality[M]. New York: Vintage Books, 2014.

30　Tegmark M., Ibid.

31　Sejnowski T J. The Deep Learning Revolution[M]. Cambridge, MA: The MIT Press, 2018.

32　Kurzweil R. The Singularity is Near: When Humans Transcend Biology[M]. New York: Penguin Books, 2005.

33　Kuzweil R., Ibid.

34　Domingos P. The Master Algorithm: How the Quest for the Ultimate Learning Machine Will Remake Our World[M]. New York: Basic Books, 2015.

35　Hebb D. The Organization of Behavior: A Neuropsychological Theory[M]. New Jersey: Wiley, 1949.

36　Perez C. Technological Revolutions and Financial Capital: The Dynamics of Bubbles and Golden Ages[M]. Northampton MA: Edward Elgar, 2002.

37　Visano B S. Financial Crises: Socio-Economic Causes and Institutional Context[M]. London: Routledge, 2006.

38　Stiglitz J E., Fitoussi J P., Durand M. Measuring What Counts: The Global Movement for Well-Being[M]. New York: The New Press, 2019.

39　Margulis L. Symbiotic Planet: A New Look at Evolution[M]. New York: Basic Books, 1998.

40　Tenner E. The Efficiency Paradox: What Big Data Can't Do[M]. New York: Alfred A. Knopf, 2018.

41　Rifkin J. The Zero Marginal Cost Society: The Internet of Things, The Collaborative Commons, and The Eclipse of Capitalism[M]. New York: St. Martin's Griffin, 2015.

42　Gilder G. Wealth and Poverty: A New Edition for the Twenty-First Century[M]. Washington: Regnery Publishing, Inc., 2012.

43　Smil V. Grand Transitions: How The Modern World Was Made[M]. Oxford: Oxford University Press, 2021.

44　Kirman A. Complex Economics: Individual and Collective Rationality[M]. London: Routledge, 2011.

45　Hoyle F. The Intelligent Universe: A New View of Creation and Evolution[M]. New York: Holt Reinhart Winston, 1988.

46　De Prado M L. Advances in Financial Machine Learning. New Jersey: Wiley, 2018.

47　Kindleberger C. Manias, Panics, and Crashes: A History of Financial Crises[M]. New Jersey: Wiley, 2005.

# 失控的资本

发条经济学的终结

The Financial and Conceptual
Foundations of Intangible Asset
Manager Capitalism

## 第六章

## 不那么有代表性的
## "代表性行为人"

　　当代美国商业公司虽然在法律上是国家的产物，其章程来自国家法律，但它享有一个相当大且不确定的自治和隐私范围。在美国，它被称为"法人人格"。美国的法律体系在许多方面将公司视为个人，奇怪的是，公司却没有个人的那种良心，并只对利润感兴趣，在这种意义上来说，法人是精神变态的。它的定义特征是有限责任和利润最大化。因此，公司是一种在限制责任下的创造财富的工具。

　　美国最高法院第一起关于公司权利的案件发生在 1809 年，比第一起非裔美国人或妇女权利的类似案件早了半个世纪。<sup>⊖</sup>美国第一银行（First Bank of the United States）向最高法院提交了第一起公司权利案件，该银行是亚历山大·汉密尔顿的智慧结晶，于 1791 年由第

---

　⊖　1857 年，美国最高法院审理了第一起明确涉及非裔美国人宪法权利
　　　的案件，即德莱德·斯科特诉斯坦福案（Dred Scott V. Stanford）。法
　　　院认为，非裔美国人并不拥有"白人必须尊重的权利"。1893 年，
　　　布拉德韦尔诉伊利诺伊州案（Bradwell V. Illinois）是第一个关于妇
　　　女是否有权从事法律工作的妇女权利案件，法院判决该妇女败诉。

一届国会特许成立。它继承了两位开国元勋亚历山大·汉密尔顿和托马斯·杰斐逊的遗产。他们就宪法如何保护公司利益持有争端。汉密尔顿主义者是公司主义者，是商业公司制度的支持者，主张扩大商业公司的宪法权利。杰斐逊主义者是民粹主义者，他们反对公司权力，试图以人民的名义限制公司权利。

亚当·温克勒（Adam Winkler）[1]总结了公司如何使用试验案件（为确立一项重要的法律原则或权利而提起的诉讼），以及有目的地提出新颖的法律主张以努力重塑法律，揭示了公司对美国民主的诞生和宪法本身的形成所产生的巨大影响。他展示了美国最强大的公司如何赢得了基本权利，并将宪法变成了阻碍大企业监管的武器。

公司应致力于利润最大化的理念，往往成为公司法和公司治理的基石原则。然而，在公司的早期历史中，商业公司是非常不同的。公司只有在服务于公共目的情况下才能成立。如今，部分由于达斯茅斯学院诉伍德沃德案（Darthmouth College V. Woodward，1819），这一规则不再适用。当代美国商业公司被视为不需要服务于任何明确目标的私人实体。事实上，至少从长远来看，未能关注公司盈利能力的公司高管将违反其受托责任。

公司一直在努力争取宪法所保障的更大份额的个人权利。首先，他们赢得了宪法保护：威廉·布莱克斯通爵士（Sir William Blackstone）所谓财产权、合同权和诉诸法院的权利。然后，他们赢得了宪法第十四条修正案规定的正当程序（due process）和平等保护（equal protection）的权利，以及宪法刑事诉讼条款的保护。在 20 世纪，最高法院表示，公司的宪法权利仍然受到限制。它们有财产权，但没有自由权。然而，最终，最高法院打破了这种区分，开始承认公司拥有新闻自由和结社自由等自由权利。

1886 年，密歇根州最高法院裁定，公司有权享有与个人相同的法律地位，包括言论自由等权利。1916 年，当亨利·福特（Henry Ford）试图优先进行商业投资而不是派发股息时，他的股东道奇兄弟成功地提起了诉讼。1914 年，亨利·福特决定，在劳动力短缺并不严重的情况下，向工人支付每天 5 美元的双倍工资。此外，他还降低了汽车的价格，推出了重大改进，库存也已售罄。他认为股东们赚得够多了，于是在 1916 年宣布，尽管福特公司手头有 6000 万美元的现金盈余，但不会向股东派发特别股息。在庭审中，亨利·福特坚持认为，即使不得不牺牲股东利益，福特公司也有权做出符合公众利益的决定。他本可以像如今的高管们那样诉诸捍卫企业社会责任策略，但亨利·福特原则上拒绝了。

法院否决了福特和亨利·福特对公司的公益观点。"公司的主要目的是实现股东利润最大化"（Orell，2018，p. 212）是法院在道奇兄弟诉福特汽车公司一案中的判决。事实上，自道奇兄弟提起诉讼，阻止亨利·福特推行不顾股东利益、造福员工和广大公众的政策以来，法律就要求所有公司活动的设计都要着眼于长远，即提高利润。高级管理人员必须遵守这一法律规定，否则就有可能违反他们对公司的受托责任。因此，公司并不像个人那样"自由"。一个人可以选择自己的价值观。然而，公司在法律上有义务优先考虑利润，至少从长远来看是这样。

"正如米尔顿·弗里德曼（Milton Friedman）在 1962 年所写的那

样，很少有趋势能像鼓励公司高管承担社会责任而不是为股东尽可能多地赚钱那样，如此彻底地破坏我们自由社会的基础。"（Orrell，2018，p. 212）根据正统的新古典主义经济理论，公司是理性的经济人（Homo Economicus）。就像公民个人一样，公司也被征税和监管，可能会因提供就业而受到奖励，可能会受到司法行动的惩罚，也可能会被要求为国家利益做出牺牲，还可能会得到慷慨的救助而免于破产，就像西方银行在 2008 年金融大危机中得到的救助一样。当公司做了违法的事情时，经营公司的人有时要承担刑事责任。然而，当公司做了一些合法但不道德的事情时，他们就无须担责。

金融监管机构及其管辖下的华尔街大银行喜欢说，金融危机集中在所谓的影子银行系统，即在监管更严格的商业银行部门之外的非银行金融机构所占据的灰色地带。关于问题机构的大部分关注和辩论都集中在贝尔斯登（Bear Stearns）、雷曼兄弟（Lehman Brothers）和美国国际集团（AIG）这三大非银行机构的破产或濒临破产上。2010 年的《多德－弗兰克法案》（Dodd-Frank Act）旨在赋予监管机构以前没有的重要权力，以监督商业银行以外的大型高风险公司。与此同时，花旗集团（Citigroup）在 2008 年金融大危机期间获得了所有银行中最慷慨的政府援助。

花旗集团是一家受联邦监管的银行控股公司，其中包含一家联邦保险银行。它受到各种监管机构的监督。多家联邦银行机构已经在监督其活动。它由纽约联邦储备银行及其行长蒂莫西·盖特纳（Timothy Geithner）具体监管，盖特纳是布什和奥巴马两届政府重大金融危机应对政策的主要设计师。他是罗伯特·鲁宾的门生，鲁宾曾担任克林顿的财政部长。蒂莫西·盖特纳后来成为奥巴马的财政部长，而接替他的是前花旗集团雇员杰克·卢（Jack Lew）。

花旗创建于 1812 年，即 1812 年战争爆发前两天，美国第一银行倒闭后一年。纽约花旗银行旨在满足纽约商人和年轻的国家政府的金融需求。美国银行的股东为纽约花旗银行提供了超过 50% 的启动资金。这家新银行可以被视为美国第一家中央银行的直接后裔。它是第一届国会创建的第一个公司。花旗的第一任总裁塞缪尔·奥斯古德（Samuel Osgood）曾是大陆会议（Continental Congress）的成员，也是美国第一任邮政总局局长。就像今天一样，花旗在成立之初就与国家政府紧密交织在一起，这对双方都有好处。当花旗成立时，银行的资本是海市蜃楼，而客户往往是董事本人。创始董事们免除了自己提供任何现金的责任。取而代之，他们可以用自己的股票作为抵押，从银行获得无限期贷款。当所有者不仅不能提供大量资本，反而还将银行资金借给自己时，他们就会给资产负债表的两侧带来风险。截至 1814 年 2 月，该行四分之一的贷款承诺与该行 750 名客户中的 12 名客户有关。

与金融危机时期那些"大而不能倒"的银行不同，当时 1837 年的金融大恐慌让花旗不堪重负，但花旗没有接受纳税人的救助。1837 年的恐慌和随之而来的经济衰退是美国的第一次大萧条。约翰·雅各布·阿斯特买下了花旗银行的一部分，并提供了所需的资金。阿斯特是纽约市卓越的商人和房地产大亨。与当今的巨头们不同，节俭的阿斯特几乎没有负债，而且有足够的现金购买银行的控股权，并让摩西·泰勒（Moses Taylor）进入董事会。从 19 世纪 50 年代开始，泰勒最终带领这家银行度过了稳定而成功的十年。与政府支持的现代花旗形成鲜明对比的是，现代花旗在长期的一系列危机中摇摇欲坠，而19世纪的花旗似乎已经注意到了1837年濒临崩溃的教训，没有重复需要私人救助的错误。

虽然该银行是由政府主导建立的，并且在其整个历史上都依赖于联邦政府的帮助，但在19世纪，花旗成了金融业的支柱，不仅消费者和企业，甚至政府本身都会在危机时刻寻求其援助。与花旗银行早期以及20世纪和21世纪的不稳定时期相比，泰勒的到来标志着银行在没有政府支持的情况下持续了大约四分之三世纪的稳定。在泰勒时代的最低点，花旗银行的股东权益比率约为16%。而现代花旗集团的该比率很少接近10%。

泰勒的花旗银行是高度资本化的，尽管随着时间的推移，它变得不那么资本化了。1841年，股东权益比率超过50%；1849年为35%；1862年低于20%；从1878年到1891年一直保持在16%左右。随着时间的推移，比率变小了，因为银行的存款增加了。在19世纪70年代，当花旗银行的存款达到1000万美元时，其中个人存款超过了40%。在泰勒的领导下，花旗银行的资本比率与业内同行大致相当，但更安全，因为它拥有更多的流动性。在1857年的金融危机中，当几个竞争对手倒闭时，花旗银行的存款增加了42%。1893年的金融恐慌一年后，花旗成为美国最大的银行，两年后詹姆斯·斯蒂尔曼（James Stillman）成为其总裁。在斯蒂尔曼的领导下，该银行实现了有机增长，而不是依靠合并。唯一的例外是1897年花旗收购第三国民银行，一家为纽约市外的小型银行提供各种服务的银行。

美国1873年的《铸币法》将美元与黄金挂钩，取代了1834年的《铸币法》，后者将美元与白银和黄金的比率定为16比1。根据1890年的《谢尔曼白银采购法》（Sherman Silver Purchase Act），美国已经将其货币的金本位制转变为美国国库券可以兑换黄金或白银的局面。这吓得外国投资者纷纷将手中的美钞换成黄金，导致黄金以惊人的速度流出。在有记载的历史上，对一个国家货币价值的怀疑总是会引发经济混乱和破坏。罗伯特·J.希勒在《叙事经济学》（*Narrative Economics*）（Shiller，2019）[2]一书中写道：金本位 vs. 复本位制的叙述引发了 1893—1899 年大萧条。1893 年，近三分之一的美国铁路破产。格罗夫·克利夫兰总统说服国会废除白银法，但国会反而将外国商品的高关税提高得更高，为经济增长踩下了另一个制动器。华盛顿制造的货币混乱给全国的银行带来了极大的压力。500 多家银行倒闭。然而，在斯蒂尔曼的监管下，花旗银行仍然是一座稳定的岛屿。当政客们让纳税人陷入困境时，这家银行是华盛顿寻求帮助的地方，而不是像它后来所做的那样，向华盛顿寻求救助。斯蒂尔曼聘请助理财政部长弗兰克·范德利普（Frank Vanderlip）担任副总裁。作为财政部助理部长，范德利普负责财政部与国家银行之间的关系。他敦促银行在花旗开设账户。通过限制分行业务，监管机构几乎迫使规模较小的银行与其他银行（尤其是纽约的银行）建立代理关系。华盛顿创造的优势和范德利普的营销相结合，到 1905 年，花旗的存款翻了一番。范德利普还推动老式商业银行在国债交易和投资活动中发挥重要作用。

在人们的记忆中，1907 年的大恐慌是一场由普通公民 J.皮尔庞特·摩根（J. Pierpont Morgan）管理和解决的危机。尽管摩根确实领导了危机的管理，并将摩根的资金投入到解决方案中，财政部长科特尔尤（G. Cortelyou）代表美国政府承诺提供 2500 万美元，其中 800 万美元存入花旗银行，400 万美元存入第一国家银行，250 万美元存入国家商业银行以及其他纽约银行。这些强大的商业银行将有更多的钱借给那些苦苦挣扎的公司。在花旗的斯蒂尔曼时代，即使是联邦政府在危机时刻也可以依靠花旗的帮助。但在范德利普的领导下，这些角色将发生逆转。

范德利普的战略将花旗银行从一家专业批发银行转变为一家全能中介机构，为国内外各种客户提供广泛的金融服务。范德利普的这一举动在近 90 年后的花旗集团（Citigroup）成立时得到了呼应，他实际上是在正式获准之前将花旗银行推向了资本市场。到 1920 年，花旗银行有 55 个外国分支机构，但没有足够的训练有素的人来管理它们。在花旗银行，快速增长、心烦意乱的首席执行官和难以量化的风险似乎交织在一起。1913 年的《联邦储备法》（Federal Reserve Act）要求货币监理署（Office of the Comptroller of the Currency）每年两次对花旗和所有其他国家银行进行现场检查。1919 年 6 月，一份联邦审查报告披露了花旗银行管理层及其外国分行的贷款组合存在的问题。许多贷款与海外摇摇欲坠的政府的命运交织在一起。在 1930 年，这种贷款增加到 97 笔。

查尔斯·E. 米切尔（Charles E. Mitchel）在保守银行业工作了一些年头后，他不仅想成为美国的银行家，还想成为美国的经纪人。他的愿景是通过说服美国新兴的中产阶级成为股东，将以前只有富有的个人和机构才能获得的金融服务出售给他们。在米切尔的领导下，花旗银行的目标是成为美国日益壮大的中产阶级的金融超市。到 1929 年中期，花旗银行吸引了超过 23 万个这样的客户，拥有6200 万美元的存款。花旗银行在短期拆借市场上大举放贷，在这个市场上，投资者会用少量的首付从经纪商那里购买证券，借出余额，并将购买的股票作为抵押品。

米切尔曾梦想把美国变成一个股东之国，并用一种新型的金融超市为数百万股东服务。为了实现这两个目标，他走了很长一段路，但由于他在海外犯下的错误和美联储在国内犯下的错误，他的银行步履蹒跚，他的经纪公司国家花旗公司（National CITY Company）几乎一文不值。国家花旗公司不是由花旗银行直接拥有，而是由银行的股东单独拥有，因此当其价值内爆时，花旗银行不必记录亏损。然而，在纳税人的大力帮助下，花旗银行经历了另一场危机。

米切尔成了政客们的靶子，他们决心对交易类业务进行监管，并将其从商业银行业务中剥离出来。鉴于米切尔在 1929 年股市崩盘前的市场鼓吹，他成了 20 世纪 20 年代过度行为的象征。随着大萧条的加剧，媒体越来越多地将银行描绘成恶棍，而不是受害者。以米切尔为首的银行家们被痛斥为"黑帮银行家（bankster）"。正如参议院银行和货币委员会首席法律顾问费迪南德·佩科拉（Ferdinand Pecora）指出的那样，在米切尔的领导下，直接从美联储借款的花旗，习惯于拒绝承认海外贷款组合中的问题。花旗及其华尔街附属机构很少向监管机构甚至自己的投资者披露信息。然而，在 1933 年，政府购买了花旗的优先股，这是政府最大的一笔银行投资之一。花旗向重建金融公司（Reconstruction Finance Corporation）出售了 4900 万美元的优先股，向大通银行（Chase）出售了 4600 万美元，向大陆银行（Continental）出售了 5000 万美元，年息 5%。正如 2008 年所发生的，20 世纪 30 年代的联邦官员希望"健康的银行"接受政府投资，这样真正需要投资的弱势银行就不会因为接受联邦援助而蒙受耻辱。

1932 年，富兰克林·罗斯福（Franklin Roosevelt）当选美国总统，他不仅将银行从华尔街分离出来，而且从本质上将它们变成了公共事业。其结果是银行系统在很大程度上受到联邦政府的保护和控制。然后，在20 世纪40 年代，华盛顿重复了19 世纪60 年代的做法，以资助战争为主要目标来监管美国银行。从 1941 年到 1945 年，美国政府债务增加了四倍多。这不会是最后一次政府鼓励私人银行向政府贷款，也不会是最后一次银行家抓住机会这样做以获得监管救济。在政府支持银行业的时代，这种结合将成为一个反复出现的主题。

1955 年，花旗银行收购了纽约市第一国民银行，合并后的公司被称为纽约第一国民城市银行。到 20 世纪 50 年代初，贷款在资产负债表中所占的比重超过了投资。花旗银行再次扩大了其海外业务。从范德利普时代的最初成功，到在俄罗斯和古巴的溃败，再到大萧条前查尔斯·米切尔领导下的短暂复兴，花旗银行的海外业务一直飘忽不定。银行业不同于其他行业，因为当一家大银行陷入困境时，纳税人往往被迫随时准备提供援助。

纽约最大的 8 家银行在欠发达国家的未偿贷款从 1977 年的 330 亿美元增加到1984 年的近 600 亿美元，这类贷款占 8 家银行总资产的 10% 以上，在高峰时期是资本储备的 250% 以上。到 1973 年，花旗的海外存款超过了国内存款。花旗（时称花旗第一银行）的首席执行官沃尔特·瑞斯顿（Walter Wriston）最显著的成就是在 1976 年将其更名为花旗银行（Citibank），并说服华盛顿监管机构，贷款给发展中国家的政府几乎是零风险的。美国的大银行从中东储户那里获得"石油美元"存款，并将其循环用于向摆脱贫困的国家发放贷款。

根据美联储的数据，1979 年，美国最大的 9 家银行向发展中国家（不包括石油出口国）贷款 396 亿美元。此外，这些银行的资本总额只有 219 亿美元。从理论上讲，只要有一半的贷款违约，它们都可能被迫破产。时任花旗银行掌门的瑞斯顿宣称，国家不会破产。事实证明，只有在华盛顿不允许这些国家破产的情况下，它们才不会破产，特别是当他们欠花旗银行这样的银行这么多钱的时候。

大银行面临着欠发达国家贷款的风险敞口。当时和现在一样，华盛顿的监管机构在对其监管的银行实施资本规则时享有广泛的自由裁量权。美联储、审计长和联邦存款保险公司基本上有两种选择。第一种是认真审视墨西哥、巴西、阿根廷和其他国家偿还贷款的能力，并相应降低大银行的报告资本水平。这意味着要求银行及其股东和债权人接受其错误决策的后果，但也要接受金融体系中可能发生的任何附带损害。另一种选择是睁一只眼闭一只眼，决定不执行资本标准，允许巨型银行用几年时间来解决他们的问题。联邦官员选择了选项二，行使了"宽容"。他们认为，如果不这样做，巨型金融机构会出现一连串的失败。这就是"大而不能倒效应"。

支持宽容的一个主要论点与对系统性崩溃的恐惧有关。与 2008 年一样，在 20 世纪 80 年代，几乎所有主要银行都在某种程度上遭遇了同样的问题。起初，它们过度借贷给拉丁美洲。几年后，它们向美国购房者提供了大量贷款。宽容政策的历史表明，当政府官员能够避免不得不关闭一家大公司引起的麻烦时,宽容是有吸引力的。监管机构没有对上世纪80年代同样陷入绝境的数百家小银行网开一面。但在20世纪80年代初的拉美债务危机中,宽容政策让纽约的一些大银行得以生存,因为监管机构默许它们可以篡改资产价值。

当20世纪80年代初债务危机爆发时,美国政府首先尝试向借债过多的外国政府提供援助,同时在国内实行宽容的监管政策,允许花旗银行等银行假装自己比实际情况更健康。20世纪80年代中期,华盛顿推行了一项以里根的第二任财政部长詹姆斯·贝克(James Baker)为命名的计划。贝克计划的思想是以向债务国提供新的贷款来换取减税、国有企业私有化、减少贸易壁垒和投资自由化等市场化改革。这一计划也被称为"华盛顿共识"。多年来,华盛顿方面似乎一直认为,拉丁美洲的问题与暂时的流动性短缺有关。这可能就是为什么华盛顿的许多人认为,延长拉丁美洲的贷款期限可能会让借款人和贷款人都有足够的时间来恢复财务健康(Freeman & McKinley,2018)[3]。布雷迪计划(the Brady Plan)的想法是让贷款人接受较低的还款额度,以换取更具流动性的可交易资产。这些银行将把它们的许多不可靠的旧贷款换成外国政府发行的新债券,这些债券的利息或本金较低,但有美国国债作为抵押品。

拉丁美洲债务危机的主要"设计师"沃尔特·瑞斯顿于1984年从花旗银行退休,由约翰·里德(John Reed)接任。1987年,花旗银行为拉丁美洲债务预留了30亿美元的损失准备金,抵消了瑞斯顿过去4年的收益。尽管经历了1987年的黑色星期一崩盘,但花旗银行几乎毫发无损。然而,里德不得不处理花旗银行向房地产开发商提供的不良国内贷款组合。里德和他的高级团队（主要是营销人员和运营主管）成功地建立了一家大型消费银行，但对贷款和承销缺乏透彻的了解。即使在经历了拉美债务危机之后，里德仍允许花旗商业银行在美国房地产市场上大举押注。在目睹了主权债务危机暴露出瑞斯顿模式的缺陷后，里德继续以最低资本充足率运营银行。

到 1990 年夏天，唐纳德·特朗普与花旗银行和其他债权人谈判，这些债权人向他提供了总计 20 亿美元的银行债和超过 10 亿美元的债券债。花旗银行等又给了他 6500 万美元紧急融资，要求特朗普出售个人资产。他拒绝了。花旗银行提供了总计 11 亿美元的贷款，在很大程度上，如果特朗普放弃对其资产的控制，花旗银行的损失最大。花旗银行给特朗普的一些原始贷款是无担保的。因此，花旗是最倾向和解的谈判者。

1992 年泄露给《纽约时报》的审计长审查报告显示，1989 年花旗银行是美国最大的抵押贷款银行。唐纳德·特朗普的贷款似乎不是银行投资组合中唯一失败的贷款，只是恰巧被媒体报道了。华盛顿的监管机构努力确保纳税人永远不会发现这些事实。1950 年《联邦档案法》颁布后，美国货币监理署（Office of the Comptroller of the Currency）对各家银行的审查报告便无法查阅了。几十年来，政府的标准做法一直是将各家银行的审查报告储存 30 年，同时以《信息自由法》（Freedom of Information Act）的豁免为由拒绝公布这些报告。30 年后，联邦调查局销毁了这些报告。

花旗银行的不良贷款甚至已经到了不再产生利息的水平，规模几乎与其股权资本相当，而其建立贷款损失准备金的努力也远远落后于主要银行竞争对手。1991 年 2 月，花旗银行向沙特瓦利德王子出售了 5.9 亿美元的优先股。在出售之前，瓦利德是该银行最大的股东，持有 4.1% 的普通股，在出售之后持有 11% 的普通股。几周后，该银行又从 36 家机构投资者那里筹集了 6 亿美元。

参议员卡特·格拉斯（Carter Glass）指责查尔斯·米切尔造成了大崩溃，并说服国会将花旗从华尔街分离出去，而 60 多年后，花旗银行和华尔街再次联手。1998 年 4 月 6 日，花旗集团和旅行者集团（Travelers Group）宣布合并，两家公司的股票都上涨了。面向消费者和企业的美国全球银行正在与旅行者集团合作，该集团的业务包括保险、共同基金和投资银行所罗门美邦（Solomon Smith Barney）。合并的商业模式并不完全合法。尽管监管机构在商业银行和投资银行之间的《格拉斯－斯蒂格尔法案》（Glass-Steagall）壁垒上戳了几个洞，但旧的限制仍然很多，要完全融合新公司的各种金融业务，需要修改法律——必须制定一项允许金融超市的新法律。具有讽刺意味的是，花旗集团要求华盛顿重新审定国会在 1933 年专门针对花旗银行早期的麻烦而制定的法律。1999 年，克林顿总统签署了相关法案。

在助理部长弗兰克·范德利普离开财政部、几个月后加入花旗银行的 98 年后，财政部长罗伯特·鲁宾（Robert Rubin）离开了财政部，同样几个月后加入花旗集团。在参议员卡特·格拉斯要花旗的米切尔为 1929 年的大崩溃负责的约 80 年后，另一位联邦官员暗示，同一家银行可能要为 2008 年纳税人支持的历史性救市负责。从罗伯特·鲁宾，到蒂莫西·盖特纳，再到杰克·卢，美国历任财长都与花旗银行和华尔街有着千丝万缕的关系。俗话说，变化越多，不变也越多。

任何管理过程的系统都比通过研究组织架构表所看到的要复杂得多。公司与国家的关系令人印象深刻，但这种关系是被期望、鼓励甚至被强制的。当理性被制度化，即成为社会认可的行为规则，法律规定就是影响行动和互动的不容忽视的重要因素。但管理风格的实际选择还受到各种其他因素的影响。这些都与政治和社会制度相联系。

组织决策者的动机和习惯也受到他们个人独特情况的影响——他们在其官僚机构中所处的确切位置。然而，官僚机构的管理方式也有着明显的周期性规律，从金融资本主义（大萧条），到管理资本主义（罗斯福新政－撒切尔－里根自由主义），再到资管资本主义第一阶段（20世纪80年代至2008年金融危机），再到资管资本主义第二阶段或称国家资本主义（2008年至今），它们的管理方式也会发生改变。

## 注释

1　Winkler A. We the Corporations：How American Businesses Won Their Civil Rights[M]. New York：Liveright Publishing Corp, 2018.

2　Shiller R J. Narrative Economics：How Stories Go Viral & Drive Major Economic Events[M]. New Jersey：Princeton University Press, 2019.

3　Freeman J. , McKinley V. Borrowed Time：Two Centuries of Booms, Busts, and Bailouts at Citi [M]. New York：Harper Business, 2018.

# 失控的资本

发条经济学的终结

The Financial and Conceptual
Foundations of Intangible Asset
Manager Capitalism

## 第七章

## 管理层滥权、市场
## 混乱与网络经济

保罗·西布赖特（Paul Seabright）在《陌生人的陪伴：经济生活的自然史》（*The Company of Strangers：A Natural History of Economic Life*）（Seabright，2010）[1]展示了他在纽约购买的一件衬衫的全球化历程。原材料来自印度种植的棉花，种子来自美国，线中的人造纤维来自葡萄牙，染料中的材料来自至少其他 6 个国家。它的领衬来自巴西，编织、裁剪和缝纫的机器来自德国。衬衫本身是在马来西亚生产的。早在两年前的冬天，哥印拜陀郊外的一位印度农民就开始种植他从孟山都经销商那里购买的种子，从那时起，制作一件衬衫并交付给纽约的保罗·西布赖特的项目就已经计划了很长时间。科隆的工程师和伯明翰的化学家甚至在多年前就参与了准备工作。这是全球化生产的奇迹，没有任何主导方对此生产装配过程负责。在供应衬衫的链条中，各节点的公司来自不同国家，具有不同的法律基础设施，它们做的只是遵守市场价格。

市场的组织基础是独立行为者之间的价值自由交换。这种交换只能在法律下存在，法律赋予行为者财产权，并约束他们遵守买卖合同中的协议。在等级制度中，行动者不再是独立的。他们被雇用，并成为雇主和雇员之间关系的一部分。他们相互依赖。在网络中，行为者达成协议，并或多或少地自由结合起来。他们在优势互补的基础上进行合作，并相互依存。工业革命后，独立生产者（农民、手工业者）和商人越来越多地被纳入公司和政府机构的更大等级制度的工资条件下。网络经济模式的兴起，使得越来越多的行为者变得半独立，因为他们既有雇佣关系，又有自己的生意。自由职业者、半自治的专业人员和分包公司就是明显的例子。市场形式的经济组织的首要目标是盈利。实现这一目标的组织手段是有利可图的价格。等级制度是从一般社会分工中衍生出的一种组织形式，以保证实现特定的组织或社会目标。他们另一个熟悉的名字是管理部门和政府。然而在这里，行为者的实际目标转变为他们在组织中的个人发展，也就是说，他们自己的职业生涯。他们的行动不再是由价格决定的，而是由组织惯例决定的。网络的兴起满足了在分工中实现共同目标的日益增长的需求，这种分工已经走得很远了。然而，这不是通过市场及其价格这只看不见的手来实现的，也不是通过管理及其惯例这只看得见的手来实现的，而是通过独立行为者及其关系在有意识的协议中实现互惠收益来实现的（van Dijk，2020，p. 76）。

现代资本主义经济是战略同盟、联盟、寡头垄断甚至垄断与激烈竞争的混合体。由独立的生产商和贸易商制造和交换单一产品的自由市场已经不复存在，如果它曾经存在过的话。生产和贸易已成为广泛价值链的一部分，需要有关各方进行明确的劳动分工和顺利的合作。竞争只存在于这一价值链的部分地方，通常是接近消费者的部分。拍卖、股票市场和各种零售市场仍然竞争激烈。然而，大型生产和销售链是由基于承包和分包合作关系的战略同盟和分工所支配的。公司之间和公司内部网络的倍增促成了这一趋势。所有的组织形式都需要控制和协调。在市场中，控制是通过合同实现的，协调是通过价格实现的。两者都是横向的，因为原则上所有行为者都是平等的。然而，它们确实涉及交换中的交易成本。从历史上看，公司和政府部门的等级制度用市场上行为者之间的交易成本换取这些组织内部的协调成本。管理这只看得见的手取代了市场这只看不见的手来协调供求关系。在等级制度中，管理层试图通过命令、权威和监督来进行控制。这往往意味着决策的集中化。协调是通过在明确的劳动分工中使任务正式化、标准化和专业化来实现的。组织的资源和员工的技能和时间按照固定的方案进行分配。这种垂直控制和协调的结合被称为"科层制"（van Dijk，2020，p. 77）。

亚当·斯密提出的著名的"别针"案例，涉及的并不是一个制造者，而是有 25 人参与其中，所有人都在没有中央计划者的情况下合作，这种合作是 18 世纪和 19 世纪古典经济理论的支柱。但是，当时的经济学家未能阐明为什么有些活动是由市场力量引导的，而另一些活动则是由企业引导的，以及一个经济体的基础设施组织的决定因素是什么。

根据罗纳德·H. 科斯（Ronald H. Coase）的说法，"企业是对使用市场的高成本，即交易成本的一种反应"。[2]他在 1937 年写道。一般来说，通过法令管理任务的成本较低，而不是为每笔交易谈判和执行单独的合同。科斯认为，在标准化商品和服务的市场中，"交易成本"很低。一项定义明确的任务可以很容易地推向市场，外包给承包商，并支付商定的金额。当这种简单的合同不能满足需要时，公司就会发挥作用。或者，雇员签订合同，在商定的限度内，遵守不同的和不断变化的指示，以获得合同商定的薪金。因此，企业的等级权威结构胜过了市场的无形之手。公司的存在是为了降低个人单独做生意的成本。他的观点是，当通过市场交换协调生产的交易成本大于公司内部的交易成本时，人们会在公司中组织生产。市场交易的成本包括发现相关价格、谈判和签订可强制执行的合同，以及就剩余部分的分配讨价还价。产生交易成本的原因是关于相关价格的信息不完整，以及监测和执行良好绩效的成本。这是因为生产有时间因素，生产交易通常不像水果和蔬菜市场中发生的交易，在水果和蔬菜市场中，买方和卖方都知道所有产品的价格。在公司内部，市场交易被指导所有生产单位活动的经理的权力所取代。科斯的理论还巧妙地回答了企业规模由什么决定的问题。企业的最优规模是在内部化的额外成本等于在市场上进行交易的成本时达到的。科斯定理是一个很好的例子，说明了新古典主义经济学有能力吸收明显不协调的分析元素。个人缺乏完整的信息，但通过对内部成本的控制，公司获得了这些信息。因此，利润最大化的假设可以保留：在建立公司时，所有者（股东）将技术权力让渡给管理者，代表他们实现利润最大化。尽管公司在某种程度上是个人收益最大化地图上的入侵者，但它符合理性选择的新古典主义标准（Skidelsky，2020，p. 113）。

随着平台公司的发展，公司与市场之间的边界似乎正在完全消失。个体承包商在全球劳动力中所占的比例有所上升。在以优步为代表的"零工经济"中，司机如雨后春笋般涌现。开放应用程序编程接口（API）使组织能够提供对其平台的访问，而无须承担巨大风险或提供太多支持。多个参与者参与到一个广泛开放的生态系统中，开发、使用和完善计算机应用程序以及在它们之间流动的数据。从那些在这些平台上工作的人的角度来看，API 可以提供重要的捷径，可以避免在向客户提供突破性产品的道路上浪费时间做无用功，但提供平台服务的组织（Facebook、Apple、Mirosoft 等）也随时可能把他们扫地出门。这一由人工智能驱动的机器、平台和人群组成的新兴生态系统前景是巨大的，但这种相互依赖的全面影响仍有待观察。随着富裕社会、新兴社会和贫穷社会更深入地进入信息经济，中美（Chimerica）以及金砖五国（Brics）推动的全球商业系统涡轮正在迅速改变全球生态系统。但在 21 世纪的混乱中，存在着机会，这些机会将决定雇员 – 雇主、客户 – 供应商之间的关系，而新古典主义经济学的认识论并没有什么帮助作用。

大数据和计算机技术大大降低了信息成本，数十亿人现在可以直接"在线"交易，而不需要机构中介。一些人甚至预测，"知识经济"必将产生一个由连接到全球网络的小公司组成的分散世界，从而挑战谷歌、亚马逊、苹果和 Facebook 的存在——这些公司在收集消费者品位、偏好和能力的数据方面占据了准垄断地位。这些庞然大物正在监视着我们，但它们的监视并不在新古典主义经济学家的雷达屏幕上，这些经济学家被他们的个人主义贸易乌托邦的愿景迷住了。

开放式创新背后的理念既简单又强大。新想法的创造者不一定要在你的组织内才能有所助益。信息技术的最新进展使得无障碍分享经验和无需律师参与的平台整合成为可能。然而，在全球化的 21 世纪，公司并不会消亡。公司的管理层独裁，公司的"利益相关者"——其客户、供应商、债权人、首席执行官和员工、雇员、投资者、主权政府、国际机构（国际货币基金组织、世界银行、国际清算银行、世界贸易组织、北美自由贸易协定、欧盟）之间不同的制度安排，以及市场的看得见和看不见的手，目前混乱地共存着。

尼克·斯尔尼塞克（Nick Srnicek）在《平台资本主义》（*Platform Capitalism*）（Srnicek，2017）[3]中介绍了五种不同类型的平台及其前景：广告平台（如谷歌、Facebook）——这些平台提取用户信息，进行分析，并使用该过程的产品来销售广告空间；云平台（如 AWS、Salesforce）——它们拥有数字化企业所依赖的硬件和软件，并根据需要将其出租；工业平台（如通用电气公司、西门子公司）——它们构建必要的硬件和软件，将传统制造业转变为互联网连接流程，从而降低生产成本并将商品转化为服务；产品平台（如罗尔斯·罗伊斯、Spotify）——它们通过使用其他平台将传统商品转化为服务并收取租金或订阅费来产生收入；最后是精益平台（例如优步、Airbnb）——它们试图将资产所有权降至最低，并通过尽可能降低成本来获利。这些不同类型的平台可以而且经常在同一家公司内一起运行。

人工智能正在闯入商业领域。所有类型的公司都在利用人工智能来预测需求、雇佣员工和与客户打交道。2017 年，人工智能相关的兼并收购总额达到了 220 亿美元。即使在 2008 年金融灾难之后，人工智能依然在金融市场走俏，而不仅仅是在研发机构。人工智能不仅改变了工作场所的管理方式，还改变了管理过程本身。

亚马逊拥有一项专利——一种可以追踪仓库工人手部动作的腕

带，该腕带使用人工智能控制的振动来引导员工做出"正确"的动作，并消除"错误"的动作，从而提高仓库工人的效率。弗雷德里克·泰勒会同意采用这种装置。另一家名为 Workday 的软件公司通过收集和分析 60 个因素来预测哪些员工将离开公司，这些因素包括工资、休假间隔时间和产出等，它会标记出那些有辞职风险的员工，并向人力资源部门发出警告。

可穿戴设备教父亚历克斯·彭特兰（Alex Pentland）[4,5]和他的学生在过去的二十年里发明的装置和方法，可以将所有的人类行为，尤其是社会行为，转化为高度可预测的数学计算。2010 年，彭特兰创立了 Sociometric Solutions，2015 年，该公司更名为 Humanyze。该初创公司销售一种智能 ID 徽章，这种徽章可以在办公室里追踪员工，显示他们与同事的互动情况，可以用来推断群体的结构和动态关系。员工手腕上绑着信用卡大小、火柴盒厚的 ID 徽章，以收集待分析的数据。ID 徽章包含一个麦克风，可以接收员工之间的对话；还有蓝牙和红外传感器用于监控员工的位置；当员工移动时，加速计会记录下来。人工智能让无处不在的监控变得更有价值，因为每一个数据都对数据分析有潜在的价值。根据创始人的描述，Humanyze 的收入不仅来自硬件和软件的销售，还来自 Humanyze 生成的数据的使用。

该公司首席执行官本·瓦贝尔（Ben Waber）将他们的产品描述为企业的"魔球"（money ball），使任何组织都能像管理球队那样管理其员工，他们的产品揭示了人们在一天中如何行动，他们与谁互动，他们的语调，他们是否愿意倾听，他们在各种办公场合的社交网络中的位置，等等。所有这些都是为了产生 40 个独立的指标，然后与"业务指标仪表板"进行集成[6]。

HireView 提供一项人工智能增强型视频面试服务，HireView 的人工智能程序分析候选人的面部表情、身体姿势以及语言技能、语调和手势，对候选人进行视频面试。只有当应聘者通过视频面试后，他们才能见到人力资源部门的专员。另一家招聘服务公司 PyMetrics，使用机器学习来衡量表现最好的应聘者，并预测他们是否适合某个职位。PyMetrics 能够帮助招聘人员在那些不具备常规资格的候选人中识别可雇用的人员。

另一家初创公司 Cognito 的人工智能增强软件会监听客户服务电话，并根据客服的同理心和解决投诉的能力打出一个"同理心分数"。员工监控初创公司 Veriato 能够跟踪并记录员工在电脑上的每一次击键，以衡量员工的绩效。Veriato 的软件会搜索可能表明工作效率低下的和恶意活动（如窃取公司记录）的信号，并衡量员工的情绪变化。

公司还可以使用 Slack 提供的服务，Slack 不仅可以筛选员工的职业交流信息，还可以筛选他们的社交媒体资料。Slack 代表所有对话和知识的可搜索日志（searchable log of all conversation and knowledge 的首字母缩写）。人工智能和数据分析使员工监控系统正在改变工作环境，重新界定了雇员和雇主的权利和义务。很少有法律来管理如何在工作中收集数据，许多雇员在签署雇佣合同时毫无防备地同意接受监视。21 世纪的新型工作环境开始与 20 世纪大不相同。到目前为止，管理者似乎是在以缩小雇员的选择范围为代价来扩大其控制范围。

在微软，员工可以通过 MyAnalytics 程序跟踪自己的活动，该程序将电子邮件和日历中的数据放在一起，向员工展示他们如何花费时间，他们与关键联系人联系的频率，以及他们是否同时处理过多任务。MyAnalytics 还汇总数据，并向员工提供摘要，以帮助他们管理自己的部门，了解他们的团队表现如何。MyAnalytics 是提供给员工的反馈工具，主要用于自助，而不是用于加强管控的监督工具。

亚马逊有一个负责编写算法的内部优化小组，亚马逊使用该算法不断简化自己的运营。亚马逊的物流中心在北美拥有 100 多个大型仓库和 60 多个海外大型仓库，包裹在传送带上移动的速度就像购物中心里的自动扶梯。该设施震耳欲聋的噪音与其无人工厂的定位相匹配。在一个足球场大小的围栏区域内，有数千个 6 英尺高的黄色长方体搁架单元。在亚马逊的行话中，它们叫"豆荚"。数百个机器人在"豆荚"下滑动并拖动它们，将这些"豆荚"拖进拖出整齐的行列。在亚马逊的术语中，Associates，即人类工人，被分配到围绕这个"机器人领域"的围栏缺口的工作站。工人从机器人带来的吊舱中取出物品，另一些工人则把物品装进空的"豆荚"里，由其迅速运走并储存起来。为了让系统保持跟踪，员工挑选或放置物品时需要用条形码阅读器扫描产品和相关货架。为了最大限度地减少人类工人的停机时间，并使货物更快地通过仓库，机器人将吊舱拖到工作站的、人类工人必须等待的停机时间需要更短、更少。亚马逊的优化小组正在为机器人开发这些算法。

亚马逊还有一个人工智能人体追踪系统试点项目，称之为"Nike 意图检测"（Nike Intent Detection），它通过摄像头追踪员工在货架上挑选和放置的物品，而无须使用手持条形码阅读器。这样员工手动扫描所花费的时间就可以节省下来。"Nike 意图检测"的对象是员工，而 Amazon Go 则是面向购物者的。Amazon Go 是一种无收银员杂货店，它通过一组数百个摄像头观察购物者，将视觉数据转换为 3D 轮廓，在他们接触产品时跟踪他们的手和手臂。Amazon Go 会记录购物者购买的商品，并在他们离开商店时将账单记入他们的亚马逊账户。

通过解读亚马逊、苹果、Facebook 和谷歌这些来自美国的颠覆者以及他们的中国同行阿里巴巴、百度、腾讯、小米、华为、中兴、Oppo、联想和海尔的隐藏 DNA，可以最好地理解平台公司的现实，从而了解它们是如何改变商业规则的。Facebook 和谷歌吸收了美国三分之二的在线广告收入。亚马逊控制着美国蓬勃发展的在线购物市场 40% 以上的份额。在一些国家，谷歌处理了 90% 的网络搜索。不仅信息是市场，平台也是市场。

正如电力在 19 世纪使流水线成为可能，因为机器不再需要围绕中央蒸汽机，数据分析公司有望引入数字经济的流水线，将数据处理能力分配到需要的地方。在科技巨头崛起的背后，它们也可能帮助各类公司创造同样的网络效应。它们为客户提供的服务越好，收集的数据就越多，这反过来又提高了它们的能力。根据研究公司 Pitchbook 的数据，在全球范围内，2019 年有 35 家数据分析领域的初创公司。这些公司中的大多数都声称自己创造出了人工智能平台。它们中只有少数符合公认的"平台"定义。人工智能平台有望自动将原始数据转换为算法友好的格式，并提供一套软件设计工具，使编程技能有限的人也能使用。

35 家数据分析公司中的许多公司，包括最大的 Palantir，都通过为每个客户从头构建操作系统来销售高端定制服务。而亚马逊 AWS、微软 Azure 和谷歌云则为其企业客户提供标准化产品。在这 35 家创业公司中，3C. AI 和 Databricks 脱颖而出。Databricks 由开发 Apache Spark 的团队创建，Apache Spark 是一个开源程序，可以实时处理来自传感器和其他连接设备的大量数据。Databricks 扩展了 Apache Spark 以处理更多的数据类型。2019 年，它将其服务出售给 Hotels.com 和 Viacom。Databricks 诞生于深奥的计算机科学，帮助客户有效地部署开源工具。另一方面，像大多数企业软件公司一样，3C. AI 销售专有应用程序。3M 公司使用 3C. AI 软件挑选出可能有争议的发票，以防止投诉。美国空军用它来计算出飞机的哪些部件可能很快就会出故障。目前还不清楚哪一家公司会占上风。

零工经济正在集结一支由原子化劳动者组成的后备力量，他们等待着被电子工头召唤，为人们送餐、打扫房屋或充当司机。有人说，他们是 21 世纪的"流氓无产阶级"。美国劳工统计局于 2018 年6 月 7 日发布的数据显示，美国工人群体仅占就业人口的 10.1%。这并不是一个令人震惊的数字，它印证了近年来由颠覆性平台公司导致的传统工作岗位大幅减少这一事实。

当北京和华盛顿在科技产业上重申国家利益时，私营企业正在海外作战。多年来，中国和美国的领先企业在彼此的本土市场碰壁，如今，它们正在巴西和印度等地一决雌雄，这些国家有数亿人首次上线。其结果是导致了一系列私营部门的小冲突，这些冲突方可以被视为两个国家的技术生态系统影响力的代理人。马特·希恩

（Matt Sheehan）[7]写道，美国和中国的科技公司正在采取两种不同的方法来应对这种代理竞争。美国科技公司倾向于单打独斗：当他们进入外国市场时，他们会把自己的产品和品牌带到这个国家。他们寻求击败当地的竞争对手，为自己赢得整个市场。相反，中国企业在很大概率上会选择在当地市场支持一家领先的本地初创企业，向其投资并分享技术。如果当地初创企业获胜，中国公司将通过股权获得一定比例的战利品，并拥有一个掌管关键市场的盟友。这是一种战略选择上的分歧，源于美国和中国科技公司不同的历史。早期的美国科技公司在全球市场（中国除外）上大显身手，他们认为美国的主导地位将会继续。对中国公司来说，他们的决定性战役是在自己的地盘上赢得了与这些外国公司的较量，这场战争充分说明了一家斗志旺盛的本土初创企业相对于一家全球巨头的优势（Sheehan，2019，p. 131）。

由于种种原因，美国科技巨头公司未能在中国赢得与中国竞争对手的较量，同样，中国公司也被挡在美国门外。而在中国技术巨头成熟之前，欧洲就已经陷入了硅谷的魔咒。苹果在中国的蓬勃发展是一个例外。但现在，阿里巴巴正在与亚马逊较量，百度正在与谷歌较量，而腾讯则要证明自己在与 Facebook 竞争时的技术优势。然而，它们有非常不同的策略。美国公司通常从零开始建立前哨公司。它们为这些子公司提供资金，子公司向印度人或墨西哥人提供的服务与其在国内提供的服务大致相同——这就是"一刀切"战略。

另一方面，阿里巴巴在新兴市场的战略一直不是自己开店，而是投资当地公司。阿里巴巴的合作伙伴包括印度的 Paytm 和 BigBasket、印度尼西亚的 Tokopedia、新加坡的 Lazada、巴基斯坦的

Daraz 和土耳其的 Trendyol。由于谷歌和 Facebook 的大部分收入来自广告，因此它们本地化的动力较小，但它们代表美国要素稀缺性的优化算法在新兴市场的价格优先面前没有什么效率可言。相比之下，中国企业的竞争优势来自能够处理付款和组织货物配送，以前在一些国家做这些事情是很棘手的。"一刀切"的解决方案很难落地，而中国定制的战略是与当地企业家建立伙伴关系。

亚马逊、Facebook 和谷歌的年度会议宣布了新工具、新功能和新收购，这给硅谷的风险投资家和企业家带来了恐惧的冲击波。风险投资家关注的是，他们的哪些公司将落入巨头周围的"杀戮地带"。科技巨头试图通过模仿初创公司来压制它们，或者在早期就花钱把它们收购，以消除威胁。"杀戮地带"的概念可能会让人想起微软在 20 世纪 90 年代的长期统治，当时它采取了"拥抱、扩展和消灭"的战略，并试图恐吓初创公司不要进入其领域。但企业家和风险资本家的担忧是超出寻常的，因为在之后的很长一段时间里，创业公司仍可以自由发挥。

风险投资家对投资在线搜索、社交媒体和电子商务领域的初创企业持谨慎态度。这种谨慎来自对初创公司有意或无意地进入"杀戮地带"时会发生什么不确定。亚马逊的云服务 AWS 给许多初创公司贴上了"合作伙伴"的标签，以廉价或免费的形式为它们提供云服务，而真正目的是为了复制它们的功能。一个巨头进入初创公司的领地，同时又控制着初创公司赖以分销的平台，这让事情变得棘手。克罗诺斯效应（Kronos Effect）⊖是指一家占主导地位的公司在其

---

⊖ 希腊神话中的克罗诺斯，宙斯的父亲，他吃了自己的孩子，因为他担心他们会篡夺他的地位——事实上他们最终也确实篡夺了父亲的地位。

潜在的继任者处于"婴儿期"时所做的努力（通常指收购）。理解这一效应对于理解从开放到封闭系统、从自由进出的渠道到由单一公司或卡特尔严格控制的渠道的循环至关重要。

到 2017 年，Facebook 在未受到反垄断机构质疑的情况下完成了67 次收购，亚马逊完成了 91 次，谷歌完成了 214 次。蒂姆·吴（Tim Wu）在《大的诅咒：新时代的反垄断》（*The Curse of Bigness*：*Antitrust in the New Age*）[8]一书中写道：通过这种方式，科技行业基本上只由几家大型托拉斯组成，而它们的竞争对手却日益被边缘化。

20 世纪信息产业的代表性垄断结构在互联网找到了立足点。虽然苹果在开放性方面一直摇摆不定，但它承诺只在 AT&T 的网络上工作，并与摇摇欲坠的旧媒体、娱乐集团和默多克等报纸大亨的利益保持一致。虽然苹果在很多方面都是一个难以相处的合作伙伴，但借助 iPad 的巨大前景和互联网为老牌垄断企业带来了复兴。在美国在线和时代华纳的合并失败后，苹果、AT&T 和娱乐集团的结合受到欢迎。当苹果与旧的垄断媒体交好时，谷歌仍然是一个联盟的实际领导者。

在中国，越来越少的科技初创公司能够躲过百度、阿里巴巴和腾讯旗下投资集团寻找潜在赢家的雷达屏幕。据《经济学人》报道，根据北京初创企业数据库 IT Juzi 的数据，在 2019 年，被称为科技三巨头的 BAT 已经直接或间接投资了 124 家"独角兽"（价值 10 亿美元或以上）初创企业中的一半以上。超过 80% 的达到 50 亿美元规模的公司已经拿到了 BAT 的投资。这就是中国版的克罗诺斯效应。

BAT 三者当中，有两家更大。即使在 2018 年第三季度科技股价格下跌后，阿里巴巴和腾讯的价值仍然接近 5000 亿美元。二者都不局限于自己的核心业务，进入了金融服务、共享单车、网约车和外卖配送等不同领域，并发生了激烈的竞争。他们优雅地走向成熟，越来越强大，不仅无情地阻挡和对付对方，还阻挡和对付任何站在敌人一边的公司，不仅仅是在中国。

对中国人来说，美国风险投资的场景似曾相识，只不过是中国场景的缩小版。亚马逊、Facebook 和谷歌等科技巨头在收购初创企业（尤其是消费互联网产品领域）时，采用了"杀戮地带"的比喻来描述他们的收购投资策略。根据咨询公司麦肯锡的数据，美国巨头仅占国内风险资本投资总额的 5%，而 BAT 三家占中国风险资本投资总额的近一半。腾讯在 2012—2017 年期间收购了 600 家公司的股权。阿里巴巴和腾讯提供的不仅仅是大额支票，还有它们的平台。腾讯的微信拥有超过 10 亿用户。阿里巴巴旗下的淘宝拥有 100 万商家。通过微信支付和支付宝这两个相互竞争的支付系统，阿里巴巴和腾讯占据了 94% 的移动交易。

美国的风险投资家不愿支持以消费互联网为业务中心的初创企业，谷歌和 Facebook 的投资偏好在这方面非常明显。然而在中国，由于早期融资充足，情况并非如此。许多中国风险投资家的策略是试图找出最具活力的初创企业，然后在巨人出手收购时慷慨地卖出。2017 年，腾讯向共享单车初创公司摩拜投资 6 亿美元，阿里巴巴则以 7 亿美元入股竞争对手 ofo，迫使数十家规模较小的竞争对手退出竞争，但为摩拜和 ofo 提供早期融资的风险投资家获得了丰厚回报。

政府不太可能打破巨头们围绕其产品建立的"围墙花园"，只要巨头们遵循政府的指示，根据国家的工业计划指导技术发展，初创企业也必须在其中运作。

企业狭隘的利润最大化的效用追求激发了开源循环经济运动的兴起。这个由创新者、设计师和活动家组成的全球网络，旨在追随开源软件的脚步，创造释放循环生产的全部潜力所需的知识公域。循环生产的全部再生潜力不可能由个别公司在自己的工厂墙内实现。如果每个拖拉机、冰箱和笔记本电脑制造商试图回收、翻新和转售的仅仅是自己品牌的产品，并且在专有的物质流循环中运作，那么全系统的再生潜力就无法实现。

开源循环经济运动认为，循环制造必须是开源的，因为开源设计背后的原则最适合循环经济的需求。这些原则包括：模块化，即用易于组装、拆卸和重新排列的部件制造产品；开放标准，即将组件设计为通用形状和尺寸；开放源代码，即关于材料组成和如何使用它们的完整信息；以及开放数据，即记录材料的位置和可用性。在协作公地，数以百万计的创新者正在挑战主流经济理论，即如果没有知识产权保护，创新者无法收回成本，就无法将新产品推向市场。

他们共同创造和使用自由开放源码软件（FOSS）和自由开放源码硬件（FOSH）。例如，Global Village Construction Set 一步一步地演示了如何从零开始建造 50 种常见的机器，从拖拉机到风力涡轮机。Open Building Institute 旨在为所有人提供生态的、脱离电网的、经济适用的开源设计房屋。

在中本聪（所谓比特币发明者）指出方向后，许多 Web3.0 项目都开发了自己的加密经济模型。这个想法是用一个分散的网络取代一个集中的公司，通过一个代币创造的激励机制——一种"加密合作"——将其结合在一起。所有参与者，包括用户，都意味着在企业中拥有个人利益，并从协议所创造的价值中获得公平的份额。市场这只看不见的手取代了"公司"。中本聪为杰斐逊资本主义的捍卫者提供了工具，以挑战神圣的汉密尔顿式管理威权主义的集中企业层级，因为人工智能使汉密尔顿式企业能够利用市场这只看不见的手来管理其内部事务，即众包（Crowd Sourcing），而这正使管理威权主义的企业层级扁平化。

## 注释

1　Seabright P. The Company of Strangers：A Natural History of Economic Life［M］. New Jersey：Princeton University Press，2010.

2　Coase R H. The Firm，the Market，and the Law［M］. Chicago：The University of Chicago Press，1990.

3　Srnicek N. Platform Capitalism［M］. Cambridge：Polity Press，2017.

4　Pentland A. Social Physics：How Social Networks Can Make Us Smarter［M］. London：Penguin Books，2015.

5　Pentland A. Honest Signals：How They Shape Our World［M］. Cambridge，MA：The MIT Press，2008.

6　Waber B. People Analytics：How Social Sensing Technology Will Transform Business and What It Tells Us About Future of Work［M］. New York：FT Press，2013.

7　Sheehan M. The Transpacific Experiment：How China and California Collaborates and Compete for Our Future［M］. New York：Counterpoint，2019.

8　Wu T. The Curse of Bigness：Antitrust in the New Age［M］. New York：Columbia Global Reports，2018.

# 失控的资本

发条经济学的终结

The Financial and Conceptual
Foundations of Intangible Asset
Manager Capitalism

## 第八章

## 20 世纪的教训不是
## "万变不离其宗"

到 20 世纪 10 年代，美国已经超过英国成为世界上最大的经济体。原因很大程度上是美国制造业公司的实力，当时它们约占美国 GDP 的 50%。美国的工厂最初是由推动水轮的流水提供动力，后来是由蒸汽提供动力。大约在 20 世纪初，电力作为另一种可行的选择出现了。电动机最初是作为一种更高效的单一大型蒸汽机的替代品而出现的，这种机器位于工厂的地下室，为其他所有机器提供动力。电气化是有史以来最具颠覆性的技术之一。在 20 世纪的头几十年里，它几乎导致了美国制造业的大规模灭绝。

罗伯托·曼加贝拉·昂格尔（Roberto Mangabeira Unger）在《知识经济》（*The Knowledge Economy*）一书中将工业化大规模生产（有时也被称为福特式大规模生产）描述为 "在半熟练劳动力和高度专业化、等级分明的工作关系的基础上，通过严格的机器和生产流程大规模生产标准化商品和服务。它在大型或中型企业的支持下，在大型生产单位中聚集了稳定的劳动力。它需要工人重复的动作，反映出他们所操作的刚性机器的动作。它肯定了主管、执行工作责任以及执行生产计划的工作之间的明确分工。一系列技术、组织、制度和概念上的创新使大规模生产成为可能：例如，蒸汽或电力发动机、机械切割车床、金属制造。技术分工和生产按照当时历史时期的军事组织方式组织了起来；允许管理者以财产权的名义对劳动力行使广泛自由裁量权的法律框架搭建了起来。技术发明和科学发现、法律和政治甚至金融领域的事件促成了创新，而先前这些事件与生产毫无关系。它们提高了生产力，并威胁要破坏现有的经营方式……大规模生产从一开始并在其整个历史中一直主要与一个经济部门相联系：工业……大规模生产是公式化的。它在重复和标准化中茁壮成长，不仅是产品，还有过程：工作方式，甚至是思维方式。"（Unger，2019，pp. 84 – 85）[1]

大规模生产对普通工人的教育要求是，最低限度地愿意服从命令和理解口头或书面指示，以及具备分配给工人的专门任务可能要求的任何身体能力。在大规模生产时代，使用严格的专用机器所需的特定工作和特定机器技能一直是职业培训的传统关注点。工人很少或根本不需要获得更高层次的能力。因此，大规模生产的技能和机械技能就像一个工具包，可以从一个地方带到另一个地方，无论两地有多大的不同。一旦其适度的操作要求得到满足，就可以可靠地指望它产生同样的结果。……在服务业中，每当服务实现标准化并大规模进行时，大规模生产的模式就会融入马克斯·韦伯所描述的"理性官僚制"。（Unger，2019，pp. 85 – 86）

在工作场所，基于命令和控制的劳动分工方法关闭了自由裁量权的空间，并用权力和监督取代了信任。工作的重复性特征，像僵硬的机器一样的操作，使得生产任务的专业执行者很少有机会重新定义他们负责执行的计划。雇佣合同的一个隐含条款是，在法律和雇用谈判的限制范围内，所有指导生产过程的剩余指令都保留给所有者任命的经理。在市场经济的既定安排中，组织分散获得生产资源和机会的核心法律手段是统一的产权（19世纪的法律发明）和它在合同法中的对应物——双边执行承诺——一种公平交易。统一的财产权和双边执行合同共同建立了一个制度，将一个享有特权的自由裁量权的区域和其周围领域截然分开，在前者中，权利人几乎不需要考虑其他人的利益，而在后者中，他将受到其他人的制约。在这样一个世界里，一个公平交易和不受制约的自我利益的领域与社会生活的其他领域形成了鲜明的对比，在那些领域中，相互依赖是最重要的，比如家庭、社区、教会。（Unger，2019，pp. 101 - 102）

在20世纪初，美国的制造业被"工业托拉斯"所主导。它们是由兼并产生的大公司。它们的所有者希望利用生产、采购、分销和营销方面的规模经济优势。某些托拉斯的建立者还希望创建规模庞大的公司，使其能够成为确定市场价格的垄断企业。1904年的一项调查显示，美国有300多家这样的托拉斯，构成了美国的管理型专制。纳粹德国将国家和工业卡特尔组合在一起，就像日本拉拢财阀一样，形成超强的管理型专制，其目的就包括有效应对大萧条。

考虑一下1910年左右的美国顶级公司名单。它包括美国钢铁公司（U. S. Steel）和伯利恒钢铁公司（Bethlehem Steel）、标准石油公司（Standard Oil）、海湾公司（Gulf）、Swift Armour 和通用食品公司（General Foods）。通用电气（General Electric）、西屋电气

（Westinghouse）、安纳康达铜业（Anaconda Copper）、美国铝业（Alcoa）、杜邦（DuPont）和美国烟草（American Tobacco）。当时，美国工业托拉斯似乎已准备好在很长一段时间内占据主导地位。它们资本充足，拥有第一代职业经理人，而且远离敌对的新技术。它们用电报通信，用铁路运输货物，并从蒸汽动力转向电力动力。1935年的一项调查发现，到20世纪30年代初，在1888年至1905年间成立的工业托拉斯公司中，超过40%的公司已经倒闭。

20世纪早期美国制造业的大变革有多种原因，包括第一次世界大战的剧变和西奥多·罗斯福总统的打压托拉斯运动，但电气化的诸多冲击是如此多的顶级公司失败或陷入困境的根本原因之一。巨大的收益不是来自于简单地替换电动机，而是来自于生产过程本身的重新设计，这涉及技术经济范式的转变。

除了新兴行业的公司，20世纪70年代的上市公司，如通用汽车和美国无线电公司（RCA），大致与20世纪初相同。尽管经历了合并、更名和反垄断等种种变迁，1910年的顶级公司在接下来的70年里大多保持着自己的地位。20世纪初成功的公司都是从历史上最野蛮的达尔文主义工业漩涡中诞生的。洛克菲勒、卡内基和他们的同僚通过无情的效率和致命的执行力登上了顶峰。最好的德国或英国的化学和钢铁公司可以在这个或那个利基市场击败美国人，但总的来说，美国拥有有史以来最强大的工业力量。

然后美国人就懈怠了。几乎就在美国钢铁公司于1901年在一系列合并中诞生的同时，其首席执行官阿尔伯特·加里（Elbert Gary）

就开始与他的竞争对手制定市场份额和价格维持协议。美国钢铁公司控制了一半以上的市场。加里认为，如果他的钢铁巨头同行采用美国钢铁公司的高价格结构，他们将各自保持自己的市场份额，所有人都可以共同繁荣。1911 年标准解体后，石油行业陷入了类似的模式，最终汽车和电视等较新的行业也陷入了类似的模式。一家钢铁公司的首席执行官曾向参议院反垄断委员会解释维持价格的逻辑："如果我们降低价格，那么我们的竞争对手就会跟进，这会降低他们的利润，所以我们还是保持相对相同的价格。"

战争维持并扩大了美国的霸权。美国公司在战时武器订单和战后重建上大赚一笔，同时摧毁了他们的海外竞争对手。20 世纪 50 年代的一位钢铁销售主管吹嘘道："我们的销售人员不卖钢铁，他们分配钢铁。"但通过削弱竞争，加里的"管理定价"系统冻结了技术创新。钢铁制造业的创新中心转移到了欧洲和日本。

在美国，管理资本主义脱胎于大萧条时期，其确立伴随着稳定的高经济增长和共享繁荣。事实上，二战后的 25 年被称为资本主义的"黄金时代"。在大萧条之前，金融资本主义在美国盛行。它的特点是小政府、金本位制，对银行和金融或其他方面的监管很少，收入和财富不平等日益加剧，本质上是自由放任的资本主义。因此，经济在金融方面更加不稳定，并出现了多次、频繁和长期的经济收缩。

从 20 世纪 30 年代的危机到第二次世界大战结束，富兰克林·罗斯福的新政经历了三个发展阶段。它经历了制度实验的早期阶段，尽管罗斯福很大胆，但它只专注于经济的重新稳定和社团主义管理或对竞争的遏制。它突然将重点缩小到为经济不安全提供解药（社会保障计划就是一个标志性的例子）。在令人震惊的战争经济时期，在国家紧急状态的压力下，它设计了一种与经济约定和意识形态的根本背离，而这种约定和意识形态在这个国家被认为是神圣不可侵犯的。它将这种实用的、非理论化的、极其成功的异端邪说与大规模动员国家资源结合起来。战争一结束，战后政府转向了新政日程的早期阶段已经预示的内容：大众消费的发展既是经济增长的驱动力，也是需求方面经济民主化努力的最切实的实际成果。（Unger，2019，pp. 204－205）

从 1931 年起，政府支出的规模逐步增长，随着新政的实施，资本主义的新阶段逐步出现，联邦政府越来越多地参与宏观经济和监管事务，即管理资本主义。部分由于联邦政府参与宏观经济管理，收入和财富的分配差距缩小，所有收入类别的实际收入都有所增长。广大家庭从繁荣中受益，能够在不举债的情况下提高或至少维持生活水平。

最不变的经济学理论之一是，劳动回报（实际工资）的上升不可能持续高于生产率的增长。这一教条包含着残余的真理：劳动回报的强制性上升很可能会被通胀抵消。然而，撇开这一限定条件不谈，我们知道这一教条肯定是错误的：因为如果我们对不同要素禀赋（特别是人口密度和自然资源财富）的发展和控制水平相当的经济体进行比较，我们会发现基于劳动和资本的国民收入分配存在巨大差异。这种分歧的原因在于法律规定的制度安排加强或削弱了劳动力与资本的关系，并塑造了招募劳动力进行生产的条件。经济增长需要不断突破供给和需求的双重约束。打破对需求的限制的最持久和最有效的方法是那些影响经济优势的初次分配的方法，而不是试图在事后通过累进税制和再分配权利来纠正这种分配……在富裕的北大西洋世界及其前哨，组织和代表劳工的主要安排是契约主义或集体谈判劳动法制度：集体谈判旨在在就业关系与其赋予有组织劳工的"抗衡力量"的不平等环境中支撑契约的现实。在拉丁美洲，出现了另一种社团主义劳动法：在劳工部的监护下，工人（在占劳动力一半或更少的正规合法经济中）根据其行业自动加入工会。契约主义和社团主义制度的经济背景都是工业化的大规模生产，其特点是在商业公司的支持下，在明确界定的生产单位（工厂和其他单位）中聚集稳定的劳动力。回顾过去，代表和保护劳工的自然形式可能只是两个时期之间的一个相对短暂的插曲，在这两个时期中，劳工主要是通过分散的合同安排组织起来的，没有经济保障或公民身份。在大规模工业生产以及契约主义和社团主义劳动法制度出现之前，存在一种被称为"包出制"的组织形式，马克思在《资本论》中曾对此有过描述。现在，随着大规模生产的衰落，一种新的先进但具排斥性的生产实践——知识经济既定形式中的孤立或超孤立的先锋主义——取代了旧制度，另一种"包出制"在全球范围内兴起。许多大规模生产的工作被分包给较贫穷国家的低工资公司。另一些工作则被不稳定的计件工作和临时就业所取代，特别是在服务业。在缺乏代表和保护劳工的替代法律制度的情况下，更根本的是，在缺乏走向包容性先锋主义的倡议的情况下，劳工变得毫无防备，其在国民收入中的份额下降。（Unger，2019，pp. 64 – 66）

在美国，生产过程规模的转折点在第二次世界大战之前就已经到来。在那时，生产一直集中在更大的单位。自第二次世界大战以来，不仅在美国，而且在其他西方国家，公司的规模也开始慢慢缩小。这不应掩盖同时发生的第二个过程：资本集中和对生产过程的战略控制。这些趋势伴随着国际公司和金融资本集团的崛起而出现，并逐渐走向商业垄断或寡头垄断。当今两种趋势融合的一个例子是媒体集中在默多克、贝卢斯科尼、马龙和贝塔斯曼等大亨手中。这些人并不希望合并他们手上收购来的媒体；相反，更多的时候，他们为了在增长的市场中获得更大的份额而进行多样化业务布局……在公司内部，也出现了职能、任务和活动的网络结构。这是一次从"以防万一"（Just-in-case）到"及时"（Just-in-time）生产，从"大规模生产"到"灵活专业化"，以及从"福特主义"到"后福特主义"的根本性转变。这些区别的第一部分指的是直到最近才终结的在工业国家占主导地位的基于泰勒主义和装配线系统（福特主义）的现代工业生产过程。它的目标是以最快的速度实现最高的产量。机器必须在单个（部分）批量产品上尽可能长时间地工作。各司之间和各司内部的专业化程度很高。装配线和其他运输系统负责运输。零件、部件和人员必须存放在"仓库"中（"以防万一"），以便在出故障后保持生产。然而，这个如此致力于持续提升大规模生产速度的系统，实际上几乎在每个环节都遭遇了延迟。线性结构有太多的阶段和环节以不同的速度工作，因此产生了许多后勤问题。即使是最小的故障，也很容易使整体结构受到影响。一个不断延展的等级制线性结构不得不被创建出来以协调所有流程和部门。最终产品越复杂，所有部门之间的路线就越长、越复杂。结果是产出时间很长，交货时间也不可靠。就在 20 年前，一件产品在工厂里的时间只有 5% 用于加工生产。30% 的生产成本花在工厂内部的储存、协调和运输上。概括地说，这种类型的生产工艺的特征在于优化部分环节，以允许单独的机器和工人更快地工作。在 20 世纪 60 年代，产品复杂性的提高和需求的分化减缓了这一进程，并降低了生产率的增长。然而，20 世纪 70 年代的经济危机和日本经济体系的模式让制造商们不得不面对现实。由日本大型组装公司开发的替代方案，从整体上优化了生产流程。这一过程并没有被分割成站、任务和活动，而是在"平行流"中生产出彼此相似的整个产品和组件。当然，这些流程中的阶段也被划分为多个部分，但这些部分是同质的，并且由相对独立工作的生产团队提供支持。这些生产组是多功能的；它们不断改进自己的工作，负责自己产品的质量控制。因此得名"质量圈"。流程中分割的部分数量有限，可以由从质量圈本身"招聘"的少量工作人员进行协调。为了使该系统成功，在各部分中完成的工作必须紧密配合（"及时"）。等待期是不可接受的。信息总是出现在需要的地方。因此，生产团队之间的直接沟通至关重要。然而，很快生产过程变得如此复杂，距离增加了如此之多，网络成为不可或缺的整合所有类型通信的手段。计算机辅助制造需要被集成到一个单一的控制论系统中：计算机集成制造。反过来，该系统必须连接分配和供应系统、办公系统、人事信息系统和管理信息系统。（van Dijk，2012，pp. 64 - 66）最重要的是，西方资本主义世界一致认为，必须将日本的管理资本主义置于全球化金融的控制之下。为了限制"日本奇迹"，他们成功地迫使日本签署了《广场协议》。

在 1933 年之前，美联储在国内外都实行金本位制，其贴现操作受到真实票据学说（Real Bills Doctrine）的限制。1934 年的《黄金储备法》（Gold Reserve Act）取消了任何按需将美元兑换成黄金的义务，并禁止任何要求最终以黄金支付的合同条款。此外，1933 年的《格拉斯－斯蒂格尔法案》（Glass-Steagal Act）允许任何经济单位进入贴现窗口，并允许后者接受任何类型的抵押品，从而终结了真实票据学说。通过使美元在国内不可兑换黄金，并通过扩大美联储的权力，美国获得了更多但不完全的货币主权，从而获得了更多的金融灵活性，以促进经济和金融稳定。除了大银行，一个大政府也通过联邦支出和采购的大幅增加而建立。

促使凯恩斯写出《就业、利息和货币通论》的是 20 世纪 30 年代的经济崩溃。他的《通论》的中心主题是，供给和需求可能无法调整，直到它们在低水平的就业和活动中达到平衡。凯恩斯提出，在正常情况下，私人企业和家庭没有足够的有效需求来确保所有潜在资源的使用，这些资源可以通过现有的技术和商业组织投入使用。因此，政府政策应该增加私人需求，不仅在经济低迷时期，在正常时期也是如此。政府预算的正确工作不是平衡政府的账户，而是在充分就业的情况下平衡国家的账户——总供给和总需求。是否需要预算盈余、零余额或赤字取决于总需求的状况。因此，从原则上讲，预算既可以用来抑制需求，也可以用来增加需求，而财政乘数可以对两者进行精确的算术估计。

凯恩斯理论的第一个局限是，它提供了一种特殊情况的理论：供给和需求可能无法调整，或者只能在就业和活动水平下降的情况下调整。凯恩斯理论中的特殊情况违反了萨伊定律：供给无法创造自身的需求。不能将储蓄转化为生产性投资（从而导致囤积）——这是由特定价格的刚性造成的（马歇尔及其门徒庇古研究的工资刚性下降）——可能导致不能维持总需求。我们兴高采烈或沮丧的不稳定情绪对流动性货币余额处置的影响，可能会放大并延长衰退：先是以信心崩溃为始，继之以实体经济活动的下降而告终，而对此不会有自发的纠正机制。政府将不得不通过财政政策、直接的公共开支和新措施、赤字需求以重启经济……凯恩斯理论的第二个局限是缺乏结构性内容或制度愿景。尽管意图是脱离传统，但它夸大了英国政治经济学传统最典型的特征之一：在其首选的解释中，它将机制从属于心理。凯恩斯体系中的关键范畴——对流动性的偏好、消费倾向和长期预期状态——都是心理上的。凯恩斯理论的第三个缺陷源于另外两个。这是一个未完成的理论，因为它被截断了，它处理的问题最终是结构性的，而缺乏一种结构性的眼光。它不仅仅是一种关于在劳动力和其他经济资源利用不足的活动水平上，供给和需求如何达到平衡的理论。但这还不是经济长期失衡的理论——经济容易崩溃，而崩溃是可以结束的。（Unger，2019，pp. 197 – 201）

政府可以计算潜在产出和实际产出之间的差额，并相应地调整税收和支出。货币政策是为了支持财政政策。利率将永久保持在低水平，其主要目的是最大限度地降低资本成本，使政府能够以尽可能低的成本借贷。凯恩斯主义政策的政治含义是有争议的。致力于减税的保守派政客倾向于使用货币政策为其长期目标之一服务，即最大限度地减少国家在资本配置中的作用，并将商业周期的管理分配给两个可能选项中较弱的一个：货币政策。

FIRE（金融 Finance、保险 Insurance、房地产 Real Estate 合起来的简称）在 GDP 中所占的比例要小得多，银行贷款中的消费金融也是如此。银行家没有诱使家庭和公司使用大量杠杆来改善经济福祉。银行家的盈利能力依赖于对借款人信誉的仔细审查和长期循环关系的建立，而不是通过增加债务负担来积极扩张市场。发起并持有贷款（originate and hold）的传统银行模式和劳动条件的改善促进了持续的共享繁荣。20 世纪 50 年代，美国的工会会员人数达到顶峰，约占就业人口的三分之一和劳动力的四分之一。鉴于其制度特征和政治经济环境，随着经济波动性的下降，管理资本主义不太容易出现金融不稳定。在战后时期，金融危机不仅数量较少，而且也较为温和。

第二次世界大战使资本主义屈从于社会。凯恩斯主义是一次在和平时期试图控制资本主义经济的一次民主尝试。所有西方政府都致力于积极主义的实际产出管理（Activist Real Output Management），但他们认为的积极主义之间存在很大差异。瑞典实行的是一种源自斯德哥尔摩学派的供给学派凯恩斯主义：高水平的福利支出与激活劳动力市场措施相结合，以使劳动生产率提高——这是为小型出口经济体量身定做的政策。从战争中走来的法国政府，成为国家的主要投资者，自 17 世纪科尔贝的重商主义以来一直在尝试国家主义路线。另一方面，德国战后的经济政策受到弗莱堡学派的影响，该学派反对纳粹主义和国家社会主义。它接受了最初自由主义对竞争性市场体系的信念，但它认为，古典思想中的空白不需要由国家预算来填补，而是应借助宪法框架。这对于保护竞争不被扭曲、确保利益平等分配和保护市场不受政府侵犯是必要的。这些思想在秩序自由主义（Ordo-Liberalism）和社会市场经济中结合在一起。独立的德国央行成为德国新宪法的货币支柱。在德国的收入政策中，秩序自由主义与工业合伙关系融合在一起。

将发达国家作为一个整体来看，凯恩斯主义对充分就业的承诺是右翼和左翼、资本和劳动力之间更广泛的国家政策妥协组合中的共同元素。反周期政策、改善对劳工的保护、某些行业的部分国有制、积极的供应方政策、扩大福利支出、指示性计划、社会市场经济、通过国际货币基金组织提供短期贷款便利等，作为介于自由放任和中央计划之间的中间方式，在不同国家得到了推广。在冷战时期，他们在保护西方社会免受侵蚀方面做了重要的政治工作，而战后资本主义的成功与金融资本主义在一战和二战之间的惨淡记录形成了鲜明对比。

战争期间，约翰·加尔布雷斯（John Galbraith）在主政物价管理局（Office of Price Administration）时，通过控制物价，帮助美国以一种中央指导的经济模式运行。他提出的管理资本主义的愿景与米尔顿·弗里德曼和芝加哥大学的乔治·斯蒂格勒提出的愿景截然不同[2,3]。他的主要兴趣是理解机构改变其成员行为的方式：雇员如何将他们工作的组织的"目的"（telos）内化。对加尔布雷斯来说，凭借其改变雇员动机的能力，公司本身就是一个经济参与者。与新古典主义经济学家不同，加尔布雷斯否认消费者主权。他批评了新古典主义的经济序列，即从消费者开始，企业对消费者做出回应。

他修订的序列从设计新产品和生产技术的大公司开始。它们做市场调查，找出有可能销售的产品。它们有广告和消费金融部门，以确保产品可以销售。大公司将许多市场活动内部化。公司的所有关键利益都需要考虑，这意味着没有哪一方的最大利益会得到实现。它们需要规模来获得对不确定性的一些控制；因此，生产日益集中在大公司。公司不是股东财富的最大化者（maximizer），公司的行为方式是为了确保其生存。在这种叙述中，组织或机构对个人的行动施加独立的影响。因果关系不是单向的。他对非市场协调的分析有助于解释这样一个看似矛盾的现象：组织的存在是为了服务于其成员的利益，而强加的行为准则似乎无法最大化其独立的效用函数。加尔布雷斯观点的基石在许多方面反映了当时的大型寡头垄断企业是如何运作的。例如，加尔布雷斯的观点，即企业不追求利润最大化，而是追求销售最大化，这反映了他所谓的技术官僚结构（technostructure）的需求，这符合当时公司的管理理论。但是，与当时数学化的新古典主义经济学家不同，加尔布雷斯摒弃了技术细节和数学建模，而是选择用他的话语向公众发表演讲。

在经历了第二次世界大战的破坏之后，美国制造业在全球占据了主导地位。它的标志是沿用福特流水线建造的大型制造工厂，以汽车工业为典范。这些工厂以大规模生产、自上而下的管理控制和"以防万一"的方法为导向，在需求激增的情况下，需要额外的工人和库存。劳动过程是按照泰勒主义原则组织的，该原则试图将任务分解成更小的去技能化的部分，并以最有效的方式重新组织它们。大批工人聚集在由工会集体代表的大工厂里。集体谈判确保了工资以健康的速度增长，有相对固定的工作、高工资和有保障的养老金。与此同时，在再次分配中，福利国家将资金分配给那些劳动力市场之外的人。

二战前关于管理的著作假定管理者完全负责企业，并从上到下全面了解企业，但需要更认真地对待他们的社会责任，了解他们如何对人类同胞、对社会，甚至更狭义地说，对他们的客户负责。大多数经理都是从公司的底层做起，就像安德鲁·卡内基一样。这种整体思维方式在管理资本主义的利益相关者理论中再次出现，该理论试图恢复股东与通过公司活动互动的其他人和社会机构之间的平衡。

1950 年，联合汽车工会在沃尔特·鲁瑟领导下与通用汽车公司签订了一个长达 5 年的"底特律协议"。协议规定通用汽车工人会得到合适的工资、医疗福利、失业保险以及退休金，而工人们不得在这5 年之内有任何罢工行为。"大工会"（Big Labor）在 20 世纪 50 年代粉墨登场。行业价格制定者通常在工会谈判中起主导作用。合同通常为期三年，包括与预期生产率增长相一致的工资奖励。后来，随着通货膨胀的加剧，合同不仅要考虑预期生产率增长，还包括了一年两次的通货膨胀系数调整。但当生产率的增长在 20 世纪 70 年代趋于平缓，同时通胀加速时，这些公司面临着一个难以消失的成本问题。

20 世纪 50 年代和 60 年代初是一个黄金时代。大多数大公司成为养老金和医疗福利的提供者。对于很大一部分人来说，拥有一栋带草坪的房子并附带一所像样学校的美国梦实现了。加尔布雷斯在

1960 年宣布生产问题已经解决，[4]是时候集中精力"驱除痛苦、紧张、悲伤和无所不在的无知的诅咒"了。

工会活动家组建的工会学校在 20 世纪 50 年代和 60 年代蓬勃发展。其中大多数是由天主教徒管理的，许多设在耶稣会学校。大型产业工会通常有三分之二的成员是天主教徒。这些学校教授谈判和组织技巧、劳动法和劳动经济学，同时颂扬天主教欧洲的"社会连带主义"。商人经常参加这些课程。工会领袖和管理层开始将自己视为工业政治家。

管理资本主义的利益相关者理论不仅仅是一种关于如何更好地经营公司的理论。它具有深远的社会和经济影响。与米尔顿·弗里德曼和迈克尔·詹森（Michael Jensen）强烈主张公司通过利润最大化取得成功形成鲜明对比的是，利益相关者理论强调管理层与员工之间、公司与社区之间的社会关系，以及所生产产品的质量等。这些关系赋予了公司社会目标和财务目标。它们可以共同创造更加可持续的"竞争优势"。由于价值是通过众多参与者的资源投资而集体创造的，因此也应该更多地进行集体分配，而不仅仅是分配给股东。

与股东价值最大化理论的短期利润最大化目标、人力资本边缘化和资管资本主义的研究和发展形成鲜明对比的是，管理资本主义的利益相关者价值观不仅将人视为投入，而且将人视为需要培养的重要贡献者。它承认工人和管理者在价值创造中的重要作用，在此过程中，工人和管理者之间建立了信任。对人的投资源于承认员工增加了价值。

在商学院，大公司的统治被视为自然秩序的一部分。20 世纪 50 年代和 60 年代的热门话题是组织和金融，这本质上相当于在现代管理资本主义的稳定的多事业部企业中重新摆放家具。20 世纪 60 年代有一场合并运动，但它带有强烈的学术粉笔灰的味道。当时的想法是，如果公司将不同的业务类型组合在一起，它们就可以平滑度过经营周期。于是荒谬的事情发生了，埃克森美孚进入了办公设备领域，还收购了一家马戏团和一家百货连锁店。

随着工商管理专业向研究生院的迁移，管理层离车间越来越远。直到 20 世纪 70 年代，管理学教科书一直传达的信息是，福特、通用汽车和杜邦公司在 20 世纪 20 年代编写了关于生产实践的神圣文本。战后管理学最重要的发展是优化机器维护和库存管理的数学技术。你不用去工厂就可以研究管理学的"配方"。新古典主义经济理论当今的困境被追溯到考尔斯委员会（Cowles Commission）和兰德公司（Rand Corporation）在军事资助下以及在二战和冷战的熔炉中进行的知识重构和机构重组（Mirowski，2002）[5]。

战后的数理经济学是面对赛博格科学（cyborg）挑战的一种复杂回应，试图通过冯·诺依曼的自动机通论（General Theory of Automata）和弗洛伊德的"人造神"（Prosthetic God）将人类智能和机器智能的研究统一起来。创造会思考的机器的梦想影响了社会科学。传统上被认为是"技术史"的东西可以与经济思想史整合在一起，特别是计算机的历史。这种分析结合了冷战历史和战后美国经济学史，揭示了美国治下的和平（Pax Americana）与诸如线性规划和博弈论等深奥而正规的理论的内容有很大关系。

1974年，美国国会通过了《雇员退休收入保障法》（ERISA），以加强管理退休基金的投资方式，并制定了"谨慎人规则"（Prudent Man Rule），旨在保护养老基金免受肆无忌惮的金融家的侵害。然而正相反，这一规则确保了资金将用于促进金融界的利益，因为是金融界决定什么是谨慎投资。换句话说，正是银行和金融界用数百万北方工会工人的递延工资来投资美国大公司，这些大公司反过来又抛弃了它们的工会工人，它们的明确政策就是要削减当地工人的工作，不仅要把工作迁移到阳光地带，还要迁移到更远的地方，在世界各地建立业务。数以百万计的工会工人的储蓄、养老金被投资到这些公司，但似乎没有人意识到这一点（Rifkin，2019，p. 151）。

当一家领先的公司或追赶另一家公司的公司没有被任何公司追赶时，通常它没有必要采取规避行动。由于未来的道路看起来很有前景，而后视镜里又没有别人，公司会采取一种向前看的路径，强调找到优秀的员工，并长期留住他们。因此，基于资历的工资制和终身雇佣制是"黄金时代"的典型特征，特别是那些成功的公司，因为这些措施有助于它们维持稳定可靠的人力资源。在美国，IBM和其他顶级公司在"黄金时代"确实采用过终身雇佣制。

就像在一个没有食肉动物的岛屿上的不会飞的鸟一样，当饥饿而冷酷的日本竞争对手终于在20世纪70年代开始捕猎时，西方公司没有任何防御措施。这是一场屠杀。许多西方人震惊地发现，日本汽车几乎不需要保养和维修。德国人可能发明了汽车，美国人可能发明了廉价制造汽车的工艺，但日本人发明了不会出故障的汽车。在20世纪60年代末，尼康F相机的到来也给德国相机行业带来了巨大的冲击，因为它比德国的 Leica 和 Exakta 更坚固、适应性更强、更易于使用和维修，专业摄影师纷纷倒向日本品牌。自工业革命以来，西方商业体系首次发现自己受到了来自亚洲的强大竞争对手的挑战。到了 1980 年，实际上，美国不再生产电视或收音机，德国人和日本人控制了机床工业，美国的钢铁和纺织工业变成了灾难现场。就连 IBM 的大型计算机也受到了 Amdahl 和富士通的有力挑战。Zenith、Magnavox 和许多其他知名美国公司在日本竞争对手的冲击下倒闭。

到 20 世纪 70 年代末，西方开始失去与日本企业竞争的能力，因为后者在许多领域超过了美国和欧洲的竞争对手，包括家用电器、造船、钢铁和汽车工业。这导致西方工人的收入增长停滞，工作机会消失。日本在 1963 年加入关贸总协定时，它仍然有许多关税和非关税贸易壁垒。换句话说，当西方国家一直在稳步减少自己的贸易壁垒时，它们突然遇到了一个来自亚洲的暴发户，而这个暴发户仍然有许多壁垒。尽管日本的最高关税率按照谈判的结果不断下降，但是剩余的壁垒对所有关贸总协定成员国均平等地适用，那么，在协定的框架下，较早开放市场的关贸总协定成员国发现很难打开日本市场。

然而，当美日贸易摩擦在上世纪 70 年代开始加剧时，汇率的反应是正确的。当日本对美国的出口超过美国对日本的出口时，有更多的日本出口商卖出美元，买进日元，使日元升值。由于当时的外汇市场参与者大多是出口商和进口商，由于日本对美国的贸易顺差不断扩大，美元对日元汇率从 1971 年中期的 360 日元跌至 1978 年的不到 200 日元。

从 20 世纪 70 年代开始，许多美国和欧洲公司将日本产品添加到其产品线中，或通过其经销商销售这些产品。这些产品打着美国或欧洲的品牌，但实际上是日本制造的。通用汽车从丰田购买汽车，福特从马自达购买汽车，克莱斯勒从三菱购买汽车。福特收购了马自达的大量股权，克莱斯勒则收购了三菱大量股权。在德国，Leica越来越多地使用日本美能达的零部件制造，而 Exakta 和 Contax 则完全在日本制造。上世纪 70 年代，日本的崛起震动了美国和欧洲的工业机构。随着制造业工人失去工作，日本和西方之间的贸易摩擦接踵而至。虽然处于技术前沿的西方公司继续表现良好，但许多高薪制造业工作的消失导致西方国家收入不平等加剧。

对外国冲击的痉挛式反应只是暴露出美国公司已经变得多么无能。在底特律被镀铬尾翼和 "有计划的报废" 理论所迷惑的那些年里，丰田和大众等公司向美国人展示了制造精良的小型节能汽车的优势。小型进口汽车开始获得足够的市场份额，福特和雪佛兰做出了回应，推出了自己的小型车 Pinto 和 Vega，这两款车都是在 1970年推出的。在 1973 年石油危机下小型车销售起飞时，美国的参赛作品被曝光为令人尴尬的哑弹。《福布斯》杂志后来将它们列为有史以来最糟糕的汽车之一。总的来说，这是在斯普特尼克事件（SPUTNIK，苏联第一颗人造卫星）之后，西方国家又一次认识到自己并非世界上技术最先进的经济体。

在尝试保护主义的诸多选择，如自愿出口限制（VER），以及学习日本管理之后，西方大国一致同意向日本施压，要求其签署《广场协议》。

在 21 世纪第二个十年结束时，《财富》世界 500 强公司的平均寿命约为 30 年。2012 年，出现在 1955 年《财富》500 强榜单上的公司只剩 71 家还在榜上。2019 年减少到 60 家。2019 年的世界 500 强中，有 121 家公司来自美国，129 家来自中华人民共和国。美国发明的 MBA 课程应该对此有所注意。

## 注释

1　Unger R M. The Knowledge Economy［M］. London：Verso，2019.

2　Galbraith J K. American Capitalism：The Concept of Countervailing Power［M］. Boston：Houghton Mifflin Company，1962.

3　Galbraith J K. The New Industrial State［M］. Boston：Houghton Mifflin Company，1967.

4　Galbraith J K. The Affluent Society［M］. Boston：Houghton Mifflin Company，1960.

5　Mirowski P. Machine Dreams：Economics Becomes a Cyborg Science［M］. Cambridge：Cambridge University Press，2002.

# 失控的资本

发条经济学的终结

The Financial and Conceptual
Foundations of Intangible Asset
Manager Capitalism

## 第九章

## 金钱幻觉

20 世纪 60 年代，美联储鼓励美国银行加快信用创造，更多的欧洲美元（Euro-dollar）被创造出来，并以外国投资的形式溢出。美国公司对欧洲公司进行了大规模收购。1971 年，当法国人意识到美国公司用美国银行创造的货币收购了欧洲时，法国人要求美国人兑现他们在布雷顿森林许下的承诺——35 美元：1 盎司的 24K 黄金。法国人把所有涌入法国的美元都送了回来，并要求把它们兑换成黄金。

1971 年 8 月 15 日，美国不得不暂停美元与黄金的兑换。布雷顿森林体系的固定汇率制度崩溃，美元在世界市场上大幅下跌，黄金价格扶摇直上。纽约共和国民银行（Republic National Bank of New York）的埃德蒙·萨夫拉（Edmund Safra）以每盎司 35 美元的价格聚敛了大量黄金，大发横财。世界储备货币不再与黄金挂钩。世界储备货币是由私人银行信贷、债务以及最终由债务证券化的衍生品和更多的证券化债务的再证券化的衍生品创造的。银行被允许关起门来交易和交换大量债务，并按照自己认为合适的方式为交易分配价值。2018 年，"大而不能倒"银行的资产负债表上持有资产一栏下衍生品的名义价值令人震惊。根据国际清算银行的数据，所有衍生品的名义价值为 639 万亿美元。

上世纪 80 年代，日本汽车制造业曾令世界艳羡。丰田和本田等日本公司掌握了一套生产流程，如即时库存系统、同步工程以及相互监控，这些公司已经成为现代精益企业概念的缩影。尤其是丰田，被管理专家奉为残酷效率与创造性、灵活性并存的光辉典范。生产丰田汽车和卡车的工业巨头是一个由大约 200 家公司组成的集团，它们的共同利益是为丰田提供从电子元件到座套的一切产品，即丰田生产系统。

该集团内的公司定期交换人员，共享知识产权，并以自己的时间和资源为代价相互协助，所有这些都不需要正式合同，也无须详细地记录存档。像丰田这样依赖供应商和分包商网络的公司必须考虑合作伙伴的盈利能力，而不是只考虑优化自己的短期盈利能力。这种网络（日本经连体系 Keiretsu）需要的是团队的努力、建立和维护关系的艺术，以及吸引人才的能力，这对网络的可持续性很重要，也是它的底线。网络也具有一种惯性。它们的进化是路径依赖的，而且往往是不可逆的，因此在早期阶段发生的事情可能至关重要。

网络经济学与正统经济理论的单一性、过度的雄心、一刀切的正统教条有很大不同。统一性，即寻找一种简单而包罗万象的理论，是科学的圣杯。但是，网络理论表明，在经济学中，我们需要的是不同背景下的多元理论。新古典主义理论对竞争的强调只代表了故事的一半，因为合作不仅是生存所必需的，也是路径确定的存在的必要条件。

根据理查德·A. 沃纳（Richard A. Werner）的叙述[1,2]：从 13 世纪蒙古人试图入侵日本，到佩里的黑船，再到《广场协议》，在日本现代史上，日本经济、社会和政治制度只发生过三次重大的变化：19世纪晚期的明治维新、第二次世界大战及 1945 年日本战败、1989 年股市崩盘以及随后持续时间最长、程度最深的经济衰退。在这三个事件中，危机都引发了变革。日本央行对《广场协议》的反应引发了最近一次的危机。《广场协议》是西方制定的一份清单，由日本签署。

外国殖民的威胁推动了明治维新。大萧条、太平洋战争以及随之而来的战败是第二次重大突变的导火索。尽管日本在战后创造了高增长奇迹，但这在很大程度上仍是一种量变，是在不变的经济和政治框架内发生的，这种框架始于二战期间为了产出最大化而进行战争动员经济。第三次危机是由日本央行造成的，它决定执行《广场协议》的结构性改革议程。

曾经，在东方是东方，西方是西方的时候，它们之间的鸿沟不仅是地理上的，也是道德上和历史上的。亚细亚是欧洲人发明的一个词，用来强调他们自己的独特性。在吉卜林时代的帝国主义者看来，亚洲社会是落后、专制和一成不变的。相比之下，欧洲做出了决定性的突破，以科学的方法来处理人类事务，这证明了欧洲对其他大陆的统治是正当的。这种居高临下换来的是效仿。自 1868 年日本明治维新以来，包括奥斯曼帝国苏丹和俄国沙皇在内的东方国家的现代化长期以来都是在模仿西方，要么是出于对欧洲人的仰慕，要么是为了排斥他们，或者更有可能是两者兼而有之。自二战以来，亚洲的经济转型在一定程度上受到西方市场需求的影响。

战后，美国占领日本直到 1952 年，美国实施了对日本人民的再教育和民主化计划。它为日本提供了一部新宪法，政党、妇女的自由选举和以市场为导向的资本主义经济体系。麦克阿瑟的改革允许成立工会，解散财阀，并引入了全面的土地改革。战后经济是战前经济的延续，战后的日本企业成形于战争期间。战后日本社会、经济和政治制度的几乎所有特征都是在战争期间形成的，它们创造了所谓的日本战后经济奇迹。

美国的占领清除了财阀资产阶级，财阀家族主要通过控股公司控制他们的财阀公司，这些控股公司拥有财阀公司的大部分股票。当财阀家族从经济版图中消失时，他们的大型企业集团仍然存在，并重组为经连式商业集团。美国占领期间日本经济格局的另一个重大变化是全面土地改革，大规模征用土地并在农民中重新分配，清除了土地所有者阶级。随着资本家和拥有土地的阶级被清洗，美国的占领让经连企业的管理者和政府官僚掌管了日本。

由于美国的占领，日本的官僚机构摆脱了利润最大化的资本家和要求最高租金的地主，成功地实现了其战时的幻想，即管理完全不受以利润为导向的个人所有制利益的影响。管理者的战时愿景不是以利润为目标，而是以他们自己的目标为目标，这已成为根深蒂固的现实。当公司成长时，管理者们的目标得到了最好的促进——为了国家的荣耀而增长。劳动力份额随着工资的上涨而上升，日本逐渐成为一个中产阶级国家。超过 90% 的人口认为自己属于中产阶级。一些日本人自豪地认为 20 世纪 60 年代和 70 年代的日本就是共产主义应该有的样子。随着日本不得不签订《广场协议》并实施结构性改革，中国台湾、韩国以及后来的中国大陆成为了强有力的竞争对手。

一个动员型管理资本主义被建立起来了。日本变成了一个由公私部门管理层"官僚士兵"管理的国家，为经济霸权而战。日本和东亚经济体的出色表现并不是通过新古典主义经济学所倡导的自由市场、自由化或放松管制政策实现的。正如世界银行 1993 年在其《东亚奇迹研究》（East Asian Miracle）中所承认的那样，东亚的成功是由于政府的干预，其形式是巧妙的制度设计和对资源配置的直接干预，特别是在信贷市场。张夏准（Ha-Joon Chang）对此有更详细的论述，[3,4]他的两本著作呈现了东亚经济发展模式中的历史数据。

直到 20 世纪 80 年代末，战后日本经济结构的特点是：受限制和不完整的资本市场；公司融资依赖于银行资金；股东影响力弱；存在大量的政府法规，政府以指导的形式直接干预市场；存在大量的正式和非正式的卡特尔；为大企业全职员工提供工作保障的不灵活的劳动力市场；以工作年限为依据的晋升机制；企业内部工会。即使股价下跌，公司也有能力维持交叉持股结构，因为日本采用的是德国式的账面价值会计制。如果没有来自股东的压力，公司可以进行长期规划并快速增长。账面价值会计制还有一个额外的好处，即它保护公司免受股市波动造成的不必要影响，并有助于整体经济稳定。

在美国的压力下，1985 年，日本同意签署《广场协议》，推动日元升值，以解决与美国不断增长的贸易顺差。由于在安全上依赖美国，日本的反击受到了限制。《广场协议》还涉及英国、法国和西德。这些国家宣布，他们希望美元贬值，并干预货币市场以实现这一目标。一年之内，日元兑美元汇率飙升了近50%。

最好不要把《广场协议》理解为一次性事件，而是一场从农业到电子工业的多年争端中的一个关键阶段。美国指责日本窃取知识产权，并密谋控制未来产业。2019年，美国对华首席谈判代表罗伯特·莱特希泽（Robert Lighthizer）显然在日美谈判中吸取了经验。当时，为了安抚里根总统的谈判代表，日本和德国同意让日元和德国马克对美元升值，使美国商品更具竞争力。尤其是日本，被迫自愿限制从纺织品到汽车的出口。更具建设性的是，日本公司在美国开设了汽车工厂，为美国带来了日本的质量管理。1990年，日美结构性障碍协议会议（Structural Impediments Initiative talks，简称SII）召开，试图解决那些抑制美国对日出口和投资的基本经济政策和商业做法，日本同意了进行一揽子结构性改革。美国希望日本改善其竞争法，更广泛地向外国投资者开放，并削弱其企业集团——经连体系。

强势日元（Endaka），伴随着20世纪90年代日本央行的紧缩货币政策，加速了制造业向亚洲其他地区的转移，并加大了日本国内经济对进口的开放。工厂以史无前例的规模迁出日本，实际上在日本境外创造了第二个日本。在1995年财政年度，日本在国外生产的产品总值超过了从日本本土出口的产品总值。与此同时，强势日元促进了进口。很大一部分进口是从离岸的日本工厂再进口的。

《广场协议》让日本走上了毁灭之路。强势日元明显拖累了日本的出口，为了抵消这种影响，日本大幅下调了利率，并出台了财政刺激措施。这些举措带来了短暂的经济反弹。但它们也产生了资产泡沫。《广场协议》签署后，股票和土地价格在五年内上涨了两倍。随着这些泡沫破裂，日本经济一落千丈，再也没有恢复昔日的魔力。按名义价值计算，2019 年日本股市比 1989 年最后一个交易日的峰值低 40%。《广场协议》确实成功地化解了第二大经济体日本和美国之间的紧张关系，但是以牺牲挑战者日本的经济为代价。2018 年，日本人对收入不平等忧心忡忡，因为高薪的制造业工作已经转移到了低工资国家。日本人更关心的是所谓"穷忙族"的出现，他们曾经受雇于制造业，但现在被迫从事低收入的服务业工作。据估计，到 2019 年，日本 1.3 亿总人口中有 2000 万人生活在贫困中。20 世纪 90 年代的日本已经进入了进口主导的全球化阶段，并正在重温西方 20 世纪 70 年代的经历，当时日本管理资本主义的巨大成功有力地推动了美国资管资本主义。在 21 世纪第二个十年的后半期，美国如何处理日本的问题显然已经给了中国前车之鉴。

日本的一系列灾难似乎构成了对西方确凿的控诉。但仔细观察每一步，就会发现它们并不是注定的。回顾过去，有一点很清楚，那就是在没有欧洲支持的情况下，在美国的压力下，日本的经济刺激政策过度补偿了出口放缓。在《广场协议》签署后的 18 个月内，日本央行将基准利率从 5% 降至 2.5%。1987 年 5 月，它还宣布了一项大规模的经济刺激计划，增加政府支出并削减税收，尽管那时经济已经开始复苏。直到 1989 年日本的资产泡沫已经存在几年的时候，它才开始换挡并提高利率。

至少还有另外两个因素可能导致不同的结果。过度刺激本身并不能保证日本会遭遇资产泡沫。但是，当日本央行的信贷扩张与金融去监管化相结合，刺激变得更加强烈和有效，这导致银行向房地产开发商和购房者发放更多贷款。有引导的廉价信贷扩张是吹大泡沫的处方。格林斯潘一定注意到了这一点。

双重泡沫的破裂并不一定会导致日本经历失去的十年，更不用说三十年了。监管机构令人困惑的迟缓反应加剧了问题。他们没有像 2008 年后的西方监管机构那样推动银行筹集资本，而是鼓励银行继续贷款给僵尸企业，或许是为了分担房地产和金融资产双重崩溃的成本。

在工厂外移和制成品涌入之后，日本国内经济发生了变化。为了与不断增加的进口产品竞争，企业必须降低价格，减少效率低下的情况，提高生产率，雇佣制度必须改变，消费者的偏好必须得到更认真的对待。1995 年 4 月，经济衰退和日元兑美元汇率升至 1 美元兑 80 日元的双重危机甚至让保守派都相信，日本必须放松管制。所有针对外国公司的壁垒都取消了。随着日本将其经济体系转向资管资本主义，经济的中心从主要银行转移到了股票市场。自 1994 年年中以来，日本服务业雇用的人数超过了制造业。

没有资本家的日本管理资本主义在 20 世纪 90 年代变得越发四面楚歌。日本央行策划信贷紧缩，随之股市泡沫破裂，迫使许多公司抛售源自战争期间财阀及战后经连体系的交叉持股股份。日经 225 指数在 2002 年的最后一天收于 20 年来的最低点，为外国投资者提供了购买日本公司所有权的机会。1999 年 3 月,在东京证券交易所上市的股票中,外国人持有的份额达到了战后最高的 14.1%。到 2001 年 3 月,这一比例上升到 18.3%,远远高于 1978 年的 2.8%。

2001 年,日本财政部采用了逐日盯市的会计制度,加速了从管理资本主义的公司治理向资管资本主义的公司治理的转变。到 2005 年,公司治理格局重塑,主银行体系成为历史。经连体系的交叉持股已经成为例外情况,而不是主流(在崩溃之前是)。因此,自 20 世纪 20 年代以来,对股东负责首次成为现实。公司管理越来越以利润为导向,公司的经营目标是股东财富最大化,而不是管理者和员工的收入最大化。

其他东亚国家也和日本有相同之处。中国经济自 1980 年以来的惊人增长也并非受益于新古典主义经济学的自由市场模式。

如今,日本管理资本主义的非凡本质之所以在 MBA 课程中不为人知,主要原因是新古典主义经济理论的非历史性和通常反事实的方法论。历史为科学的经济学家提供了研究的数据集。无视历史就是无视事实。日本管理资本主义在和平时期的经济模式非常成功,实际上在许多方面都是世界上最成功的。在 20 世纪 50 年代和 60 年代,日本经济以两位数的增长率持续扩张。从 1960 年到 1970 年,日本的实际 GDP 从 71.6 万亿日元增长到 188.3 万亿日元——增长了 2.6 倍。日本取代德国成为世界第二大经济强国,降低了西方世界尤其是美国对日本高度成功的经济体系的容忍度。

在经历了 20 年几乎连续的两位数增长后,日本实际 GDP 增长在

1974 年突然收缩。经济衰退持续的时间比预期的更长，也更严重。经济复苏的必要和充分条件是信贷增长。许多研究得出的结论是，日本将无法维持主要基于出口的历史高增长率。它将不得不改革其经济。因此，上世纪 70 年代的事件对日本央行来说，不仅仅是一记警钟和一次测试。

不可否认的是，日本央行在创造和传播以房地产为基础的信贷繁荣的机制方面以及随之而来的崩溃中获得了宝贵的经验。为了应对 1971 年 8 月 15 日尼克松单方面决定结束布雷顿森林体系固定汇率的后果，日本央行用新发行的货币购买了大量日元和国内金融资产。在生产性项目获得了充足流动性的情况下，这些公司利用新增加的银行贷款进行投机性的土地购买。从 1972 年到 1974 年，城市土地价格上涨了 50% 以上。日本央行引发的信贷繁荣规模之大，足以从资产市场溢出到实体经济。这一切都发生在 1973 年 11 月的石油危机之前。

从 20 世纪 80 年代中期到 90 年代末，日本对外投资主导了国际资本流动。日本的长期资本流动成倍增加，从 1980 年的净流入 20 多亿美元增加到 1981 年的流出近 100 亿美元，1985 年达到 650 亿美元，1986 年达到 1320 亿美元，1987 年达到 1370 亿美元。由于资本流出，日本在海外购买的资产远远超过了它的承受能力。为了给 20 世纪 80 年代的"国际购物狂欢"提供资金，日本实际上不得不借入外币。日本创造了新的热钱，然后买下了全世界。尽管资本大量外流，但日元并没有走弱。相反，日元从 1985 年到 1987 年升值了 106%。在西方，管理大师们敦促企业领导人采用日本的技术，作为抵御"日本至上主义"的最后手段。

日本采用了美国企业在 20 世纪 50 年代和 60 年代使用的相同策略，当时美国银行过度发行了美元和欧洲美元。美国企业使用欧洲美元（当时的热钱）收购欧洲公司。美国有美元金本位制（35 美元∶1 盎司 24K 黄金）作掩护，而日本的掩护是其巨大的贸易顺差，这足以让观察家们相信日元必须保持强势。由于日元没有走弱，世界遭遇了有史以来最大的一轮幻觉——日元大幻觉。

以日元计算，日本海外投资累计价值的约 40% 在 1985 年 1 月至 1987 年 1 月期间化为乌有。尽管遭受了损失，但日本投资者仍继续在美国和其他外国资产上进行大量投资。尽管《广场协议》的意图——即让日元升值——是毋庸置疑的，但这种反常现象持续了好几年。1991 年，当日本经常账户盈余达到 900 亿美元的新纪录时，长期资本净流出突然消失了。在整个 1991 年，日本仍然是外国资产的净出售国。随着日本公司在外国投资上的损失不断增加，很明显能看出，它们的投资，特别是该国金融机构的投资目的并不是为了盈利。

日本在 20 世纪 80 年代的经济崛起为解释指数增长提供了最好例子之一。日经 225 指数在 20 世纪 70 年代增长了 2.6 倍，当时美国经济经历了失去的十年，日经 225 指数在 1981 年 1 月至 1986 年 1 月增长了 184%，1986 年增长了近 43%，1987 年增长了近 13%，1988 年增长了近 43%，1989 年又增长了 29%。在 1981 年 1 月至 1989 年 12 月期间，日经 225 指数上涨了五倍多，这相当于这十年的年均指数增长率为 17%，后五年的年均指数增长率为 24%。与此同时，日元汇率从 1980 年 1 月的 238 日元兑 1 美元升至 1989 年 12 月的 143 日元兑 1 美元，日元的汇率以每年超过 4% 的速度持续增长。[5]

1990 年的危机宣告了日本奇迹模式的终结。21 世纪的日本转向一种根本不同的经济组织形式，即资管资本主义。很少有人（过去和现在）意识到，在 20 世纪 20 年代，日本经济在很多方面看起来更像大萧条前的美国经济，即金融资本主义。

日本经济体系的转型是一项艰巨的任务。战时经济体系的内在一致性，渗透到经济乃至社会的各个部门和层面。它塑造了劳动力市场、资本市场、公司治理结构、法律制度以及企业、政府官僚和政治家乃至普通人的行为。要改变日本，似乎需要改变一切。只有抛弃旧体系的所有特征，才有可能创造出一种不同的经济结构。日本人需要意识到这种史无前例的转变所需的条件。他们需要一次前所未有的和平时期的危机——两个资产泡沫及其破灭。日本央行均不幸兑现了。

## 注释

1 Werner R A. Princes of the Yen: Japan's Central Bankers and the Transformation of the Economy[M]. Los Angeles: Quantum Publishers, 2018.

2 Werner R A. New Paradigm in Macroeconomics: Solving the Riddle of Japanese Macroeconomic Performance[M]. London: Palgrave Macmillan, 2005.4.

3 Chang H J. Globalization, Economic Growth and the Role of the State[M]. London: Zed Books, 2003.

4 Chang H J. The East Asian Development: The Miracle, the Crisis, and the Future[M]. London: Zed Books, 2007.

5 Smil V. Growth: From Microorganisms to Megacities[M]. Cambridge, MA: The MIT Press, 2019.

# 失控的资本

发条经济学的终结

The Financial and Conceptual
Foundations of Intangible Asset
Manager Capitalism

## 第十章

## 婴儿潮时代的金融化

美国企业的自大和无能已经够糟糕了，伴之以人口浪潮的到来，这简直是一种双重打击。如果问一位经济学家关于 20 世纪 70 年代美国生产率骤降的问题，他会指出投资的减少。也许一些高管是懒惰和无能的，但不断上升的通胀和利率使资本变得非常昂贵。另一方面，人口统计学家会指出年轻工人的激增。婴儿潮一代在 20 世纪 70 年代进入 20 多岁，对工资造成了下行压力。"当劳动力廉价而资本昂贵时，减少投资是明智的。"正统经济学家声称。但来自东方的官员肯定不同意这一点。在 20 世纪最后 20 年的大多数年份，他们的投资额超过了 GDP 的一半，实现了经济的最高年增长率。他们在制造业的投资策略尤为大胆，以至于到 21 世纪的第二个十年，中国公司的价格几乎成为全球价格标准。

婴儿潮展示了人口群组中边际变化的影响。1960 年，18 ~ 24 岁的人口占总人口的 4.3%，1970 年占总人口的 5.6%，这看起来变化不大。但 18 ~ 24 岁的总人数增加了约 50%，从 760 万人增加到 1140 万人，这完全是破坏性的。

理查德·伊斯特林（Easterlin，2004）[1]对婴儿潮现象进行了最早和最彻底的分析。在大萧条时期，出生率急剧下降，因此20世纪50年代进入劳动力市场的那一代男性非常少，而且需求量很大。因此，年轻工人和年长工人之间的工资差距变得异常小，这促进了早婚并提供了更大的经济安全保障，也使夫妇更愿意生孩子。在伊斯特林的公式中，群组变化变成了自我放大。

然而，在20世纪50年代中期的某个时候，放大机制开始倾向于产生破坏效应。当婴儿潮一代达到上学年龄时，各地的小学被迫加开了之前两三倍的课程量。郊区的情况更糟，那里的学校不得不从零开始建设。当他们到了十几岁的时候，青少年犯罪成了社会议程上的首要问题。警察疲于应付，只能对一些需要干预的违法行为进行选择性执法，丹尼尔·莫伊尼汉（Daniel Moynihan）后来将这一过程称为"降低偏离正轨之事的标准"（defining deviancy down）。

1981年里根上台，保罗·沃尔克（Paul Volcker）对通胀发起攻击，在1940年至20世纪60年代的太平岁月里建立起来的大型美国工业企业本质上已经很脆弱了。货币主义实际上会让它们分崩离析，因为沃尔克和里根在1981年实行的两位数利率对这些部门产生了三个灾难性的影响。首先，它摧毁了它们的出口市场，使拉丁美洲、非洲和亚洲部分地区的经济陷入混乱，在某些情况下，20年都无法恢复。其次，经济衰退摧毁了它们的国内市场，尽管持续时间相对短暂。最后，利率推高了美元的价值，对于美国的贸易伙伴来说，美元升值了约60%。

那些仍有能力购买设备的人可以以更低的价格从日本小松或德国西门子购买，而不是从美国企业 Caterpillar、International Harvester 或 Allis-Chalmers 购买。伟大的美国工业带和它的工会被打击得支离破碎。罗斯福新政的解体开始了。

到里根时代中期，许多大公司因为高利率、1981 年到 1982 年的经济衰退以及高价值美元给日本和欧洲同行带来的竞争力提升而破产。最先进的技术部门进行了重大重组。技术奇才离开了大型综合公司，在硅谷和西雅图成立了自己的初创公司。在 20 世纪 90 年代及以后，美国一些曾经伟大的工业和技术公司将成为新一轮财务欺诈的受害者。显然，伟大的美国公司既不是永久的，也不是不可战胜的。20 世纪 80 年代初，许多在美国商学院任教的人基本上都认为，大公司的倒闭根源在于糟糕的宏观管理和政府对市场的监管干预。

"问题的原因是政府，而不是企业的市场力量。"里根总统保证道。商学院的咒语断言，日本和德国在世界舞台上的存在只是意味着存在竞争，但没有具体说明这两个体系不同的经济结构和宏观政策。权力分散到几个方向。其中一部分流向了技术专家，他们前往加利福尼亚和华盛顿建立了自己的独立公司，将大型综合企业从科学和技术研究的生产者转变为其消费者；一部分流向了集中在曼哈顿和伦敦的对冲基金和私人股本集团的资产经理，他们冒着被查处和敌意收购的风险，来重申自己对大公司财务业绩的标准；一部分流失到了海外，被欧洲和日本的企业蚕食；还有其中一些移交给了首席执行官和高管阶层，他们之前在实践中从属于技术结构。

这四种现象，即国际贸易的兴起、金融权力的重新确立、技术开发的外包以及寡头统治在高管阶层中的崛起，再加上里根和撒切尔在 20 世纪最后 20 年的放松管制，对美国公司、它们的经营方式以及它们在世界上地位的普遍下降产生了巨大影响。

美国国有工业公司的衰落在某种程度上可以看作是技术结构权力分散的过程。这部分是对日益激烈的全球竞争的回应，部分是发生在国际金融界的资产经理们的"反政变"之后，部分是对技术组织变化的回应，部分是寡头阶层崛起的结果，新的首席执行官们再次成为他们所管理的公司生活中的一股自治力量。

20 世纪 80 年代的高利率、高资金成本成为企业生存必须考虑的主要因素。因此，里根的货币主义使工业企业依赖于其资金来源。它重新确立了美国金融机构的卓越权力。华尔街重新掌权。共同基金如雨后春笋般出现，让婴儿潮一代中的普通人能够集中资源，并有机会接触到"专业"的投资经理。来自养老金的源源不断的资金，以及储蓄从银行账户向共同基金的转移，推动了投资市场的增长。现代基金管理——资产管理资本主义——诞生了。保险公司将自己重塑为财富管理公司。量化金融诞生于基金管理的四个关键原则：哈里·马科维茨（Harry Markowitz）的分散风险（Diversification）；尤金·法玛（Eugene Fama）的有效市场（Efficient Markets）；把风险定义为收益率的波动的均值 - 方差模型（Mean/Variance Model）；威廉·夏普（William Sharpe）的资本资产定价模型（Capital Assets Pricing Model，CAPM）。由此得出结论："如果你承担更多风险，那么你需要更高的回报。"昔日的投资者喜极而泣，他们一直在无知的情况下做着 CAPM。

马科维茨的中心思想是，判断与投资组合相关的风险，不仅要看与每项资产相关的风险，还要看不同资产回报之间的关系。如果不同资产的回报高度相关，那么多样化就没有什么好处。但如果回报是不相关的，那么增加更多的资产就会降低整个投资组合的可变性。"有效投资组合"是指在给定平均回报率的情况下，使投资组合回报的可变性最小化的投资组合。投资组合方法的关键见解是，风险是投资组合作为一个整体的属性，不能通过简单地增加与该投资组合的每个要素相关的风险来判断。风险取决于环境，在一种环境中有风险的行为在另一种环境中可能是无害的。没有所谓的风险资产，只有风险资产的组合。（Kay & King，2020，pp. 307 – 308）

CAPM 假设所有投资者都持有在风险和收益之间优化权衡的股票投资组合。如果市场上的每个人都拥有这样的投资组合，那么他们就可以组合起来创建市场投资组合（market portfolio）。如此，单个股票的风险就可以和理论上的市场投资组合风险关联起来衡量。因此，风险系数，即贝塔系数，被用来计算股权成本，或股东冒相应风险需要得到的回报。问题在于，实施 CAPM 实际上是不可能的，因为该理论假设了掌握公司风险的完美信息、无限的卖空股票的能力，以及所有投资者相同的投资期限。此外，由于风险和回报情况的变化，市场投资组合必须不断升级，这实际上涉及大量的交易成本。资产管理公司往往根据标普 500 指数或富时 100 指数评估市场。此外，有证据表明，资产经理更倾向于"追逐回报"，而不是优化 CAPM 假设中的风险回报权衡。

把市场的行为方式比作一群独立的、完全知情的个人，最初的目的是为了便于计算，但这却成了正统经济学的一个持久特征。1965 年，在杰文斯（William Jevons）写下政治经济学理论 100 年后，尤金·法玛提出了有效市场假说。与杰文斯相呼应的是，法玛设想了一个市场，在这个市场中，有大量理性的利润最大化者积极竞争，每个人都试图预测单个证券的未来市场价值，所有参与者几乎都可以免费获得重要的当前信息。

法玛的假设是，这样一个市场将有效地配置资源，并将金融风险分配给最有能力承受这些风险的经济实体。有效市场假说还指出，市场机制倾向于自我纠正和消除任何不平衡，如泡沫或崩溃。在过去的 40 年里，法玛的假说一直是金融监管的核心。2005 年生效的《巴塞尔协议 IV》强调了市场纪律和大型银行自我监管作为国际金融监管的核心支柱，并被奉行至今，尽管许多人将"有效市场假说"视为基于牛顿均衡理论和巴舍利耶随机漫步理论的神话。

正统经济学假设市场是由自由的个人组成的，他们的互动只是为了使他们自己的效用最大化，而经济可以通过聚集这些个人来建模。另一方面，网络理论不是把一群人仅仅看作是彼此独立行动的个体的集合，而是关注他们之间的关系。阿尔伯特 - 拉斯洛·巴拉巴西（Albert-Laszlo Barabasi）的著作（2016）[2]为我们提供了寻找这种关系的工具。通过分析经济相对稳定时期发生的动态，我们将试图理解市场力量为何以及如何导致金融不稳定，而不是有效市场假说所主张的均衡。

自 19 世纪以来，经济一直被视为一个本质上静态的系统，当受到外部事件的干扰时，它会自动自我调整，以回到其最优均衡状态。

当然，有源源不断的消息需要消化，所以市场永远不会完全稳定下来，但在任何一个时刻，它几乎都处于一种完美的平衡状态。既然消息是随机和意外的，那么价格波动也应该是随机的——就像掷骰子或从一副纸牌中抽牌一样。人们不能肯定地说，它的下一步是上涨还是下跌。然而，正如路易斯·巴舍利耶（Louis Bachelier）在其1900年的论文《投机理论》（*Theorie de la Speculation*）中指出的那样，市场行为本质上是随机的，"不可能指望数学预测"，尽管仍有可能利用机遇律来计算概率。如果假设价格变化是许多独立波动的结果，每一个都有相同的概率分布，那么它们应该遵循熟悉的正态分布或钟形曲线分布。

数学家和物理学家已经构建了处理随机性的复杂技术。这些方法的应用在日本被称为"财术"（Zaiteku），在西方被称为"金融工程"。"我们无法预测经济的原因不是因为市场不理性，而是因为它太理性了。"法玛说。法玛和巴舍利耶似乎得出了非常相似的结论。他们的不同之处在于，65年前的巴舍利耶认为市场是理性所无法理解的，而法玛认为市场本身就是理性。市场是"许多聪明的参与者"的总和，因此它的集体智慧大于任何一个参与者的智慧。法玛的论点基于经验证据，这些证据表明，经济预测者始终无法预测市场走势。

贝努瓦·曼德尔布罗特（Benoit Mandelbrot）与理查德·赫德森（Richard Hudson）[3,4]从四个方面证伪了随机漫步假说。其一，由于数据的尾部比钟形曲线的尾部要厚得多，因此价格波动比随机漫步所预测的要极端得多。其二，极端事件实际上相当极端；总方差的很大一部分是由几次剧烈的价格波动造成的。其三，在时间上，价格波动有一些聚集现象，这是一种不断出现和间断的均衡模式。其四，描述数据的统计数据并不像随机漫步预测的那样是稳定的，而是随着时间的推移而变化。曼德尔布罗特不仅证伪了随机漫步假说，而且还提出了另一种选择。幂律巧妙地解释了有效市场假说无法解释的价格波动的厚尾和极端波动性。曼德尔布罗特认为市场价格具有分形几何（fractal geometry）结构。

大卫·奥雷尔（Orrell，2012）[5]观察到：理性经济人在罗伯特·卢卡斯（Robert Lucas）的理性预期理论（the Rational Expectations Theory）中达到了最高完美境界。它不仅假设市场参与者是理性的，而且假设他们头脑中有一个完美的经济模型，也就是说他们不会犯系统性错误。与有效市场假说一样，该理论假设市场处于静态均衡状态。如果价格过高或过低，就意味着人们不够理性。理性预期并不意味着行为主体从不犯错。行为主体有时可能会犯错误。但这些错误只是随机的，所以一段时间内平均来说每个主体都是正确的，而且在每个时间点上，大量行为主体的总体决策都是理性的。

在技术层面中，卢卡斯将预期定义为随机变量分布的均值。随着观测值数量的增加，分布类似于钟形曲线，即正态分布，并且预期值与曲线的峰值（观测的平均值）一致。类似地，误差或引起这些误差的随机事件遵循钟形分布，但它们的预期均值为零。理性预期假说假设行为主体是理性的，拥有相同的信息和偏好，并将经济视为一个主体，即代表性行为主体的决策之效果总和。在理性、信息集和偏好方面相同的行为主体将做出相同的决策。分析他们作为一个群体的决策，相当于分析他们的独立决策。因此，在数学上，您只需要最大化一个效用函数，而不必最大化多个效用函数的总和。

迈克斯·泰格马克（Max Tegmark）[6]提醒我们，正如当今神经科学家们经深入研究所指出的那样，视网膜记录的信息会经过高度复杂的处理，并用于不断更新储存于大脑中的关于外部世界的精细模型。让我们称此现实模型为你的内在现实，因为它是你主观地从心智的内在视角对外部现实做出感知的方式。这个现实也是仅仅内在于你而存在的，因为你的心智好像正在观察外部世界，其实它只是在观察你头脑中的现实模型——后者则通过复杂但自动的进程不断跟踪你意识之外的世界，而你并没有意识到这一点（Tegmark，2014，pp. 234 – 235）。

大卫·奥雷尔指出，理查德·道金斯（Richard Dawkins）在20世纪70年代提出了遗传学和自然选择之间的联系，这提高了理性行为这一概念的可信度。正如道金斯在《自私的基因》（Dawkins，1989）中所写的那样[7]，"如果你看看自然选择的运作方式，似乎可以得出这样的结论：任何通过自然选择进化而来的东西都应该是自私的。"我们是理性的、效用最大化的机器，因为我们的基因就是如此设计的（Orrell，2012，p. 229）。这暗示着经济上的成功反映了基因上的优越。这就是"鸡只是一个蛋生出另一个蛋的载体和方式"的核心概念——有机体只是基因组复制下一代的载体，而行为只是促进复制的微小附带现象。

这种基因中心论的观点可以一分为二。一是基因组（即所有基因、调控元素等的集合）是思考事物的最佳层次。道金斯持有的更激进的观点是，最合适的层次是个体基因——即自私的基因，而不是自私的基因组。二是，历史上大多数进化都发生在微生物中，并涉及一种称为内共生的过程，在这一过程中，物种交换成分或聚集在一起形成新物种。此外，生物系统具有非凡的自组织能力，其中高度组织化的系统可以在没有任何计划或选择的情况下出现。复杂性理论科学家认为，自然模式是从内部动态中产生的，而不仅仅是自然选择。

道金斯强调突变和适者生存的观点，与德谟克利特（Democritus）的观点是一致的，即世界是由原子的随机洗牌决定的。"宇宙中存在的一切都是偶然和必然的结果。"但是，随机突变和自然选择显然是进化的重要驱动力，但这并不意味着它们具有排他性。主流还原主义方法与复杂性方法之间的区别是有启示性的。约翰·H. 米勒（John H. Miller）和斯科特·E. 佩奇（Scott E. Page）指出，"在最基本的层面上，复杂系统领域对这样一种观念提出了挑战，即通过完美地理解系统每个组成部分的行为，我们就可以将系统作为一个整体来理解。"（Miller & Page，2007，p. 3）[8]

根据生物学家的观点，任何物种的存在都是偶然的，而它的持续生存始终受制于随处发生的随机突变和自然选择的全能进程，这是发生在相互依存的生态系统中的。这个盲目的过程，经过漫长的时间，被认为不仅可以解释所有生物从假定的共同祖先的进化，而且在某些版本中，还可以解释共同祖先本身从原始化学成分中的自发生成。特别是对于人类，随机突变和自然选择被认为不仅决定了眼睛颜色和身高等特征，还有智力、意识、道德和理性思考能力。新达尔文主义理论已经从对许多事实的很好解释被推广到对一切事物的普遍解释。尽管它确实强大，但新达尔文主义理论不能解释意识和目的。

人们不能通过指出自然选择的作用来将新达尔文主义理论从无目的和随机性的领域中拯救出来。选择听起来可能是有目的的，但在公认的自然选择理论中，机遇律占主导地位。随机突变为自然选择提供了"菜单"，自然选择据以在随机变化的环境中生存和繁殖的概率为标准来进行选择。经济学家没有走向否认目的存在的极端，而是把目的的弱化存在形式归于偏好的范畴之下，并且通常不认为它们是虚幻的。然而，偏好被认为是纯粹主观的，因此一个人的偏好和另一个人的偏好一样好。目的没有被排除在外，只是被降低到了品味的水平。

凯特·拉沃斯（Kate Raworth）呼吁用更复杂的人类行为描述来取代"经济人"的概念：首先，我们不是狭隘的自利个体，而是社会性和互惠性的。其次，相较于固定的偏好，我们的价值观是可变的。再次，我们不是孤立的，而是相互依存的。从次，我们通常使用近似方法，而不是精确计算。最后，我们远非在自然界中拥有支配地位，而是深深地融入生命之网中。在数学术语中勾勒这幅画面的适当框架似乎应该是量子形式主义（Raworth，2017）[9]。

"投资者无法击败市场"这个说法是更加正式的"有效市场假说（EMH）"的口语化表达。这一假设与现代金融理论的大多数原则一样，与现实只有松散的联系，但却对学院派经济学家和华尔街有着强大的影响力。有效市场假说认为，市场在将新信息纳入价格方面效率很高。如果一家公司公布令人失望的盈利报告，市场会立即将该公司的股票价格下调以反映新的盈利前景。单个投资者可能赢，也可能输，但不能以超越其他投资者的方式从新闻中获益。如果市场像假说所要求的那样有效地纳入新信息，就不会发生闪崩、恐慌、疯狂和泡沫等事件了。然而，这些事件确实发生了。2020年3月12日，尽管美联储向回购市场注入了5000亿美元，但纽约股市的下跌仍与1987年的黑色星期一不相上下。

有效市场假说存在所谓的弱式、半强式和强式三种形态。弱式假说测试我们仅使用历史价格和收益可以击败市场的能力。很少有分析师将自己限制在如此少的信息范围内。研究略超出这些狭窄的范围应该会产生更好的收益。半强式考虑了历史价格和收益加上所有公开信息。这为试图击败市场的投资者设定了高门槛。强式包含了所有信息，包括历史、公开和私人信息。然而，没有一个单独的投资者能够拥有所有的私人信息。这就是为什么它是"私人"的。

有效市场假说存在的主要问题是"内在价值"的概念。这一概念诞生于新古典主义的信念，即经济存在某种稳定的均衡——一组完美匹配买家和卖家的独特价格。像经济这样的动态系统，甚至不要求存在平衡点。平衡点是出于一种数学上的便利，由19世纪的经济学家根据他们那个时代的物理学建立的模型。从这个角度来看，不可预测性在某种程度上可以被视为效率和理性的标志，这似乎很奇怪。投资者无法准确预测黄金价格波动的原因，并不是因为他们无法确定这种物质的内在价值，而是因为内在价值本就不存在。一项资产的价格反映了市场对其未来价值的共识，而这种共识是高度可变的，容易受到各种力量的影响，包括非理性的。

高级数学技术被热情采用的一个领域是量化交易的专有统计算法，这些交易员通常是在银行和对冲基金接受过培训的数学家或物理学家。分析师在金融数据中搜寻微妙但持续一段时间的模式，并用它们来设计交易策略。根据有效市场假说，这些模式不应该存在。通过杠杆和套利、快速交易和风险转移，大型银行的交易员在 2008 年危机后长期以接近零的利率获得几乎无限的资金，而财政部和美联储认为他们中的大多数都是"大而不能倒"。

实际上，联邦政府通过美联储和数十个其他监管机构，已经将这些大型金融机构的负面影响社会化，使他们能够进行所谓的创造性冒险（creative risk taking）。利用美联储的零利率资金，"大而不能倒"的银行购买了价值数万亿美元的政府债券，并俘获了利差。零利率为高杠杆的华尔街投机者带来了轻松的资金，为政府带来了廉价的资金，但为创业的小企业带来了贫瘠的信贷环境。大约 2600 家社区银行倒闭。它们似乎太小了，不值得救助（too small to bail）。

尽管有效市场假说在科学上可能不太站得住脚，但金融市场是进化系统。市场是一种旨在整合大量人的观点，以为复杂的资产定价并分配资本的社会技术。尽管这种资本分配有时并不是以最有效或最经济的方式进行的。市场的竞争强度确保了它们能够快速处理信息，并确保其参与者有不断创新的压力。安德鲁·罗（Andrew Lo，2014）[10]将市场的进化有效性称为适应性市场假说，并认为市场有效性理论并没有错，只是不完整。安德鲁·罗的范式解释了金融进化如何塑造了行为和市场，以思想的速度反映出稳定性和危机、利润和损失、创新和监管之间的波动。

有效市场假说的天才之处在于，它将经济理论中的"效率"和"理性"这两个咒语吸收到了自由市场中。这些等式说明了为什么自由市场如此擅长设定价格和创造财富。它们还将财富分配不均等问题合理化。因为市场是理性和有效的，所以公司或个人所做的一切都是为了社会的最大利益，即使看起来并不是这样。任何阻碍其运作的东西，如政府监管、工会或反全球化运动，从定义上讲都是低效和非理性的。但有效市场假说只是预测出我们无法预测，因此只能为2008年金融危机等预测失误提供一个方便的解释。

1974年，保罗·萨缪尔森（Paul Samuelson）对法玛的有效市场假说推崇备至，认为大多数选股人都应该歇业，因为即使是最优秀的选股人也不可能总是跑赢市场平均水平。根据他的建议，第二年，先锋（Vanguard）推出了面向散户投资者的指数基金。它并没有受到热烈欢迎，到1980年只筹集了1700万美元。华尔街的宣传机器谴责它"非美国"。在过去的二十年里，指数投资蓬勃发展。指数基金的增长速度比那些选股进行买卖的主动型基金经理管理的基金快6倍左右。许多投资者以0.03%的费用获得了股票市场的平均回报。

萨缪尔森支持指数基金的理由是基于股票市场是"有效率的"这一观点。任何有关一家公司前景的消息都会迅速反映在其股价上。如果有明显的便宜货，一点点努力就会以牺牲懒惰的投资者为代价来回报细心的投资者。但是，如果更多的人购买指数基金，它会不会变得"低效"？反过来，这是否会为那些萨缪尔森建议应该停止交易的选股人创造机会？事实上，相反的可能性更大。如果指数投资取代了糟糕的选股人，它将使市场更"有效"，而不是相反。

整体是部分的总和，套套逻辑（tautology）对于理解为什么会这样是至关重要的。有了指数投资，普通投资者可以做得和股票市场的平均水平一样好。一些投资者要战胜市场，另一些投资者就必须被市场打败。选股人煞费苦心地收集事实、评估事实并进行交易。尽管大多数共同基金的业绩并不能证明购买它们的成本是合理的，但随着时间的推移，股票的成交量实际上增加了。活跃的投资者比以往任何时候都更加活跃。这是金融化的另一个支持性观察。

其结果是，"股东财富最大化"成为公司存在的理由，"短期主义"成为公司高层的新兴现象，这在商学院中备受称赞。无论财务目标对企业的长期生存能力有何影响，都必须设定并实现财务目标。一家未能做到这一点的公司可能会受到股价下跌的惩罚，并最终受到敌意收购的惩罚，随后遭受技术结构的大规模破坏。这种情况非常有利于那些纯粹专注于先进技术的、与 20 世纪 50 年代和 60 年代的综合工业巨头不同的公司的出现。毫不奇怪，高科技元素倾向于从大公司中分离出来，这导致了 20 世纪 90 年代出现了一个独立的技术部门，即平台公司。

大多数首席执行官都被批评为短期利润目标的奴隶。然而，很少有人以华丽的方式藐视正统。以电动汽车制造商特斯拉为例。到 2017 年 9 月，该公司未能实现其生产目标，并损失了 18.6 亿美元的自由现金流，即扣除资本投资后公司产生的资金。这并不要紧。当特斯拉创始人马斯克大声谈论无人驾驶汽车和太空旅行时，特斯拉的股价应声上涨。自 2017 年 1 月至 10 月特斯拉的股票增长了 66%。亚马逊在 2012 年至 2014 年间损失了 40 亿美元，却没有受到股市的惩罚。

2016 年，在罗素 1000 指数的美国大公司中，有 25 家（3.3%）损失了超过 10 亿美元的自由现金流。2007 年，这一比例为 1.4%，1997 年则低于 1%。2017 年，网飞（Netflix）和优步是另外两家亏损数十亿美元的科技公司，它们声称其迄今尚未得到验证的商业模式将改变行业。其他的"十亿美元输家"是因油价暴跌而调整的低迷能源公司。切萨皮克能源公司（Chesapeake Energy）已经连续 14 年每年损失至少 10 亿美元的自由现金流。新时代能源公司（NextEra Energy）连续 12 年亏损。特斯拉、优步、网飞、切萨皮克能源和新时代能源在过去十年里总共烧掉了 1000 亿美元，但它们的总市值约为 3000 亿美元。

另一方面，杜邦（DuPont）从 1802 年的一家新兴火药制造商成长为一家全球主要的化学、材料和生命科学公司，历经两个多世纪，2005 年拥有 6 万多名员工、270 亿美元的收入。在其历史上的大部分时间里它的股价都跑输大盘指数。杜邦管理层的重点一直是公司的持久性，而不是短期的股东财富。苹果公司则不同。2013 年春，该公司首席执行官蒂姆·库克决定借款 170 亿美元用于回购股票，以提振该公司落后的股价，当时该公司在美国以外的银行已经有 1450 亿美元的存款，每个月还有 30 亿美元的利润。战术奏效了。股价飙升，苹果成为市值最大的公司，并为批准这一策略的苹果董事会成员和公司股东（蒂姆·库克是其中最大的股东之一）带来数亿美元的账面财富。苹果在财务工程设计方面，似乎拥有着媲美其产品设计同样的创造力。

威廉·拉佐尼克（William Lazonick，2009）[11]记录了股票回购编年史并指出一种趋势，就是从"留存和投资"模式向"缩小规模和分配"模式的转变。"留存和投资"战略仅将资金用于建立公司和启动生产。一旦实现盈利，贷款可能至少会得到部分偿还，因为留存收益是为下一个生产周期和扩大市场份额的投资提供资金的廉价方式。"缩小规模和分配"模式则不同。它将公司仅仅视为"摇钱树"，效率最低的机构必须出售。由此产生的收入分配给经理和股东，而不是也在和正在做出贡献的工人。这可能会阻碍公司的发展。然而，如果股东满意，这一战略就是合理的。

反常的是，正是保守的日本人将公司内部的交易提升到了一个新的水平。他们是美国管理理论的盲从爱好者。他们利用泰勒和戴明的成果来改革制造业——全面质量管理、准时生产和零缺陷。他们在财务管理方面也会这样做。这就是所谓财术，或曰金融工程。财务部，即公司内部的财务职能部门，将成为利润中心。财术的意思是通过金融工具交易为公司赚取收入。银行利用公司业务进行交易并赚取利润，因此公司也可以利用自己的资金流来赚钱。用管理术语来说，就是"内部化"。

日本企业热情地接受了财术。1985 年《广场协议》签订后，日元升值，给依赖廉价货币的日本出口商造成了严重损失。这种转变意味着这些出口商必须改变战略，在大多数情况下，这意味着将生产设施转移到海外。不幸的是，它们不可能在一夜之间把汽车厂搬到俄亥俄州。日本公司试图利用财术产生的收益来掩盖主要业务盈利能力的薄弱。日本企业纷纷操起外汇、债券、大宗商品甚至股票交易。具有杠杆作用和表外性质的衍生品成为理想的选择。

1967 年，希恩·卡苏夫（Sheen Kassouf）和爱德华·索普（Edward O. Thorp）[12] 解释了如何为可转换债券定价。可转换债券是一种混合证券，由定期支付利息的债券和少量交易的认股权证组成，认股权证赋予所有者将证券转换为股票的权利（可转换债券的名称由此而来）。为权证定价是一项艰巨的任务，因为其价值取决于对未来某一日期标的股票可能价格的预测。卡苏夫和索普设计的系统帮助他们预测股票价格的未来走势，并使他们能够发现那些定价错误的可转换债券。股票的未来走势，一个被称为"波动性"的变量，是随机的，因此是可以量化的。如果权证的定价方式低估或高估了其可能的波动性，就可以赚钱。索普和卡苏夫首次设计出量化方法来发现权证估值指标，以及投资者应持有多少股票以对冲其在权证中的持仓。随着时间的推移，这种套利方式被称为 Delta 对冲。

最著名的财术形式是"日本认股权证套利"。日本公司发行带有认股权的债券，认股权使购买者有权利在规定的期限内以特定的价格购买公司股票，实际上是股票的看涨期权。这些公司利用低利率借款获得期权收益。日本公司为了获得更低的利率而彼此竞争。交易商则竞相给这些公司提供更低的利率。债券利率有时会降至零，甚至出现成本为负的情况。公司将借入的资金投资于与之相匹配的债券，锁定债券收益和实际借款利息之间的差额，并将差额计入利润。依据日本的会计准则，认股权证不会出现在财务报表之中。

公司投资于它们或其他公司发行的债券和认股权证。认股权证被剥离出来并转让给其他方，只留下债券。权证买家支付了高额溢价，押注日本股市上涨。在 20 世纪 80 年代，日经指数只涨不跌。

溢价使债券持有人获得了不错的收益。这一切都是通过衍生品（一种资产互换）的魔力来完成的。

这些公司发行的带有认股权证的债券几乎没有利息成本，然后它们将收益投资于同样或近乎相同的债券以获得更高的回报，以锁定利润。交易商并不在乎。他们入场出场都能赚钱。1989年，日本经济泡沫破裂。日本公司报告了损失，有些公司的损失金额达数十亿美元。在日本公司中，将财务部门作为盈利中心的模式不再流行了。

日经指数在1989年达到39000点的高点后，出现了暴跌，其他所有指数也随之下跌。很少有认股权证被行使。日本公司在市场顶部卖出了自己股票的看涨期权，并将利润存入银行。输家是权证的买家。在一种异乎寻常的反转中，美国和欧洲的公司将财术出口到日本，然后又开始狂热地模仿日本的做法。学者和评论人士没有吸取财术在日本惨败的教训，将金融工程誉为革命性的新事物，一些人甚至在2008年金融危机之后仍然在这样做。

另一方面，在美国发展起来的资管资本主义中，对于那些拥有非凡想象力、科学天赋、量化魔法，或者仅仅具有说服风险融资机构相信他们拥有这些特质的人来说，他们的前途无量。他们可以筹集巨额资金，为自己支付优厚的薪酬，并迅速创办新公司。出现了一批新的商业精英：年轻，知识渊博，独立，在收了费的媒体的大肆宣传和美联储主席格林斯潘的货币政策的帮助下，他们在他们的网络公司IPO之后变得异常富有。最终，纳税人和/或一堆毫无价值的债券的持有者、西方养老金系统和中央银行将为此埋单。

乍一看，20 世纪 90 年代的新商业精英似乎与 20 世纪 50 年代和
60 年代的领薪的、官僚型工程师和管理人员大不相同，后者经营管
理着大公司，正如阿尔弗雷德·斯隆（Alfred Sloan）之于通用汽车。
事实上，他们似乎是一种在早期经济学著作中备受推崇的熟悉的类
型。在弗里德曼和哈耶克的思想在商学院被大力宣扬以证明自由市
场的胜利的年代，将新一代商业领袖与旧企业家原型相提并论是不
可抗拒的。事实上，新老企业家之间几乎没有什么相似之处。在很
大程度上，新型的技术企业家实际上是以前在大公司的实验室工作
的那一批人。他们所做之事有很大的不同。

过去所谓的"坚强的企业家"以更聪明、更便宜的生产，更努
力的工作，更好地吸引客户、保持市场份额而取得了胜利。所有这
些都需要时间，而时间是信息技术繁荣时期所稀缺的。相反，在新
时代，有一条捷径。致富仅仅意味着获得资本市场的认可。正确的
关系、专利、商业秘密和商业计划，这些都是筹集资金的前提条件。
真正的商业成功会在晚些时候到来，如果它能到来的话。人们会在
事后发现，谁拥有杰出的创新和追求创新的能力，谁没有。但一旦
筹集到资金，所有高管都会变得很富有，至少在一段时间内。

在新兴的资管资本主义中，投资银行家和技术专家紧密结盟。
一个领域的创新，如迈克尔·米尔肯（Michael Milken）的垃圾债券
市场，帮助推动了另一个领域的增长。金融家与技术企业家的结合
推动了新经济的新愿景，形成了一种新的范式，因此成为 20 世纪 90
年代商学院眼中的异端。有效市场假说认为，所有可能影响市场价
格的信息都已经体现在市场价格中。尽管市场可能在事后被证明是

"错误"的,即它将某只股票定价得很便宜,但随后股价飙升,或者将另一只股票定价得很昂贵,但随后股价暴跌。但从前瞻性来看,市场从未错过或误用信息,导致系统性的错误定价。因此,如果市场价格与传统估值模型所认为的公平合理相差很大,那么肯定是传统模型存在问题。人们开始寻找新的模型,以证明这些市场价值是公平合理的。因此,"新经济"理念和一系列新的公司估值方法应运而生,特别适合那些尚未盈利且在可预见的未来似乎都不可能实现盈利的公司。

一个经理经营一家不属于他自己的公司和一个老板经营自己的公司而不需要向任何人报告之间存在差异,后者面临着不利因素。企业经理只享有激励而没有惩罚。这种不对称性是明显存在的。波动性(volatility)有利于经理,因为他们只享受回报的那一面。关键点是他们有可能从波动性中获益,波动越大,这种不对称性就越有价值。

2018 年,通用电气新任首席执行官拉里·卡尔普获得了一份最终可能支付 2.37 亿美元的薪资合同。根据华盛顿特区经济政策研究所(Economic Policy Institute of Washington D. C.)的数据,2017 年,美国 350 家最大公司的首席执行官的平均收入为 1890 万美元,是普通员工收入的 312 倍,接近 2000 年 344 倍的峰值。2000 年和 2017 年的相似之处是股票期权价值的飙升。股市在 2000 年结束了长期繁荣,并在 2017 年再次飙升,促使许多首席执行官卖出他们的股票。在美国从管理资本主义转向资管资本主义,向高管授予股票期权的热情开始高涨之前,CEO 与员工的薪酬比率为 32∶1,就在 CEO 开始以股权形式获得更多薪酬时，股市开始起飞。1985 年初，美国股票交易的周期调整市盈率为 10，根据耶鲁大学的罗伯特·希勒（Robert Schiller）的说法，2018 年这一数值将超过 31。

《财富》杂志 2013 年的一项研究显示，只有 1% 的美国公司从国外挖来了 CEO，很多公司都是从内部提拔。在日本，CEO 很少被授予股票期权，日本高管的薪酬仅略高于美国的十分之一，约为英国的四分之一。富时 350 指数成分股公司的 CEO 薪酬在 2000 年至 2013 年间上涨了 350%，而公司税前利润上涨了 195%，营收上涨了 140%。一个问题是，将股权授予高管意味着，在美国和英国，收入丰厚的人和资本丰厚的人比以往任何时候都更加集中在同一人群。[13]

根据商学院的说法，美国近现代工业发展史与自由市场和竞争的世界紧密关联。在教科书的意义上，许多非常小的公司均通过标准方法生产标准产品，并接受市场本身给出的价格。发达的、高度程式化的、互不关联的自由竞争市场原则被应用于不稳定和不断变化的公司世界，无论与事实有多不相符。美国的商学院宣扬保守主义神话的复兴，将一套陈旧的思想应用于一个根本不适合接受它们的世界。

大卫·奥雷尔在《经济学迷思：经济学出错的十种方式》（*Economyths: Ten Ways Economics Gets It Wrong*）（Orrell，2010）[14] 中说：正统的新古典主义经济理论是人类行为的数学表述，像任何数学模型一样，它是基于某些假设。就经济学而言，这些假设在很大程度上与现实脱节。许多人认为这些假设是合理的，因为它们是基于物理学或工程学等领域的思想，而这些领域是西方 2500 年科学遗产的一部分，可以追溯到古希腊时期。从表面上看，正统的经济理论似乎只有科学的外表和感觉，而没有科学的实证验证。（Orrell，2010，p.5）

正统的经济学理论，其线性、理性以及对稀缺和均衡等概念的痴迷，源自毕达哥拉斯哲学的核心，自19世纪这门学科以物理学为模型诞生以来一直如此。奥雷尔补充道："新古典主义经济学显然是以牛顿的理性力学为模型的。"牛顿力学可以通过变分法表达为一个最优问题：在一个场中运动的物体选择最小作用的路径。莱布尼茨通过将上帝比作一位建筑师，"以最有利的方式利用他的位置和用于建造世界的资金"来解释这个想法。按照同样的思路，新古典主义经济学家假设，在经济中，个人通过花费有限的资金来优化自己的效用——相当模糊地定义为对那个人来说令其愉快的东西。然后，经济学家可以对如何在市场经济中设定价格进行牛顿式计算，从而得出威廉·斯坦利·杰文斯（William Stanley Jevons）所称的"自利和效用机制"。（Orrell，2010，p.225）

大卫·奥雷尔的总结是，数学在物理学中如此有效的一个原因，是因为据我们所知，像电子和夸克这样的亚原子粒子在宇宙中的任何地方都是一样的。比方说，地球上的氢原子和太阳上的氢原子是一样的。而另一方面，人是不同的。为了解决这个问题，经济学家认为真正重要的是"普通人"的行为。这一概念最早由法国社会学家阿道夫·克特莱（Adolphe Quetelet）提出，他认为普通人这一概念代表着完美的和谐，同样没有任何多余或缺陷——一切都是美好的。正如经济学家弗朗西斯·埃奇沃斯（Francis Edgeworth）所说，"经济学的首要原则是，每个主体都只受自身利益的驱使"。"经济

人"由此诞生，或者"理性经济人"——可称得上是尼采日神精神的理想化表达。(Orrell，2010，p. 226)

大卫·奥雷尔补充道，经济学家将这个虚构的存在作为经济的原子，认为在竞争市场中，价格将通过亚当·斯密的"看不见的手"达到稳定的均衡。如果某种商品太贵，那么更多的供应商就会进入市场，竞争就会压低价格。如果价格太低，那么供应商就会破产或离开，价格就会上涨。弗朗西斯·埃奇沃斯认为，其结果将是个人和整个社会获得"最大快乐"。20 世纪 40 年代，冯·诺依曼将"理性经济人"作为其博弈论的基础，该理论研究了理性主体之间的互动，他们都试图在博弈中优化自身结果。(Orrell，2010，p. 226)

大卫·奥雷尔启发了冷战期间不动点定理在意识形态上的应用。20 世纪 60 年代，经济学家肯尼斯·阿罗（Kenneth Arrow）和杰拉德·德布鲁（Gerard Debreu）使用博弈论中流行的布劳威尔不动点定理（Brouwer's Fixed-Point Theorem）来证明，在某些条件下，自由市场会导致经济的最优"不动点"，即价格被设定在正确的水平，任何改变都会使至少一个人的境况变得更糟。这一结果——任何变化都会导致和谐的系统变糟——很快就被宣称为市场优于计划的证据。但要完成这一壮举，"理性经济人"必须扩展到拥有无限的计算能力和为未来各种可能发生的情况制订计划的能力。阿罗－德布鲁模型（Arrow-Debreu Model）被称为新古典经济学皇冠上的明珠，它启发了众多一般均衡模型的发展，这些模型至今仍为政策制定者所依赖。不幸的是，大量研究表明，它们的预测准确性并不比随机猜测好多少（Orrell，2012，p. 227）。菲利普·米诺斯基（Philip Mirowski）的

《机器之梦》（*Machine Dreams*，2002）详细记述了考尔斯委员会和兰德公司在阿罗 – 德布鲁模型的开发中扮演的历史角色。

市场，特别是资本市场，不是寻求均衡的系统。它们是复杂的系统。风险不是正态分布的。它沿着功率曲线（power curve）分布。事件不是随机的。它们是路径依赖的。最具灾难性的结果不是规模的线性函数。它是一个超线性函数。由于巨型银行之间的紧密联系，资本市场和全球金融体系很容易崩溃。

## 注释

1　Easterlin R A. The Reluctant Economists[M]. Cambridge：Cambridge University Press，2004.

2　Barabasi A-L. Network Science[M]. Cambridge：Cambridge University Press，2016.

3　Mandelbrot B. Fractals and Scaling in Finance：Discontinuity，Concentration，Risk[M]. Berlin：Springler-Verlag，1997.

4　Mandelbrot B. The Misbehavior of Markets：A Fractal View of Risk，Ruin，and Reward[M]. New York：Basic Books，2004.

5　Orrell D. Truth or Beauty：Science and Quest for Order[M]. New Haven：Yale University Press，2012.

6　Tegmark M. Our Mathematical Universe：My Quest for the Ultimate Nature of Reality[M]. New York：Vintage Books，2014.

7　Dawkins R. The Selfish Gene[M]. Oxford：Oxford University Press，1989.

8　Miller J H.，Page S E. Complex Adaptive Systems：An Introduction to Computational Models of Social Life[M]. New Haven：Princeton University Press，2007.

9　Raworth K. Doughnut Economics：7 Ways to Think Like a 21st Century Economist[M]. Vermont：Chelsea Green Publishing，2017.

10　Lo A. Adaptive Markets：Financial Evolution at the Speed of Thought[M]. New Haven：Princeton University Press，2017.

11　Lazonick W. Sustainable Prosperity in the New Economy：Business Organization and the High-Tech Employment in the United States[M]. Michigan：W. E. Upjohn Institute，2009.

12　Kassouf S. & Thorp E O. Beat the Market：A Scientific Stock Market System[M]. New York：Random House，1967.

13　Hargreaves D. Are Chief Executives Overpaid?[M]. New York：Polity，2019.

14　Orrell D. Economyths：Ten Ways Economics Gets It Wrong[M]. New Jersey：Wiley，2010.

# 失控的资本

发条经济学的终结

The Financial and Conceptual
Foundations of Intangible Asset
Manager Capitalism

## 第十一章

## 地球上的纵火犯：
## 金融业、保险业、
## 地产业（合称 FIRE）<sup>⊖</sup>

---

⊖ 本章标题中的 FIRE 是金融（Finance）、保险（Insurance）和房地产（Real Estate）三词首字母的组合，合在一起是英文单词"火"（Fire）。

整个经济生活是创造性和分配性活动的混合体。在经济发展的任何特定阶段，成功的社会都会最大限度地发挥创造性，最大限度地削弱分配性。每个人都只能在牺牲他人利益的情况下获得收益的社会通常是贫穷的——这样的社会通常也非常暴力。

新古典主义经济学家有自己一套解释经济增长的要素：诸如劳动力投入、资本、教育、资源配置的改善，经济规模以及知识的累进，但能源几乎被忽视，而环境因素偶尔被考虑到，但仅只是一晃而过。主流的经济思考早就将那些实现向现代化伟大转变并使极大提升生命质量成为可能的一众先决条件——能源、材料、环境等——边缘化了。此外，一个没说出口的假设是：这些要素并非最重要的变量，而是可有可无的。超越物质和能量的思考才能触摸到真实。

任何一个认识到这个星球上发生的一切都受到能量和物质限制的人，都应该对这种漠视感到惊讶。在能源和环境可以日益被忽视的争论中，流行的观点是能源和经济增长脱钩以及未来经济的非物质化。除非我们认识到能源和材料的核心作用以及众多环境制约因素对人类福祉的重要性，除非我们提出根本不同的方法来协调这些当务之急与长期经济发展，否则正在展开的经济和环境转型就不可能成功。相信强劲的经济增长可以用越来越少的能源材料来推进是一个严重的绝对错误，因为这种脱钩将违背基本的物理原理。主流经济思想完全忽视了这样一个基本事实，即能源是宇宙的物质，所有物质也都是能源的一种形式，经济系统本质上是一个将能源作为资源提取和加工的过程，并最终将能源转化为产品和服务。

能量转换的历史是相对能量强度成功逐步降低的历史，无论是在性能（能量/距离）、具体投入（最终产品的能量/质量）还是总成本（经济产品的能量/美元）方面。同样，技术进步的历史是物质需求相对减少的历史，表现为具体投入的减少（特定材料的质量/最终产品的单位）。但这些可喜的现实有三个必然结果：相对减少并没有转化为全球绝对减少；某一国之成就对全球经济的意义可能不大；所有这些降低的轨迹都有其自然限制。肯尼斯·博尔丁（Kenneth Boulding）说："在一个物质有限的星球上，任何相信物质无限增长的人，要么是疯子，要么是经济学家。"

罗杰·布特尔（Roger Bootle）在《市场的麻烦：资本主义的自救》（*The Trouble with Markets*: *Saving Capitalism from Itself*）一书中对创造性的活动和纯粹的分配性活动做出了重要区分（Bootle，2012）。[1]布特尔的区分与威廉·鲍莫尔（William Baumol，1993）所强调的非常接近。[2]市场经济创造了 GDP 增长，并不是因为每个人都持续参与了传统收入核算意义上的创造价值的活动，而是因为平均

而言，个人和企业之间的竞争在直接效应上完全是分配性的。[⊖]

布特尔认为，随着平均收入的增加，较富裕的社会往往会变得更爱打官司。在较富裕的社会中，消费者能够将收入的很大一部分用于购买商品，仅仅是因为商品上的品牌。一个日益富裕的经济体，可能会有更多的生产活动致力于零和竞争和分配竞争。虽然人均GDP仍然是衡量一个社会经济表现的有用指标，但随着社会越来越富裕，这些惯例变得更加武断和不确定。[⊖]

拉纳·福鲁哈尔（Rana Foroohar, 2016）[3]与阿代尔·特纳（Adair Turner, 2016）[4]持一致的观点。他解释说，金融业不是为创造就业和提高工资的新想法和新项目提供资金，而是将注意力转移到将房屋、股票和债券等现有资产的证券化，将其转化为可交易产品，这些产品可以被分割和出售尽可能多的次数，也就是说，直到事情

---

⊖ 这一说法表明，市场经济中的 GDP 增长是由竞争的分配效应驱动的，而不一定是由新价值的创造驱动的。例如，一家在某一特定市场占主导地位的公司可能利用其权力为其产品或服务设定更高的价格，从而为自己带来更高的利润。增加的利润并不一定反映出公司生产的东西价值更高，而是来自于收取更高的价格的再分配效应。这种再分配效应也适用于工资和薪金，个人的收入是根据他们与雇主谈判的能力来分配的。

⊖ 例如，在一个富裕的社会里，可能会有更多的服务被生产出来，如金融服务，这可能与商品的生产没有直接联系。这些服务的价值可能难以准确衡量，因为它们没有实体存在，其价值可能是主观的。同样，可能有更多的无形资产，如知识产权，对一个社会的财富有贡献，但难以量化。此外，随着一个社会越来越富裕，它们有能力将更多的资源分配给非市场活动，如休闲、教育和健康，这也有助于社会的整体福利，但与 GDP 没有直接关系。

变得不可收拾，就像 2008 年那样。特纳估计，目前仅有 15% 的资金流入实体经济项目。其余的只是留在金融体系内，让金融家、企业巨头和人口中最富有的那部分人变得更富有，他们持有美国乃至全世界绝大多数的金融资产。

拉纳·福鲁哈尔声称，美国向资管资本主义的转变，即金融成为自身的目的，而不是普通民众的帮手，是由金融服务业内部的许多变化促成的。其中之一是贷款的减少，另一个是交易的增加，特别是那种快速的计算机化交易，这种交易现在占美国股市活动的一半以上。纽交所的整体市值现在每 19 个月翻一番，这一速率比 20 世纪 70 年代翻了三倍，从 1980 年到 21 世纪头十年中期，证券业规模占 GDP 的比重增长了 5 倍，而银行存款占 GDP 的比重从 70% 下降到 50%。

在 20 世纪初的美国，普通投资者只需支付一小笔定金，就可以押注股票价格的走向。赌客们喜欢这一点，因为这让他们以极小的支出获得了大量的名义风险敞口。赌徒们旁边的酒铺也喜欢这一点，因为每小时的价格波动意味着赌客们经常会血本无归。股份证书没有易手过。这是纯粹的赌博。这给我们带来了 2020 年期权市场的快速增长。根据全球最大的衍生品清算机构 OCC 的数据，美国交易所平均每天交易约 3000 万份股票期权，比 2019 年增长了 50% 以上。在 2020 年的最后几周里，每天的交易量经常超过 4000 万份。金融界习惯于用保险业的语言来讨论期权。例如，期权的价格也被称为期权保险费（premium）。对保险的需求是期权交易增长的一个理由。但对期权需求的激增，很大程度上来自寻求对单一股票进行长期押注的小投资者。酒铺的主顾们○又回来了。要理解这种联系，首先要理解期权是不承担任何义务的权利。金融期权是在特定到期日或之前以特定价格（行权价）购买或出售资产（股票）的权利。看涨期权是购买的权利。如果标的资产的价格高于行权价，持有它们是有利可图的。看跌期权是出售的权利。当标的资产的价格下跌时，他们就会得到回报。所有者没有义务行使期权。只有当期权是"价内期权"，即执行价被突破时，所有者才会这样做。

影响溢价的关键因素是资产的执行价格与其当前价格之间的差距、时间和预期波动率。小的价差比大的价差更有可能被弥补，因此执行价格接近现行价格的期权成本更高。执行价格与实际价格有一定距离的期权被称为"虚值"，而且更便宜。同样，期限较远的期权比期限近的期权更贵。不过，关键的变量是波动性。标的资产的价格波动越剧烈，价外期权变为价内期权的可能性就越大。当你拥有期权时，波动就是你的朋友。你可以在股票上交易的期权范围取决于投资者的需求。如果你想要一个土耳其农场设备制造商的期权，你可能需要要求交易所为你列出一个系列期权。但像特斯拉或苹果这样备受瞩目的股票，已有许多品种的合约上市。深度虚值的价外期权和接近到期的看涨期权受到美国迅速崛起的新一代散户投资者的青睐。它具有长期体育博彩的特点。如果股价突然飙升，只需一小笔支出，看涨期权就能获得丰厚的回报。如果不是，期权就会过期，变得毫无价值，就像许多街头赌博一样。

---

○ punter，双关语，有赌徒之意。

市场有两方。这些交易的另一方是专业交易员和对冲基金，他们心满意足地从期权买家那里收取溢价，如果赌客的赌注得到回报，他们会管理偶尔出现的巨额亏损的风险。对看涨期权的一种对冲就是简单地持有股票，这就是为什么单向做多的股票基金（long-only funds）越来越多地参与到市场中以增加收入。或者通过卖出一些看涨期权来对冲你的看跌期权溢价。这股新的期权交易浪潮似乎不太可能消退。科技让小投资者更容易进入金融市场。股票期权就像是街头赌场的赌注。机构投资者正越来越多地以庄家的身份参与进来。

在这一人为生态中，金融业占美国 GDP 的比重从 1947 年的 2.5% 飙升至 1977 年的 4.4% 和 2000 年的 7.7%。到那时为止，标普 500 指数上市公司的 40% 的企业利润来自金融部门。金融部门在标普 500 总体市值中所占的比例约为 25%。更令人震惊的是，全国前 25 位对冲基金经理的收入总和超过了所有标普 500 上市公司 CEO 的总收入。在 2008 年，美国每 13 美元中就有不少于 1 美元的报酬用于支付金融从业人员的工资。相比之下，二战后每 40 美元中仅有 1 美元中是支付给金融从业人员的报酬。2015 年上半年，美国拥有 81.7 万亿美元的金融资产，超过排名第二、第三、第四的中国、日本和英国三个国家的总和。资管资本主义最具破坏性的影响之一是金融业的崛起，并加剧了收入不平等的增长。

所有权的衰减已经达到了一个程度，在美国大部分大型企业中，三分之一到一半的股份都属于机构所有，不仅仅是共同基金，还包括保险和养老基金、慈善捐赠、教堂、学院及大学、公共服务基金和私人信托基金等。乍一看，人们可能会认为将所有权置于这样负责任的资金管理者手中会带来稳定。事实恰恰相反。基金经理确实负有责任，但他们的职责是信托责任，这迫使他们接受任何可以为受益人提供最高即时收益承诺的交易，以及与他们的贡献不对称的奖金。如果他们不这样做，他们可能会发现自己成为赔偿诉讼的被告。

占主导地位的新古典主义经济学认为，金融活动的增加——更大的市场流动性、更活跃的交易、金融创新——总体上是积极的发展。这是因为广泛的金融活动对于"完善"市场至关重要。肯尼斯·阿罗（Kenneth Arrow）和杰拉德·德布鲁（Gerard Debreu）用数学方法证明的福利经济学第一基本定理（the First Fundamental Theorem of Welfare Economics）表明，任何竞争均衡都是帕累托有效的。[○]完全和完美的市场提供了一种帕累托有效的均衡，在这种均衡中，没有任何一个人的状况可以在不让另一个人的状况变得更坏的前提下变得更好。有效市场假说和理性预期假说的发展表明，金融市场实际上是有效率的，效率、理性、稳定均衡所需之条件亦适用于现在与未来之间的、由金融市场提供的契约。这些思想共同为市场自由化和放松管制的强大意识形态提供了知识基础，这一意识形态在过去几十年中日益占据主导地位——即"华盛顿共识"。

根据"华盛顿共识"，如果允许市场在最少干预的情况下运作，

---

○ 竞争均衡即瓦尔拉斯均衡，意思是在不存在市场失败（垄断、不对称信息、外部性、公共产品）的情况下，由市场自发形成的均衡就是帕累托有效的。

几乎所有经济活动都可以变得更有效率。自由贸易、产品市场自由化和劳动力市场的结构性改革都被视为普遍相关的政策方针要素，而长期和短期资本不受限制流动的自由金融市场，以及能够进入各种不同金融市场和服务的金融深化（financial deepening）<sup>⊖</sup>对于资本的有效配置至关重要。

其政治意识形态是自由市场资本主义。其知识基础是市场完全性（market completion）的概念。市场契约存在得越多，达成得越自由、公平和透明，我们就越能接近最有效的可能结果、最有利于人类福祉的结果。随之而来的资本账户和金融市场自由化的后果之一是，在过去 30 至 40 年里，经济中金融活动的相对规模急剧增加，资本流动、金融市场交易量和金融机构资产负债表规模相对于实际非金融活动急剧增加。

金融体系变得过于庞大。它已不再是达到目的的手段，而本身已成为目的。金融市场活动相对于基础经济的规模和范围，让一些人质疑，不受约束的自由市场经济是否将金融这个仆人提升到了经济乃至更广泛层面的社会主人的地位。对于那些对长期经济增长感兴趣的人来说，相对于国内生产总值而言过于庞大的金融部门应该引起关注，因为金融危机往往与金融部门的不可持续增长有关。玛丽安娜·马祖卡托（Mariana Mazzucato）在《万物的价值：全球经

---

⊖ 金融深化指政府放弃对金融市场和金融体系的过度干预，放松对利率和汇率的严格管制，使利率和汇率为反映资金供求和外汇供求对比变化的信号，从而有利于增加储蓄和投资，促进经济增长。

济中的创造与索取》（*The Value of Everything*：*Making and Taking in the Global Economy*）（Mazzucato，2018）[5] 中仔细研究了经济价值的计算方式，并揭示了新古典主义理论如何未能描述价值创造和价值索取之间的区别，从而允许经济中的某些参与者绕过真实价值，甚至更糟的是，破坏真实价值以使自己受益。

瑞士联邦理工学院 2011 年的一项研究绘制了 43000 家跨国公司之间的直接和间接所有权联系网络，绘制了一幅全球经济中的金融权力地图。该研究总结称，只有不到 1% 的公司控制了整个网络的40%。这些实力雄厚的公司大多是来自"虚拟"金融经济的金融机构，即以钱生钱的公司。正如研究人员所指出的那样，这种小团体的支配地位可以被视为自然过程的结果，并不表明存在阴谋或勾结。

经济中的权力分配与许多自然系统中的分形结构相似。分形结构的一个共同特性是它们的特征表现出所谓的无标度性、幂律分布。它们没有典型的大小或规模。唯一的规则是，事件或特征越大，其发生的可能性就越小。分形结构中没有所谓的"正常"模式和极端事件，它们都是其中的一部分。类似的关系也适用于股票市场的价格变化、月球陨石坑的大小、血管的直径、城市人口、社会财富分配以及许多其他现象。但从瑞士联邦理工学院绘制的网络地图中可以清楚地看到，对称的新古典主义图景将经济视为由实力相当的、独立"平均"企业组成，这具有相当的误导性，正如伯努瓦·曼德尔布罗特（Benoit Mandelbrot）在《分形：形式、机会和维度》（*Fractals*：*Form*，*Chance and Dimension*）一书中所指出的那样。[6]

　　在危机前的三十年里，金融服务业在金融自由化、金融创新、取消资本管制和金融全球化的推动下，经历了过快且毫无保障的增长。只要所有权不承担任何责任，金融的胜利就是不可阻挡的。这些不负责任的所有者是典型的卓越的理性经济人，他们奔向他们能得到最多他们感兴趣的东西（也就是钱）的地方。因此，他们向证券经纪人施加压力，要求他们为自己找到能够解渴的公司。经纪人向投资银行家施压，要求他们发行这类公司的债券。投资银行家向商业银行家施压，要求他们优先考虑这类公司。然后，压力被施加到上市公司的管理层身上，要求他们做任何需要做的事情以增加利润。通常情况下的结果是合并、收购和多元化。通过缩小规模、关闭工厂和解雇员工，使合并后的公司合理化，从而提高利润。金融仍然相对独立于其他经济活动，甚至变得对其具有掠夺性和破坏性。

　　这种网络的一个特性是它们容易发生类似癫痫发作的失败。正如阿尔伯特－拉斯洛·巴拉巴西（Albert－Laszlo Barabasi）所写的那样："连锁的系统性失败是网络经济的直接后果，是全球经济中任何机构都不能单独工作这一事实所导致的相互依赖性的直接后果。"（Barabasi 2011）[7]正统的新古典主义经济理论基于一种非常特殊的网络类型，在这种网络中，除了买卖之外，经济主体彼此之间没有任何联系。

## 注释

1　Bootle R. The Trouble with Markets：Saving Capitalism from Itself［M］. Naperville：Nicholas Brealey Publishing,2012.

2　Baumol W J. Entrepreneurship, Management, and the Structure of Payoffs[M]. Cambridge: The MIT Press,1993.

3　Foroohar R. Makers and Takers: The Rise of Finance and the Fall of American Business[M]. New York: Crown Business, 2016.

4　Turner A. Between Debt and the Devil: Money, Credit, and Fixing Global Finance[M]. Princeton: Princeton University Press, 2016.

5　Mazzucato M. The Value of Everything: Making and Taking in the Global Economy[M]. London:Peguin,2018.

6　Mandelbrot B. Fractals: Form, Chance and Dimension[M]. New York: Springer-Verlag,1998.

7　Barabasi A – L. Bursts: The Hidden Patterns behind Everything We Do, from Your E-Mail to Bloody Crusades[M]. New York: A Plume Book, 2011.

# 失控的资本

发条经济学的终结

The Financial and Conceptual
Foundations of Intangible Asset
Manager Capitalism

## 第十二章

## 外汇市场的"剖宫产"：
## 世界货币标尺的私有化

我们需要尝试将经济建模为更像一个活的生态系统的东西，而不是一台高效和独立的机器。亚当·斯密的"看不见的手"是这个系统的一种自然属性，它永远不会达到最优均衡，而从根本上是动态和不稳定的，对社会产生复杂的影响。金融网络既具有高度创造性，又容易发生类似于癫痫发作的崩溃。整个金融系统现在被描述为一种充斥着电子信息的虚拟网络。自从尼克松总统退出布雷顿森林协议以来，各国货币之间的汇率一直在浮动。其结果是货币交易数量激增。每天，大约有5万亿美元在计算机网络中流动，在卫星之间"跳跃"，通过计算机终端传递，就像一个巨大的电子大脑的神经信号。

矢谷和彦（Kazuhiko Yago）在《国际清算银行金融史》（*The Financial History of the Bank for International Settlements*）[1]中这样写道（2013，pp. 158 - 159）：在尼克松退出布雷顿森林协议之前，欧洲货币市场起源于20世纪50年代末英国私人银行的运作。也就是说，为了应对当时英国颁布的资本流动限制，米德兰银行和其他股份银行开始将接受的外币存款（在这种情况下是美元）作为外币进行投资，而不是将其转换为本国货币（英镑）……根据国际清算银行当时使用的定义，欧洲货币市场上最重要的货币是欧洲美元，指的是所有者（通常居住在美国境外）在美国境外的银行或金融机构持有的短期或即期普通美元。虽然这种存款货币在第二次世界大战之前就已经存在，但欧洲货币市场的新特点是其正在发生的规模，跨越国界开展业务的程度，或许还有银行间外币存款的完成程度。

20世纪60年代，美国银行及其附属机构在欧洲美元上的过度信用创造导致美国公司在欧洲的投资急剧增加。那时，美元实际上是世界货币，因此，预计美元的额外创造将在世界各地扩散，而不会对汇率进行任何调整，直到世界反抗为止。当美国公司试图用美国银行及其附属机构创造的信用购买世界时，法国揭穿了美国的虚张声势，决定按照布雷顿森林体系的正式规定（根据布雷顿森林协议，一盎司24K黄金的美元价值为35美元），以官方固定价格将美元兑换成黄金。美国领导层必须做出决定，要么信守承诺，将过度创造的美元兑换成黄金，要么违背承诺，推翻固定汇率的布雷顿森林体系。这一事件在后来被称为"法国突袭诺克斯堡"。尼克松总统决定打破美国的承诺。他关上了金色的窗户。至此，美元固定汇率制结束，货币首次开始浮动，不再与黄金挂钩。法定货币浮动开始出现，外汇市场诞生了。

尼克松总统于1971年8月15日结束了美元与黄金的挂钩。二十年后，格林斯潘的货币政策推高了金融资产和房地产的价格，使其成为投资者避免美元贬值的避风港，因为美国已从一个工业强国变成了一个金融和消费赌场，并在2007—2008年的金融危机中崩溃。根据国际清算银行的数据，2013 年外汇交易规模为每天 5.3 万亿美元，令全球所有股票市场相形见绌，是全球所有商品和服务贸易的 73 倍。只有某些日子的利率掉期交易可与之相提并论。

在 20 世纪 80 年代，当日本银行创造的信用使日本企业能够疯狂购买外国资产时，似乎没有人揭穿日本的虚张声势。世界似乎很享受日元幻觉。1989 年，当日本央行突然停止信用创造时，日本的双重泡沫破裂，日本的资本流出停止并转为资本流入国。

然而，在这个浮动汇率的新世界里，尼克松的决定给新生的外汇市场带来了巨大的负担。如果一个国家决定创造比其实际经济活动所支持的更多的购买力，那么现在外汇市场的任务就是通过出售足够多的该国货币来降低其价值从而使其认识到这一点。20 世纪 80 年代的日本经验表明，即使是全球最具流动性的日元兑美元外汇市场也未能承担起这一责任。显然，多年来外汇市场参与者要么不知道日本银行过度信用创造的情况，要么没有理解它的影响并相应地行动。

自由浮动汇率是弗里德曼的另一个自由市场处方。自由浮动汇率最初的目的是取代弗里德曼所鄙视的 1971 年以前的金本位制。弗里德曼喜欢弹性货币的概念，因为它赋予央行规划者微调狭义货币供应量的能力，以优化实际增长和价格稳定。他认为黄金是没有弹性的，不适合所需的相机抉择的货币政策微调。弗里德曼开出的药方是，汇率的逐渐变化将提高或降低贸易伙伴之间的相对价格，而这些贸易条件的变化将扭转贸易赤字，减少贸易顺差，并恢复贸易平衡，而不会出现英镑在 1964 年和 1967 年所经历的那种令人震惊的贬值。弗里德曼的学术处方忽视了银行和对冲基金等创造杠杆和衍生品的金融中介在现实世界中的行为。金融化主导并放大了弗里德曼所幻想的平稳汇率调整。

随之而来的是 20 世纪 70 年代末的临界恶性通货膨胀，以及一系列资产泡沫的繁荣和破灭：1985 年拉美债务危机、1987 年美国股市崩盘、1994 年墨西哥比索危机、1997 年亚洲债务危机、1998 年俄罗斯债务和衍生品危机、2000 年互联网股票泡沫、2007 年美国抵押贷款危机和 2008 年的衍生品危机。从 1998 年到 2008 年，全球资本市场在 10 年内两次濒临全面崩溃的边缘。

外汇市场不是透明的，而是模糊的。在最初的时候，它在技术上是陈旧的，以适应当时寡头垄断的市场结构——老男孩关系网。而且，这一市场是巨大的。其 5 万亿美元的每日交易中，大部分是"场外交易"，即银行与私人客户之间协商的交易，而不是在交易所进行的交易。许多订单仍然是通过电话下的。要衡量其市场规模和结构，通常需要依赖外部人士提供的过时调查。国际清算银行每三年才进行一次全面的审查。然而，现代化正在时断时续地到来。2019 年 4 月，欧洲第三大证券交易所德意志证券交易所正在考虑收购电子外汇交易平台 FXAll，据报道收购价格为 35 亿美元。这标志着一个长期被视为老掉牙的行业正在发生剧变。

自从迈克尔·刘易斯（Michael Lewis）的《闪击者：华尔街的反抗》（*Flash Boys：A Wall Street Revolt*）[2]出版以来（Lewis，2014），

有关高频交易的讨论和对操纵市场的指责都指向了股市。而鲜为人知的是，在即期外汇市场（FX 或 FOREX）也存在类似的问题。货币为某些市场参与者提供了显著的经济优势。外汇是一种高度商品化的资产，在全球和高度分散的市场上进行交易，交易模式多种多样，包括或明或暗的双边、多边、批发、零售市场。所有这些都非常有利于计算机算法。有很多机会靠利用速度和信息的不对称而获得。

外汇交易数据在很大程度上是专有的、不透明的，不像其他资产类别的数据那样向国家监管机构报告。与股票市场相比，人们对外汇市场的认知较少。此外，外汇市场参与者是异质的。外汇市场一天 24 小时，一周五天半交易。它是去中心化的和高度分散的。越来越多的交易是在电子平台或通过大型银行进行的，这些银行通过单一交易商平台将订单流内部化。约 41% 的全球外汇交易仅涉及两对货币：欧元兑美元和美元兑日元。即期外汇交易的平均规模相对较小，为 100 万~200 万美元。相对简单、高流动性和较小的平均交易规模有利于高频交易。语音交易在很大程度上仅限于异常大额交易、高净值个人和复杂交易。

数十亿美元的投资用于创建一个由数据中心、地下电缆和微波信号组成的复杂网络。典型的一个案例是 SPREAD NETWORKS 和 SEABORN NETWORKS 在 2017 年推出了一个从新泽西州卡特里特的数据中心到巴西圣保罗的巴西交易所（BM&F BOVESPA）的海底光缆系统。这些投资的目标是减少"延迟"，即电子信息之间的时间间隔，以便客户可以尽快执行、修改或取消订单。电子交易场所和数据中心的激增，再加上购买更快的访问和信息的能力差异，造成了知情程度较高和较低的参与者之间的信息不对称。利用这种不对称的最常见方法之一是参与所谓的"延迟套利"，这在外汇市场中非常普遍。延迟是高频交易中使用先进先出（FIFO）的订单堆叠所不可避免的。先进先出订单堆叠是指在任何其他交易对手下订单之前，在每个可能的潜在价格水平下订单的方法。通过堆叠订单，高频交易算法可以在其他市场参与者之前获得这些信息。

当市场参与者基于对另一市场参与者的未决订单的预先了解进行交易时，就会发生抢先交易，从而使他能够从该信息中获利。某些公司能够更快地进入交易场所，这使得获取其他公司交易意图的数据成为可能，即所谓的信息泄露。对这些数据的访问，以及比其他参与者更快的交易能力，为某些公司提供了显著的优势。这些公司可以利用这一优势，以极短的时间优势（几毫秒或微秒），以难以察觉的方式，在速度较慢、信息较少的参与者面前进行交易。

许多其他形式的高速操纵都是基于订单的取消。"幌骗"交易（spoofing）是指市场参与者为了制造市场流动性的假象而提交一系列买卖金融工具的订单。一旦其他市场参与者对这种明显的活动做出反应，并因此导致价格变化，幌骗者就会迅速取消他们的订单，并与这些市场参与者进行交易，以牺牲他们的利益为代价获利。堆单（layering）是一种类似的策略，交易员在买卖两端分别下单和取消订单，以制造特定货币的一般市场活动的假象。然而，并不是每一种策略都是为了给人造成流动性的假象。例如，塞单（quote stuffing）利用算法让报价洪水般地涌入市场来压倒交易所服务器并创建延迟。随之而来的混乱创造了作弊的机会。外汇市场中的流动性幻觉是通过下单和最终取消大量订单来创造的。投机参与者基于同一数据点在多个交易场所提交多个订单，给人造成一种该特定价格下对该特定货币的供求情况的假象。这或许是一种邪恶的投机活动，或许只是一种涉及修正订单的合法策略。

在高频交易时代，绝大多数交易机构允许用户通过支付更多费用来获取优质数据，从而将信息不对称货币化，令他们相较未支付用户获得优势。他们还允许公司将服务器放在交易场所旁边，即所谓的协同定位。然后，他们付钱给经纪商，让其将交易引向他们的机构，这通常被称为"订单流付款"。为了使用延迟交易策略，交易者需要比竞争对手更快地进入交易场所。

外汇市场不仅服务于投资者，也服务于寻求保护贸易或债券免受汇率波动影响的企业和政府。外汇合约可以是即时交割的"即期"合约，也可以是日后交割的"远期"合约，还可以是到期时将货币换回的"掉期"合约。买家通过交易商（大多是大银行）获得流动性。特定的需求，如匹配现金流日期，通过场外交易来满足。这种情况不太可能很快改变。相反，德意志证券交易所押注的是，买家将放弃通过单一银行下的"语音"订单，转而支持将多个交易商的价格汇集在一起的数字平台。这一趋势已经推动了现货外汇的电子交易。在过去 10 年中，交易量翻了一番，FXALL 在这一电子交易活动中的份额已达到 40％。

外汇交易变得数字化，越来越多的做市交易是由自营交易公司利用高频策略进行的。此外，参与外汇市场现在面临着执行场所日益分散的局面，使历史上一直由大银行主导的市场变得更加复杂。外汇交易平台为订单流付费，提供主机托管服务，并出售更快的交易数据访问权限。这些服务引起了外汇参与者和国家监管机构的担忧，即经纪商可能会将其客户的订单流导向提供最佳返利而不是最佳价格的场所。数字外汇市场现在很容易受到高频操纵方法的影响，包括幌骗、堆单和塞单。困扰数字化股票交易的闪电崩盘也出现在外汇交易中。个别货币价格的快速变化与外汇市场设立的根本经济目的无关。所谓的经济目的是允许从事跨境行业的公司支付外国商品和服务，并对冲与未来货币波动相关的风险。宽松的报告标准削弱了我们理解这些事态发展的能力。

对于远期等期限较长的外汇衍生品合约，这种变化要慢一些。期限越长，交易越少，就越难同时连接足够多的用户来进行电子交易。但是，更严格的监管正在增加成本，而资产管理公司正在寻求别的途径抵消这些成本。欧洲监管机构要求交易商证明自己是在以最好的价格进行交易。电子交易（e-trade）有望在瞬间将买家与多个交易商联系起来，并留下清晰的审计线索。随着长期合约变得越来越普遍，流动性将得到提振。

随着外汇走向数字化，交易商的队伍预计将会缩小。在现货市场，这一趋势发展出了"委托人"交易公司，他们使用算法在自己的账户上进行买卖。这还加剧了银行之间的竞争，导致利润率大幅下降，迫使规模较小的银行退出这一业务，将大部分交易留给少数几家大银行，这些银行往往与主要交易公司合作。这是一种暂时的舒适的安排。到目前为止，期限超过一周的债券几乎没有受到影响。集中清算的兴起也有助于创造公平的竞争环境。目前，只有3%的外汇衍生品交易通过清算所进行，清算所吸收一方违约的风险。清算将对交易员更具吸引力，部分原因是监管机构要求一些未清算外汇交易持有更高的抵押品。电子交易已经使用户更容易找到非银行交易商。通过转移交易对手风险，清算将削弱拥有庞大资产负债表的银行相对于较新的交易公司所享有的优势。

为了应对资金洪流的增加，各大银行在信息技术上花费了共计5000亿美元，在这方面的支出大幅领先于所有其他部门。据估计，维持货币的衡量标尺功能的计算机算力成本比世界上所有用于制造新产品的信息技术的算力成本高20%。拥有庞大资产负债表的大银行以极大的运算速度和自动化程度发挥着以前由黄金挂钩所发挥的作用，同时限制每个国家遵循自己的汇率政策。

外汇交易业务过度集中在大型国际银行的平台上，这十分危险。能够凭借此项业务收取费用的银行在美国有10家，在英国有15家。2016年，花旗银行占总交易量的12.91%，排名第一，摩根大通和瑞银紧随其后，各占8.7%，德意志银行占7.9%。⊖此外，这项业务在所有银行业利润中所占的比例虽然不稳定，但却在稳步上升。在这个新兴的私人铸币税体系中——从创造货币中获利——最大的交易商每年从制定衡量货币标准中获得数千亿美元。外汇市场是一片投机的货币海洋，银行在其中冲浪以获取利润。这些银行对使用其

---

⊖　数据来自 The Economist，June 8th－14th，2019。

平台进行货币对冲的实体收取费用，作为一种波动税。

根据各种衡量标准，所有交易中有 90%～97% 被判定为"投机性"交易，这些交易不是为了促成商品和服务贸易，而是为了从套利和杠杆中获取利润和费用。大约 77% 的交易业务是由西方国家的10 家银行开展的。在外汇业务中，美国和欧洲位居前列，其中伦敦占所有交易的 36%。约 87% 的交易涉及美元，而所有国际贸易的63% 是以美元计价的。新兴市场外债的三分之二和所有中央银行官方外汇储备的三分之二是美元，而美国的 GDP 只占全球 GDP 的23%，只占全球贸易的 10%。在金融危机以来的十年里，美联储通过美元施加的软实力变得更加重要，美国货币政策制定者也有能力给其他国家的货币政策制定者制造麻烦。

外汇交易的增长速度至少是生产力增长速度的 20 倍。牛顿金本位制的消失使得经济估值像实体贸易货品一样可计算且可靠。近几十年来引领全球贸易的主要选手基本上都选择了退出浮动汇率体系。面对来自西方的痛苦抗议，他们尽可能地将本国货币与美元挂钩，其中一些国家还对资本流动实施管制。在亚洲新兴国家之外，世界贸易增长缓慢。全球 GDP 增长也如此。这是铸币税私有化的难题。

美国在利用金融战为外交政策服务方面处于独特的有利地位。美元在全球范围内被用作记账单位、价值储存手段和交易媒介。至少一半的跨境贸易以美元结算。这是美国进口额的 5 倍，是其出口额的 3 倍。美元是各国央行和资本市场的首选货币，占全球证券发行和外汇储备的近三分之二。世界的金融节奏是美国的。当利率变动或华尔街的风险厌恶情绪发生变化时，全球市场都会做出反应。世界金融管道 SWIFT 和 CHIPS 最终通过美国纽约相应的银行清算大多数国际美元交易。美国使用这些系统来监控交易活动。任何被 SWIFT 和 CHIPS 拒之门外的组织都会被孤立，且通常会陷入财务困境。因此，全球各地的多数个人和机构都不得不受到美国的管辖，且容易受到惩罚。

## 注释

1　Yago K. The Financial History of the Bank for International Settlements［M］. London：Routledge，2013.

2　Lewis M. Flash Boys：A Wall Street Revolt［M］. New York：W. W. Norton & Company，2014.

# 失控的资本

发条经济学的终结

The Financial and Conceptual
Foundations of Intangible Asset
Manager Capitalism

## 第十三章

## 地球是"活"的吗？
## 人类经济与盖亚理论

　　当代公共关系的一种习惯是将当今的全球经济框定为"经济"，更隐匿的是，将其描述为一种自然现象，其假定的规律必须与物理定律一样受到尊重。但正如一些人令人信服地指出的那样，我们的全球经济只是众多可能的经济形态之一，而且与物理定律不同，我们有政治选择权力来决定何时、何地以及在多大程度上允许所谓的经济行为定律占据主导地位。经济是一种人造生态，或者更确切地说，是人造世界和自然世界之间相互作用的更大生态中的人造部分。新古典主义经济学的观点通常没有认识到经济仅仅是整个生态和社会结构的一个方面。罗杰·贝克豪斯（Roger Backhouse）解释说，在 20 世纪末俄罗斯向资本主义和金融全球化转型的过程中，不时有经济学家试图重塑环境，以使其适应新古典主义模式。（Backhouse，2010）[1]

　　地球是一个生命系统，人类彼此之间以及与自然资源之间不断互动，而所有这些又都是巨型生命系统"盖亚"的一部分。盖亚是从太空中看到的共生现象，也可以说是一种行星生理学。任何最初出现的有机物或进化的物种都有生存的概率。为了生存，生命形式必须在全球环境中生存，而不是靠自己。它们要么与环境相整合，要么走向消亡。从长远来看，有机生物面临着繁殖的极限。它们不是单独生存，而是在全球环境的背景下生存。林恩·玛格丽丝（Lynn Margulis）和多里昂·萨根（Dorion Sagan）认为（2000），[2] 共生作为一种进化的力量，削弱了个性作为某种固定的、安全的和神圣的东西的普遍观念。特别是单个的人的存在维度并不是单一的，而是复合的。我们每个人都为细菌、真菌、蛔虫、螨虫和其他生活在我们体内和体表的生物提供了良好的环境。我们的身体实际上是不同祖先的后代的共同财产。生存似乎总是需要建立网络，与其他物种的成员进行更多的互动，从而将幸存的物种进一步整合到全球生理中。

社会科学的基本简化论错误是将这一结构分割成片段，假定这些片段是独立的，并在单独的学科中进行处理。那些希望研究社会和生态系统中实际存在的经济现象的经济学家，以及那些因此对狭隘的经济观点持异议的经济学家，实际上被迫将自己置于经济"科学"之外，从而使经济学同行不必处理他们的批评者提出的问题。例如，19 世纪的资本主义批评家马克斯·韦伯（Max Weber）通常被认为是一位经济历史学家。约翰·肯尼斯·加尔布雷斯（John Kenneth Galbraith）和罗伯特·海尔布隆纳（Robert Heilbroner）通常被认为是社会学家。肯尼斯·博尔丁（Kenneth Boulding）被称为哲学家。相形之下，卡尔·马克思拒绝被称为经济学家，并将自己视为社会批评家，声称经济学家只不过是现存资本主义秩序的辩护者。事实上，"社会主义者"（socialist）一词最初是指那些不接受原子论经济学世界观的人，如圣西门、傅立叶等。

通过将土地纳入资本范畴，几乎所有的后古典经济学家都将自然视为人类经济的一个子集，是一堆可以转化为财富的无穷无尽的资源。经济学家假设所需的资源会神奇地出现，因为市场需要它们。一个更全面的模型应该从这样的观察开始：经济的存在只是因为资源是可用的。经济学家们还假设，自然资源总是可以被其他形式的资本、货币或技术所替代。

当然，现实情况是，人类经济存在于自然之中，完全依赖于自然，许多自然资源没有现实的替代品。自然界不是经济的子集，而是恰好相反。经济是自然界的一个子集。然而这一基本的逻辑和哲学错误，根植于主流经济哲学的核心，直接将社会引向气候变化和资源枯竭的时代，它的持续存在使传统经济理论，无论是凯恩斯主义还是新自由主义，完全无法应对 21 世纪文明面临的经济和环境生存威胁。

在经典牛顿科学中，自然被视为一个由基本构件组成的机械系统。根据这一观点，达尔文提出了进化论，其中生存的单位（the unit of survival）是物种、亚种或生物界的其他组件。但一个世纪后显而易见，生存的单位不是这些实体中的任何一个，而是"环境中的有机体系"。马特·里德利（Matt Ridley，2003）[3]在其著作《先天后天》（*Nature via Nurture*）中表明自然的进化是受环境制约的。一个只考虑自身生存的有机体将不可避免地破坏其环境，正如我们从痛苦的经验中所了解到的那样，这将毁灭它自己。

从系统的观点来看，生存的单位不是一个实体，而是一个有机系统在与环境的相互作用中所采用的一种组织模式。进化基本上是开放和不确定的。它没有目标，也没有目的，但却有一种可识别的发展模式。这种模式的细节是不可预测的。从系统的观点来看，进化的过程并不是由"盲目的机会"所支配，而是代表了一种秩序和复杂性的展现，这可以被看作是一种学习过程，涉及自主性和选择的自由。

经济学的系统方法将有可能通过给予经济学家迫切需要的生态视角，为目前概念上的混乱带来一些秩序。根据系统观，经济是一个由人类和社会组织组成的生命系统，人类和社会组织彼此之间以及与我们赖以生存的周围的生态系统之间不断互动。与生物个体一样，生态系统也是自我组织和自我调节的系统，其中动物、植物、微生物和无生命物质通过复杂的相互依存网络联系在一起，物质和能量在连续循环中进行交换。线性因果关系在这些生态系统中很少存在，因此线性模型对于描述嵌入其内的社会、经济系统及其技术的功能相互依赖性不是很有用。

生命系统的非线性互联性为社会和经济系统的管理提供了两条重要的规则。首先，每个结构、组织和机构都有一个最优规模，最大化任何单一变量，例如利润、效率或国民生产总值，都将不可避免地破坏更大的系统。第二，经济越是建立在自然资源不断循环利用的基础上，它就越能与周围的环境相协调。弗里乔夫·卡普拉（Fritjof Capra）[4]提出了一个令人信服的现实愿景——重建科学和人类精神，以实现平衡的未来（1987）。在这个世界上，每件事都是有前因后果和相互关联的，没有独立的因果。相反的主张是科学的异端和哲学的死亡愿望。隐德来希（Entelechy），即无因的因果主体，是虚构的，其来源是妄想。卡普拉和皮尔·路易吉·路易西（Pier Luigi Luisi）在《生命的系统观：统一的愿景》（*The Systems View of Life：A Unifying Vision*）（Capra & Luisi，2014）[5]中研究了自创生、耗散结构、社会网络和对进化的系统理解，并通过对历史和科学学科的广泛研究，建立一个连贯的框架。

## 注释

1  Backhouse R E. The puzzle of modern economics：Science or ideology？［M］. New York：Cambridge University Press，2010.

2  Margulis L.，Sagan D. What is life？［M］. Berkeley，CA：University of California Press，2000.

3  Ridley M. Nature via nurture［M］. New York：HarperCollins Publishers，2003.

4  Capra F. Turning point：Science，society，and the rising culture［M］. New York：Bantham Books，1983.

5  Capra F.，Luisi P L. The system view of life：A unifying vision［M］. Cambridge，UK：Cambridge University Press，2014.

# 失控的资本

发条经济学的终结

The Financial and Conceptual
Foundations of Intangible Asset
Manager Capitalism

# 第十四章

库克比率在国际清算
银行的警惕之眼下能
否被修饰？

金融体系的实际失败及其引发的长期深度衰退，戏剧性地证明了全球金融体系运作方式的不可持续性。在金融崩溃过程中产生的巨大公共债务负担仍然存在，且为不可持续之负担。这些债务负担是在现有政府债务负担之上产生的。这些债务有时是得到承认的，但更多的时候不在账面上，这要么是故意玩弄的花招，要么是因为它们隐含在未来养老金和福利支付承诺中。除了偿还解决银行危机所产生的债务，纳税人还必须承担养老金和社会福利制度所产生的债务，特别是在富裕国家。

救助金融部门的公共债务问题与日趋严重的人口问题相叠加。根据世界银行的数据，到 2019 年，有 40 个国家的劳动年龄人口（定义为 16~65 岁）有所减少，而上世纪 80 年代末只有 9 个国家。中国、俄罗斯、西班牙近年加入了这一名单。泰国和斯里兰卡很快就会跟上。65 岁以上人口和劳动年龄人口之间的平衡，被称为老年抚养比。它可能会更快地恶化，因为可就业的人数正在减少。在日本，年轻人很少，而人均预期寿命很长，人口统计学家预计，到

2020 年，每 100 个劳动年龄人口对应 48 个 65 岁以上的人。而 1990 年只有 17 个。一些国家的劳动年龄人口面临着平缓的下滑趋势，另一些则面临陡峭的曲线。

在超过一代人的时间里，西方政府一直在向本国公民大规模借贷。但是，英国和美国政府开始越来越多地从外国人那里借钱，从更贫穷的国家借钱，现在西方国家也面临着老年抚养问题。兑现承诺的成本将压在尚未出生的或还没有投票权的、未来年轻的纳税人身上，当然还要加上为银行纾困所产生的债务成本。在一些国家，政府债务的规模如此之大，他们难以承担偿还债务的负担，这可能会抑制这些国家的增长潜力。

20 世纪 80 年代初，美国和英国首先采取了基于金融去监管化的增长战略，随后冰岛、爱尔兰、拉脱维亚和迪拜实施了更为极端的形式。越来越多的国家采取基于放松金融管制的增长战略的原因是，在这样一个体系中，通过金融活动赚钱比通过其他活动更容易，至少在 2007—2008 年危机之前似乎是这样。

金融危机可以归结为一个简单的事实：流动性。换句话说，与 20 世纪 70 年代相比，贴现信贷票据金额以及各种代理机构的信贷和债务金额大幅增加。1970—1980 年商品价格或成本（包括工资）的通胀似乎已被 20 世纪 90 年代及以后的金融资产通胀所取代。

以信用为基础的流动性支付手段的倍增，是货币凭空创造的真正来源，这在货币历史的各个阶段都被观察到，近年来又以不同的、高度技术性的衍生品和抵押工具的形式出现。需要理解的关键是，各国管理货币创造的规则的转变都在加剧。

巴塞尔委员会的前身库克委员会要求银行的资本金（即以现金形式立即调动资源的手段）占加权风险资产的比率不得少于8%。这一比率被称为"库克比率"（Cook Ratio）。如今这一规定已被修改。为了确定一家银行能够提供的、与其自有资金相匹配的最大信贷额，即它能够非常迅速地调动以满足还款要求的资本，现在的规定增加了对操作风险因素的考虑，即由于人员或系统故障而造成损失的风险。这似乎增加了一项改善措施，但也增加了市场风险，使银行发放的信贷价值不得不根据其市场价值进行调整。如果银行上市，如果市场行情在上升，银行的资产就会增加，银行本身就可以发放更多的信贷。如果情况相反，银行将不得不通过出售股票来增加股东权益。这是顺周期的，而不是逆周期地平衡周期性波动，这一规定强化了周期的力量。正如格林斯潘所说，在经济扩张时期，它是"市场繁荣"的加速器，而在经济低迷时期，它又是萧条的减速器。

放松金融管制的标志是一系列金融创新，如公共债务、房地产贷款、抵押债务契约、支付违约保险协议的证券化，金融衍生工具、杠杆收购等。探究这些金融创新中的哪一个在会计实践中最先出现是没有意义的，就像问先有鸡还是先有蛋一样，它们在彼此的快速反应中出现，彼此为对方提供支持。当时还不清楚金融创新的意外后果是什么，但后来我们将能够观察到它们是什么。金融机构的债务国有化了，它们的损失转化为公共债务。

杠杆作用，即在预付存款的基础上增加贷款数额的能力，以及在全球范围内在金融机构股本的基础上增加贷款数额的能力，几乎增加了五倍。在以前，按照库克比率，价值 1 美元可立即转换为现金的资源将允许提供 5~8 美元的信贷或新的流动性。而到危机前夕，这一数字接近 30~35 美元。

冰岛曾经是一片以过度监管而闻名的金融死水，其股票市场在 1985 年才建立，但现在冰岛已经转变为新兴全球金融体系中的一个新中心。从 20 世纪 90 年代末开始，冰岛经济以惊人的速度增长，成为世界上第五富有的国家，仅次于挪威、卢森堡、瑞士和丹麦。爱尔兰试图通过同样的策略成为另一个金融中心，其金融资产在 2007 年达到相当于 GDP 的 900%，是危机前的 11 倍。然后在 2008 年，冰岛和爱尔兰的经济都崩溃了。

# 失控的资本

发条经济学的终结

The Financial and Conceptual
Foundations of Intangible Asset
Manager Capitalism

# 第十五章

# 误导人的会计制度

财务会计制度如今已经发展到每年发布财务报表，以提供公司透明度，从而使投资公众能够对公司行为进行评价，并为资本市场提供有助于市场有效运行的信息。财务信息在三个"报表"中披露：损益表、现金流量表、留存收益和资产负债表。但正如臭名昭著的安然事件以及 20 世纪 90 年代末和 21 世纪第一个十年初期的其他公司丑闻所表明的那样，这些会计工具根本不能如实地传达企业的真实状况。然而，政府、管理者、政策制定者和股东在做出影响每个人生活的决策时，都依赖于这些信息。

在全球最大的会计师事务所之一安达信（安然会计丑闻的制造者）倒闭近十年后，在雷曼兄弟倒闭前 17 天，2008 年 8 月 28 日，美国证券交易委员会提出了从美国公认会计准则（US GAAP）转换到国际财务报告准则（IFRS）的时间表。根据美国证券交易委员会的说法，在导致世通公司、安然公司和阿德尔菲亚通信公司等美国大型跨国公司破产的会计丑闻发生后，世界失去了对美国公认会计准则及其审计师的信任，数百万在 20 世纪 90 年代末和 21 世纪初购买这些公司股票和债券的投资者的财富化为乌有。美国公认会计原则是美国制定的会计准则，并在第二次世界大战后通过货币基金组织和世界银行——为管理全球经济体系而设立的两个机构——强加于世界。

美国公认会计准则是美国证券交易委员会在 2008 年之前要求的财务报告准则，它是在一个充满诉讼的商业生态系统中发展起来的，非常详细，涉及各种具体情况，保护公司和审计师免受诉讼。安达信倒闭是因为它被判妨碍司法公正，而不是因为它纵容会计欺诈。相比之下，国际财务报告准则传统上是以原则为基础的（principle-based）。国际财务报告准则规定了健全报告的关键目标，并提供了一般性指导，而不是详细的规则。25000 页复杂的美国会计准则将被淘汰，取而代之的是约 2500 页的国际财务报告准则。制定规则的权力将由国内层面转移到国际层面。日本、加拿大、巴西和印度的政府监管机构承诺采用国际财务报告准则。中国曾经的首选是国际财务报告准则，但后来决定建立自己的会计准则——中国企业会计准则。

会计准则的全球趋同在很大程度上是由金融市场的国际一体化和公司日益复杂的多元文化结构所推动的。财务规则制定工作向国际会计准则理事会（IASB）的转移，是由于相关政府缺乏必要的技术专门知识、财政资源和灵活性，无法迅速处理日益复杂和紧迫的监管任务，从而推动了治理的私有化和国际化。蒂姆·布特（Tim Buthe）和沃尔特·马特利（Walter Mattli）认为 2008 年金融危机后的规则制定将为 21 世纪的经济发展制定蓝图（Buthe & Mattli, 2018）。[1]

除国际会计准则理事会外，还有两个私营的全球监管机构，即国际标准化组织（ISO）和国际电工委员会（IEC）。在这些组织中，国家和政府不能成为成员。它们是由世界各地的技术委员会组成的集中协调的全球网络，涉及数万名代表行业和其他团体的专家，负责制定和维护技术标准。ISO 和 IEC 共同制定了约 85% 的国际产品标准。产品标准是针对制成品的设计和性能特征的技术规范。1987 年至 1994 年乌拉圭回合贸易谈判期间达成的《技术性贸易壁垒协议》被整合进世界贸易组织的规则，要求所有成员使用国际标准作为其国内规定的技术基础。

2008 年 2 月，苏格兰皇家银行按照国际财务报告准则编制的年度财务报表由德勤会计师事务所审计并签署。苏格兰皇家银行的资产规模比英国的 GDP 还大。而两个月后，苏格兰皇家银行遭遇重大危机，损失超过 1000 亿英镑。金融和银行业的巨无霸们，不管使用什么样的会计标准，最终令金融系统在 2008 年崩溃，导致全球大量失业，纳税人不得不对它们进行救助。2007—2008 年的金融危机似乎是现行金融会计制度的一个严重失败。它们都未能展现经济交易的真实情况和金融机构的真实健康状况。

四家主要的全球性会计师事务所——德勤、普华永道、安永和毕马威审计了 97% 的美国上市公司、所有英国百强企业和 80% 的日本上市公司。它们的规模足够大，有能力审核这些跨国组织的报表，因此实际上它们享有卡特尔地位。更重要的是，由于审计几乎在任何地方都是一项法律要求，这是一个多方担保的卡特尔。四大会计师事务所通过咨询业务和建立在其专属审计市场基础上的税务服务，将收入提高了 3 倍。它们被允许以有限责任的方式经营，合伙人仅以自己投入的资本对债务承担清偿责任，而不是他们所有的个人财富。每隔 10 年左右，四大会计师事务所的客户就会强制更换审计公司，这被认为是世界顶级会计师事务所行业的竞争。四大会计师事务所的"毕业生"是国际和国内会计准则的制定者，确保游戏规则符合自身及其客户的利益。

与倾向于由单一控股公司控制的跨国公司不同，"四大"在每个国家都以独立合伙企业联盟的形式运作。虽然所有合伙企业都在利用自己的品牌，但这种安排让公司的主要业务和全球总部与其他地方的不当行为保持距离。"四大"大约三分之一的收入来自审计和相关的担保服务。它们是以审计为副业的咨询公司，而不是相反。"四大"曾经是审视商业世界的局外人，而在 21 世纪，它们是更深入地钻进商业世界的局内人。理查德·布鲁克斯（Richard Brooks，2018）[2]得出的结论是：数豆工作太重要了，以至于不能把这项工作交给今天的数豆人○。

安然破产后的几年里，发生了一系列类似规模的灾难。例如，在 2008 年金融危机期间，审计公司卷入了大型银行和金融服务公司的倒闭。"四大"都有濒临倒闭或需要纾困或面临国有化的客户。德勤是贝尔斯登和房利美的审计公司。毕马威负责审计花旗集团，后者接受了最大规模的纾困。普华永道是美国国际集团和高盛的审计公司。安永负责审计雷曼兄弟。伊恩·D. 高（Ian D. Gow）和斯图尔

---

○　bean counter，英语中对会计师的戏称。

特·基尔斯（Stuart Keels）在《四大：全球会计垄断的奇特过去和危险未来》（*The Big Four*：*The Curious Past and Perilous Future of Global Accounting Monopoly*）中写道：安然、世通和废物管理公司（Waste Management，Inc.）等公司的财务丑闻招致了监管机构的回应，即2002年的《萨班斯－奥克斯利法案》（Sarbanes-Oxley Act）的出台。我们得出的结论是，就其规模和后果而言，金融危机期间及随后几年的审计失误与这些公司的丑闻一样糟糕。导致2008年金融危机的四大会计师事务所的审计失败，是《萨班斯－奥克斯利法案》失败的有力证据。（Gow & Kells，2014）[3]

　　随着跨国公司在"华盛顿共识"的指引下成为世界经济的管理者，一条高利润的业务线出现了，那就是"四大"的税务服务，它通过最大限度地减少跨国公司的总体纳税义务而获利。"四大"的税务专家帮助跨国公司将营收转移到低税收地区。他们为部门间的投入、产出和现金流动设定有利的价格。它们利用债务和折旧的税收优惠待遇，制造出了账面亏损。四大巨头主导着全球避税行业，谷歌、宜家、苹果、微软和许多其他跨国公司靠这项业务创造了非常可观的收入，却只需缴纳很少的税款。2018年，"四大"在全球的税务收入约为250亿美元。2017年的天堂文件（Paradise Papers）、2015年的巴拿马文件（Panama Papers）和2014年的卢森堡泄密案（Luxembourg Leaks）披露了很多关于四大会计师事务所在"透明新世界"中提供的避税建议。卢森堡泄密案披露，343家大公司通过"四大"和卢森堡税务机构签署了秘密的税务协议，以此减少企业大笔的税额。

"四大"的失败已成为一个系统性问题，行业本身的变化加剧了这一问题。到 1995 年，美国一半的州立法机构引入了有限责任合伙企业（LLP），将每个合伙人对公司任何过失所承担的责任限制在他或她对企业的投入上。到 20 世纪 90 年代中期，"四大"在低税收的特拉华州重组为有限责任合伙公司。

"四大"完全有能力利用大数据时代，但也存在令人不安的潜在利益冲突。事务所首先提出使用客户公司自己的数据来优化其审计，并通过这些数据来提升审计客户的业绩。实际上，这一承诺是为了更新数字时代的成本核算和科学管理方法。毕马威的数据分析部门承诺"将数据转化为价值"。从成为政府部门的战略顾问，到与科技公司合作，"四大"的身影无处不在。普华永道与谷歌的合作以及毕马威与微软的合作就是典型。"四大"是管理咨询和信息技术的汇合点，主导着网络安全业务。尽管 2017 年德勤遭遇的黑客攻击暴露了他们自身庞大网络的漏洞。到 2015 年，"四大"占据了网络安全咨询的头把交椅。它们四家合计在这方面赚了 76 亿美元。

财务会计制度并不是唯一的问题。我们计算国民生产总值（GNP）和国内生产总值（GDP）、国民收入和财富存量的方式存在严重错误。这些数字产生了令人震惊的反常现象，但这些数字继续支配着政府、金融机构、公司和社区的政策决定。有缺陷的数字统治着我们的生活。对美国经济来说，单一的 GDP 数据是如此神圣，围绕这一数据的公布演变出了一场复杂的仪式，其神秘性和秘密性堪比天主教教皇的选举和宣布。一年 12 次，美国首席统计员和他的团队把自己关在华盛顿，没有电话和互联网，拉上窗帘，执行一项

50 年来不断完善的任务——通过汇聚来自美国近期经济活动的约 1 万个数据流，得出一个单一的数字。这个数字如此强大，以至于在正式公布之前，任何人都不能说出来。第二天上午 8：30，美国总统经济顾问委员会会发布一份新闻稿对这一数字进行解释。

但 GDP 并不是为此目的而设计的。它并不被认为是衡量一个国家经济健康状况的主要标准。它不是为了成为决策者和投资者的关键工具而创建的。它不是为管理全球金融市场而生的。作为衡量国民福祉的指标，GDP 是一个存在严重缺陷的总结。它于 20 世纪 30 年代在美国发展起来，目的是为了更好地应对经济衰退。其创始人之一西蒙·库兹涅茨（Simon Kuznets）对 GDP 指标的局限性提出了警告，特别是它将家庭生产和其他非市场活动排除在外，并忽视了许多经济活动的生态破坏成本。全球变暖和其他灾难是微观和宏观经济活动会计错误的一些后果。

国际货币基金组织和世界银行估算 GDP 的统一方法的内部化，导致全球忽视了评估发达国家对生态系统造成的破坏的成本。新兴经济体继续以更高更快的速度过度开发生态系统。在 20 世纪的最后 20 年里，增长最快的国家 GDP 每 7 年翻一番。当然，GDP 数字并不包括在此过程中造成的环境破坏成本。相反，实际上，随着空气质量的恶化，为了减少负面影响，用于清理烂摊子、追加额外医疗保健的资源增加了，GDP 也相应增加了。这是一种新的"发展"。

GDP 核算体系的设计不是为了将自然视为一种稀缺商品，而是将其视为一种"免费"商品，有无限的供应可供开发。如果改变微观和宏观经济活动的衡量标准，环境灾难本是可以避免的。在引进市场经济的会计制度时，决策者忽视了基于市场的评估、价格的固有偏差和局限性，完全忽视了这些会计制度在经济发展中所利用的公共产品的成本。

直到最近，会计师们大多还认为，自然资源非常丰富，任何损失都是微不足道的，不值得担心。他们假设，像水、土壤、森林和空气这样的自然资源是大自然的免费礼物。他们不认为自然界会像建筑物和设备那样被耗尽。但是，正如19世纪的铁路企业家认识到的，人造资本、铁轨和火车会磨损，必须折旧一样，一些会计师也开始认识到自然资本也会磨损，更糟糕的是，可能会耗尽。GDP的主要弱点在于它对资本资产的贬值不敏感。从环境的角度来看，这是非常关键的。它实际上可能是灾难性的。

国民生产总值（GNP）核算反映了关键的经济流动：生产、消费、储蓄、投资，但它们并不衡量资本存量的状况。社会、人力和自然资源，以及生产所需的建筑和设备等人造资本，都需要包括在内。这种有选择地对经济流动的关注，使GDP向政策制定者发出了误导信号。他们只关注在短期内实现生产最大化的活动，而毫不考虑对长期繁荣至关重要的自然环境资本存量。事实上，只关注GDP数值实际上会产生进一步消耗自然环境资本存量的激励，因为自然资源的消耗被视为收入。最终，不记录维持健康生态系统的再投资成本会掩盖生态负债。可持续发展和气候变化是我们这个时代的重大挑战。我们需要停止否认不断升级的环境问题，不再将环境成本排除在我们的账目之外。

GDP 国民核算体系，只衡量"经济活动"，而不是真实的收入，更不用说福祉了。我们不是把成本和收益分开，然后在边际上进行比较，而是把所有的最终商品和服务加起来，同时还加上了不得不处理的环境恶化的成本。自然提供的资本和服务的损耗也被算作收入，金融交易也被统计在 GDP 内，尽管它们只不过是对债务的押注，然后再对这些押注进行进一步的押注。因为坏东西没有市场价值，也被忽视了，但坏东西是生产商品和服务的联合产品，而且无处不在：核废料、墨西哥湾比新泽西州还大的死亡区、海洋中的塑料垃圾漩涡、臭氧空洞、生物多样性丧失、大气中过量碳排放导致的气候变化、枯竭的矿山、被侵蚀的土壤、干涸的水井和激增的债务。损耗和污染处于生产商品和服务的吞吐两端。

看来，像国际货币基金组织和世界银行这样的国际组织以及各国政府、企业并不打算对它们所造成的损害环境的成本负责，在强调甚至夸大经济增长的 GDP 衡量标准中，它们收获了既得利益。美国于 1994 年首次公布了调整后的国内生产总值，数值中扣除了石油和其他不可再生资源的消耗。这一数据及其对美国财富的降级估算极具争议性和政治爆炸性，国会不得不迅速终止了这种做法。

事实上，如果决策者在使用市场指标时有所选择，许多与生态系统相关的问题本来是可以避免的。在会计体系中做出的改变非常重要，其影响将超越国界。然而，通过拒绝《京都议定书》，布什总统表明了美国在这一问题上的立场。唐纳德·特朗普在 2016 年拒绝《巴黎协定》时也持如此态度。世界需要新的领导者，为非常紧迫的全球问题提供立竿见影的解决方案。新领导者们必须改革公共和私营部门的会计制度，以更好地衡量经济活动。

在公司的资产负债表上，商誉（goodwill）作为一种无形资产出现，代表了公司为收购另一家公司所支付的价格与被收购公司的原始账面价值之间的差额。彭博社估计，2018 年全球所有上市公司的商誉总额为 8 万亿美元。它估计全球所有上市公司的实物资产总额为 14 万亿美元。毫不意外的是，最大的商誉报告者是并购 "瘾君子"。AT&T 有价值 1430 亿美元的商誉；安海泽 – 英博有 1370 亿美元；通用电气有 820 亿美元；伯克希尔·哈撒韦有 810 亿美元。苹果公司是一个罕见的例外。它几乎没有商誉，因为它避免了大的收购行为。负责制定除美国以外其他大多数国家会计规则的国际会计准则委员会在经过持续审查后，计划对商誉核算进行改变。现行规则在美国和欧洲几乎相同。当收购者收购一家公司时，它将商誉明细账，即收购方支付的金额与被收购公司的账面价值之间的差额，记入其资产负债表中。这其中存在让人不安的商誉的累积循环。企业越是抬高收购价格，其可以记入的资产就越多。这可能部分解释了为什么并购会在牛市中达到最高点。然后，收购方会定期检查这笔金额是否需要减值。修订后的价值是基于对并购后的新实体预期现金流量的预测。减值过程极为主观。在收购方的收入表上，计入的减值金额将表现为损失。

在 2009 年全球金融危机的早期动荡阶段，在匹兹堡举行的 20 国集团峰会上，各国领导人决定，面对由于美国立法者放松对衍生品监管而导致的混乱世界，需要确保衍生品得到集中清算而使这一市场变得更加安全。十年后，全球跨国银行持有的所有未平仓衍生品名义价值为 639 万亿美元。其中 68% 集中于少数几家结算中心进行集中清算。因此，这些机构共同接纳了全球最大的金融风险之一。

这些衍生品的一部分由交易商和投资者在场外交易，而不是在交易所交易。《经济学人》发现场外交易令人担忧。根据国际清算银行的数据，这些场外衍生品的名义价值为 544 万亿美元，其中 62% 是集中清算的，当新规则实施时，避开清算所的交易将受到经济处罚。但愿清算所不会倒闭，希望它们能按计划运作。清算所位于市场参与者之间，保证买方得到希望所买的东西，卖方得到付款。由于现金股票交易在 2 天内结算，而一方破产的可能性很小。然而，期权的双边交易缺乏透明度，因为期权的买卖双方在期权期限内相互对峙，这在 2008 年的金融危机中发挥了很大作用。双边交易要求双方了解对方的信用状况。在彼此不知道对方立场的情况下，了解对方的信用状况是困难的。例如，如果买方想提前平仓，它可能会将对冲头寸卖给另一个买家。然而，如果所有交易都进行集中清算，每个人都知道这一点，便会有更大的透明度——这就是集中清算的存在理由。

清算所大多是以盈利为目的的机构。他们的利润随着交易量的增加而增加，但不良交易的损失主要由清算所的成员承担。这似乎是降低标准的长期诱惑。太低的保证金或违约金要求，增加了大宗交易违约给清算所留下大量不匹配头寸的可能性。那么需要从 4 个可能的资本来源中获得资金以进行覆盖：1. 其所有者（通常是交易所）；2. 其成员（通常是投资银行）；3. 其客户（主要是投资基金）；4. 在极端情况下由纳税人提供。

清算所也曾有倒闭过的先例。1974 年，当糖价暴跌时，巴黎清算所因其成员拖欠追加保证金而倒闭。1983 年，吉隆坡的一家清算所倒闭，当时棕榈油期货价格暴跌。香港期货交易所结算中心在1987 年崩溃时，监管机构关闭了股票交易，而政府和香港最大的一家银行实施了救助行动。

在利率衍生品和信用衍生品领域，已经出现了向中央清算的转变。清算所是一类新的金融机构，他们被认为太大而不能倒。如果不能确定陷入困境的清算所可以从哪里寻求资本，清算中心的成员和客户将更有可能采取更加谨慎的行为，如减少交易规模，如此一来，清算所可能进一步陷入困境。旨在保护纳税人的规定可能产生逆向效应，让他们重新陷入困境，这是永恒的道德风险问题。

## 注释

1　Buthe T. , Mattli W. The New Global rulers：The Privatization of Regulation in the World Economy[M]. New Jersey：Princeton University Press, 2018.

2　Brooks R. The Bean Counters：The Triumph of the Accountants and How They Broke Capitalism [M]. London：Atlantic Books, 2018.

3　Gow I D. , Kells S. The Big Four：The Curious Past and Perilous Future of the Global Accounting Monopoly[M]. San Francisco：Berrett – Koehler Publishers, Inc.

# 失控的资本

发条经济学的终结

The Financial and Conceptual
Foundations of Intangible Asset
Manager Capitalism

## 第十六章

## 类型学是炼金术吗？

　　现在很多 MBA 课程都不开设有关 20 世纪法国哲学的课程了。要是真有的话，学员们肯定会从中得益匪浅。米歇尔·福柯（Michel Foucault）认为，信息结构是权力关系的源泉。福柯痴迷于类型学（taxonomy），即人类如何将世界划分为特定的精神范畴，以驯服狂野的世间万物。如今回过来看，我们一下子就可以感悟到这种思想体系的别样魅力。大多数 MBA 学员都熟悉丹尼尔·卡尼曼（Daniel Kahneman）的著作《思考，快与慢》。这本书解释了思维的两个系统——快系统出于直觉和情感，慢系统则来自深思熟虑和逻辑——是如何驱动我们的思考的。在卡尼曼的语言里，福柯类型学的概念被称为"框架"（framing）。

　　杰夫·贝佐斯、埃隆·马斯克、沃伦·巴菲特和孙正义都明白这一点的重要性，并凭借他们在公共关系方面的专业技能，巧妙地管控着外界对其公司的看法。在 2015 年之前，投资者一直将亚马逊视为一家低利润率的零售企业。贝佐斯为改变亚马逊的企业形象而将它重塑为一家高科技公司。新的云业务产生了持续且增长迅猛的现金流，并使亚马逊摆脱了连续亏损。

沃伦·巴菲特是一位卓有造诣的类型学家，他坚持认为，伯克希尔·哈撒韦既非一家企业集团，亦非一种投资通道，而是一个独一无二的实体。这个实体只能通过他在《所有者手册》中提供的一套特殊规则来进行分析。这种解释使得伯克希尔·哈撒韦公司在过去十年中免受审查和批评，即使它在股市中表现不佳。当然，前提是您将伯克希尔·哈撒韦公司视为一个需要按照独特规则进行分析的独一无二的实体。

因现金流薄弱和高债务而备受批评的电信和科技巨头孙正义开始将公司描述为风险投资公司，使用他的风投内部回报率进行评估，这既是一种奉承，也无法核实。他自此完成了转变，在伦敦成立了规模达 1000 亿美元的愿景基金（Vision Fund）。埃隆·马斯克认为，不能也不应该根据特斯拉过去的表现来评判其现在的表现，而是要看未来。在形象管理大师的协助下，通过重新将公司归类并细分，管理层成功地改变了公众对公司的观念，投资者继续购买其股票，这降低了资本成本，并唬住了竞争对手。类型学虽不是炼金术却胜似炼金术！最终，这些公司都必须成功。

1926 年以来，美国股市的市场回报率大部分是由极少数股票支撑起来的。亨德里克·贝森宾德（Hendrick Bessembinder）发现，[1] 仅五只股票（苹果、埃克森美孚、微软、通用电气和 IBM）就占 1926—2016 年间为股东创造的全部财富的十分之一。前 50 名股票所创造的财富占总财富的 40%。在过去的 90 年里，在美国上市的

25000 只左右的股票中，半数以上的股票被证明其实是比国库券更糟糕的投资。FAANG（Facebook、Amazon、Apple、Netflix、Google 的合称）股票自 2015 年以来的上涨并不罕见。标普 500 指数中排名靠前的领涨股力量水涨船高，但它们绝非自由现金流的吞噬者。这是一道 21 世纪的难题。贝森宾德的研究结果印证了另一项研究的发现，该研究指出，大多数股票收益是在相对较少的交易日内实现的。2018 年上半年，3 家公司亚马逊、Netflix、Alphabet 对道琼斯指数的涨幅贡献比例达到了 71%，标普 500 指数的 78%。

过去三十年的困境之一是，研发支出的削减与私营部门的日益金融化同时发生。虽然这两个现象之间是否构成因果关系尚难证明，但不可否认的是，在民营制药公司削减研发预算的同时，它们却在增加用于回购股票的资金量，似乎是为了提振股价，这影响了股票期权的价格以及与这些期权挂钩的高管薪酬。2011 年，除了支付 62 亿美元的股息，辉瑞还回购了 90 亿美元的股票，相当于其净收入的 90% 和研发支出的 99%。最大的生物制药公司安进（Amgen）自 1992 年以来每年都回购股票，2001 年回购总额达 42 亿美元，2011 年达 83 亿美元。自 2002 年以来，除 2004 年外，安进的股票回购支出每年都超过该公司的研发支出，在 1992—2011 年期间，回购支出相当于研发支出的 115% 和净收入的 113%。推高股价不会创造价值，但会有利于价值榨取，以回报股东和高管。股票回购的问题不是孤立的，而是普遍存在的。在过去十年中，标普 500 指数成分股诸公司在股票回购上已经花费了 3 万亿美元之巨。

对股票回购的常见批评来自一种刚刚形成的观念，认为企业购买自己的股票是不自然的。但实际上，股票回购就像股息一样，现金从企业流向持股人。股票回购的优势在于它们的灵活性。与股息不同，在回购中股东可以选择参与或不参与，企业可以打开或关闭这个"水龙头"，而不会让投资者失望。

第二种说法是，回购创造了股东财富。从自动取款机里取美元会让你更富有吗？不。但是，回购可以在股东之间转移财富。如果卖家以和未来相比更高的价格卖出股票，这会使卖家变得更富有，而未来更低的股票价格会减少剩余股票持有者的财富。不过，回购发出了管理层有意配置资本的信号。他们使用现金进行回购。

第三种批评是，公司回购的主要动机是操纵股价或每股收益（EPS），当股票数量下降时，每股收益可以得到表面上的提振。

第四种说法是，围绕每股收益设计的高管薪酬方案鼓励回购。

第五种担忧是回购导致低投资。这一点是有数据支持的。自20世纪90年代以来，上市公司的现金流相对于 GDP 的增长有所上升，但用于投资的比例却在下降。

第六种观点是，回购是衡量公司税改革是否符合公众利益的一个好办法。实际上并不是。更好的替代方案是看整体投资增长是否超过年度税收减免、企业的工资账单是否在上涨，以及这些影响是否会持续。大多数对股票回购的批评都源于对严重问题的合理关切，包括过高的利润和受到挤压的工资、企业的集中所有权以及金融行业不愿意支持更具风险的初创企业。

回购激增发出的负面信号是杠杆的增加。54% 的公司在 2018 年第一季度的回购支出超过了他们的收益。当公司在回购自己的股票上大肆挥霍时，这是过度乐观的表现。请注意，它们上一次这么做是在 2008 年股市崩盘之前。

扬·德·洛克（Jan de Loecker）和扬·埃克霍特（Jan Eeckhout）[2]利用 134 个国家 70000 家公司的财务报表，研究了商品售价与生产成本之比——折价率（markups）并发现，平均折价率从 1980 年的 1.1 上升到 2016 年的 1.6，美国和欧洲的折价率上涨最为明显。但许多新兴市场的折价率几乎没有上涨，其在中国则有所下降。这表明富裕国家的企业可能通过外包来削减劳动成本，从而提高了折价率。另一个可能的原因是由于反垄断执法力度不足或网络效应等因素导致企业集中度增加，如互联网公司的发展壮大。2022 年，苹果公司赚了令人瞠目的 998 亿美元，相当于平均每个地球人贡献了 12 美元。

奥巴马任下的前国家管理及预算办公室主任彼得·奥斯泽格（Peter Orszag，后在花旗集团任职）和前经济顾问委员会主席贾森·弗曼（Jason Furman）在一份研究报告中说，在 2010 年至 2014 年投资回报率达到或超过 45% 的非金融公司中，有三分之二来自医疗保健或信息技术行业。让这些行业获得如此巨额的利润和 CEO 薪酬的是市场力量。这在硅谷稀松平常，根本无须多虑。这就是 20 世纪末和 21 世纪初伟大的技术和创业成功故事。

在苹果首席执行官蒂姆·库克看来，反垄断、数据保护和侵入性税务调查只不过是"政治谰言"，是通往未来高速公路前的陈旧颠簸之路。正如科技业风险投资巨头彼得·蒂尔（Peter Theil）告诉读者的那样，"创造价值是不够的——你个人还需要获得你创造价值的一部分。"这就得靠市场力量了。"美国人神化了竞争，并认为它把我们从排队买面包的队伍中拯救了出来。"但蒂尔很清楚，资本主义和竞争势不两立。资本主义以资本积累为前提，但在完全竞争下，所有的利润都被竞争掉了。企业家的教训是明确的——竞争是为失败者准备的。蒂尔是特朗普的支持者，也是对政府甚至教育持批判态度的安·兰德自由主义者（Ayn Rand Liberalism）。每年，他都会豪掷百万美金美元来鼓励学生辍学创业。硅谷有一种核心的安·兰德自由主义文化——硅谷人绝对不会因产品和服务的负面影响去承担任何代价高昂的社会责任，并对此心安理得。他们有一种"贪婪是好事"的精神气质，对政府的干预充满蔑视，奉行"快速行动，破坏一切"的座右铭。

正是乔治·W.布什时代取消了对行业集中度的大部分限制，并促成了美国经济的现状。美国工业可以说达到了自最初的托拉斯时代以来前所未有的集中程度。古斯塔沃·格鲁隆（Gustavo Grullon）表示，从 1997 年到 2012 年，75％的行业都经历了集中度的提高。[3]

被迫分拆为 8 家公司的 AT&T 获准重组为 Verizon 和 AT&T，而 AT&T 又收购了 DirecTV 和时代华纳。到 21 世纪第二个十年的中期，通用、福特、克莱斯勒和丰田四家公司控制了 60％以上的汽车市场。NEWS CORP、谷歌、GARNETT、雅虎和 VIACOM 这五家媒体公司控制了美国媒体市场 54％ 的份额。家电制造业中，惠而浦、AB 电子、通用电气、LG 电子控制了美国市场的 90%。石油业仍然是世界上最集中的行业，其次是电信和发电与配电工业。世界上最大的四家控股公司中有三家是石油公司，即荷兰皇家壳牌公司、埃克森美孚公司和英国石油公司，紧随其后是十家银行，即摩根大通、高盛、美林、摩根士丹利、花旗集团、德意志银行、瑞士信贷、巴克莱资本、瑞银集团和富国证券。历史上从未有过这么少的机构能对这么多人的生活拥有如此大的经济影响力。

从历史上看，有 6 家公司招致了政治上的强烈反对，但其中只有两次导致了它们的解体。第一次是 1813 年，东印度公司失去了对印度贸易的长期合法垄断。东印度公司是一个英国私人帝国，从事罪恶的鸦片生产和贸易，以及其他同样可怕的勾当。另一次是 1911 年，美国最高法院解散了洛克菲勒的标准石油公司。美国司法部的反垄断部门也对镀金时代的另一巨头美国钢铁公司提起过反垄断诉讼；在 1969 年对 IBM 穷追不舍，并在 1974 年试图打破 AT&T 对电信的控制，最后成功做到了。此外，司法部在 1998 年起诉并试图肢解微软。

## 注释

1　HTTPS://wpcarey. ASU. edu. /faculty – research/do stocks – outperform – treasury bills
2　HTTPS://papers. SSM. com/sol13/papers. CFM？abstract_ID = 3206443
3　美国工业正在变得更加集中吗？网络链接见 HTTPS://ssrn. com/abstract = 2612047

# 失控的资本

发条经济学的终结

The Financial and Conceptual
Foundations of Intangible Asset
Manager Capitalism

## 第十七章

## 依存关系武器化的
## "技术冷战"时代

　　自从美元巩固了世界主导货币的地位，显而易见，美国作为唯一金融超级大国的地位使其对其他国家的经济未来具有非凡的影响力。然而，直到特朗普总统上任之后，美国才开始经常性、全面地动用其金融权力发起金融战争。这反过来促使其他国家寻求摆脱美国的金融霸权。美国在利用金融战争服务外交政策方面处于独特的优势地位。美元是全球通行的价值储存和交易媒介。超过一半的跨境贸易用美元结算，这是美国全球货物进口份额的 5 倍，出口份额的 3 倍。美元是大多数国家的央行储备货币和资本市场货币，近三分之二的全球证券发行和外汇储备是以美元的形式。全球金融节奏由美国主导。当美元利率变动或华尔街的风险厌恶发生变化时，全球市场会做出回应。

　　9·11 之后的全球金融管道将大部分国际交易转移到纽约，由美国"代理"银行进行清算。美国牢牢控制着银行使用的主要跨境信息传递系统 SWIFT。美国金融中心网络的另一部分是 CHIPS。CHIPS 是一家清算所，每天处理价值 1.5 万亿美元的支付。美国利用这些系统来监控有关活动。如果一个机构对此基础架构的访问被拒绝，那就会立即将自己与世界隔绝，并很可能在财务上陷入瘫痪。因此，世界各地的许多个人和机构都受美国管辖，也容易遭受美国的惩罚。2014 年，针对法国巴黎银行的 90 亿美元罚款震动了法国朝野。法国巴黎银行努力避免了被永久禁止美元清算，这对国际银行来说是最接近商业死亡的事情。美国比其他国家拥有更大的影响力，因为美元是整个世界金融体系的核心。美元代表着一半的跨境银行间债权，是国际支付的代理货币，62% 的央行储备以其计价。在 2007—2008 年金融危机期间，出现了抢购美元的热潮，尽管这是华尔街造成的。2020 年 3 月，在美国对新冠肺炎疫情的拙劣应对期间，对美元的需求狂潮又一次蜂拥而至。

对局外人来说，美元是用于跨境交易的一种有吸引力的资产。对美国来说，外国持有美元就像是从国外贷款。对美元的需求使美国能够用本国货币为赤字融资，而不是迫使美国人减少支出。这减少了平衡资金流入和流出的基本需求，使美国能够自由地追求它想要的货币和财政政策。这种自治权以及世界对美元的依赖性，赋予了美国影响力。美国可以通过向盟友提供重要的流动性，同时拒绝向敌对国家提供流动性来换取让步。对美元的强劲需求推高了其相对于其他货币的价值，尽管这伤害了出口商，但却降低了进口的成本。货币的影响力使得美国能够对国际监管施加影响。特朗普总统利用制裁手段遏制了伊朗、朝鲜、俄罗斯、土耳其、委内瑞拉等国家，将金融战争提升到一个新的水平。他的弹药库还包括关税和针对公司的法律制裁，例如对华为的打压。"次级"制裁针对的是与

"黑名单"国家有贸易往来的其他国家的公司。

美国科技公司高通（Qualcomm）65% 的业务在中华人民共和国，2017 年其大部分利润在新加坡入账，以尽量减少在美国纳税。2018 年 3 月，高通说服特朗普政府阻止了博通（Broadcom）对高通的敌意收购。博通是另一家在美国上市的科技公司，但为了避税，其注册地在新加坡。尽管博通于 2017 年 2 月 11 日，在其公布收购高通意图的四天前，宣布将其总部迁回美国，美国政府仍然否决了这笔高达 1170 亿美元的收购案，禁止理由是高通的独立性对于确保美国的战略技术优势至关重要。这项禁令是美国外国投资委员会（CFIUS）最激进的措施之一。

这一行动从两个方面来看是不同寻常的。既然是恶意收购，那么买方和卖方之间原则上没有达成协议以供 CFIUS 裁决，既然没有达成协议，因此双方也就没有机会采取任何措施以解决美国政府对国家安全的担忧。另一方面，借助这一否决事件，美国政府将 CFIUS 武器化。2018 年 8 月 13 日，特朗普总统签署了旨在加强 CFIUS 作用并迫使其对国家安全因素给予更大考虑权重的新立法。这项名为《外国投资风险审查现代化法》（FIRRMA）的新法律扩大了需要 CFIUS 批准的交易类型，并引入了新的审查类别，包括"关键材料"和"新兴技术"。FIRRMA 创建了一个"特定国家/地区"白名单，这些国家或地区由于与美国的友好关系（包括缔结了共同防御条约的各方）而不必接受新的严格审查的限制。新的变化是，特朗普总统拒绝继续玩"自由贸易的游戏"。美国将以关税对等、补贴对等的方式与中国、德国、韩国以及其他贸易顺差国进行竞争。

特朗普总统"蛮不讲理"的做法暴露了一些国家在以美元为中心的金融系统中的脆弱性。美国之所以能够将一些外国科技公司列入黑名单并大大限制它们的交易能力，并对与之交易的供应商和其他交易方进行惩罚，最终取决于以美元为基础的银行和支付系统，和美国在全球金融系统中的强势地位。使用美元来扩大美国法律和政策的影响力符合特朗普总统"美国优先"的信条。但是，其他国家认为这是权力的滥用。美国的盟友更担心美国作为全球商业秩序保障者的角色是否已经开始"变味儿"。这可能最终导致美国金融霸权的崩溃，因为其他国家会试图推翻强大的美元统治地位。例如，欧盟采取了一些涉及伊朗贸易的举措。欧盟试图通过这些举措，让其银行和公司能够与伊朗进行交易，同时让它们免受美国制裁的影响。由英国、德国和法国为此目的创建的票据交换所 INSTEX，作用十分有限。它本质上是以物易物机制，其架构允许公司在不借助美元或 SWIFT 的情况下从事商业活动，但仅限于不受制裁的人道主义贸易且不包括石油买卖。由于担心招致次级制裁，他们一直踌躇不前。INSTEX 的谨小慎微反映了美国的绝对影响力。国际货币实验新时代的特点是资产去美元化、使用当地货币和掉期的贸易变通办法，以及新的银行对银行支付机制和数字货币。

中国已经开发了自己的国内支付和结算基础设施，称为 CIPS。它于 2015 年推出，作为 SWIFT 银行间信息传递系统的补充。它在 2018 年一整年的处理量比 SWIFT 每日的处理量还少，但它简化了人民币的跨境支付，为银行提供了许多结算节点。报告显示，中国、印度和其他国家可能正在联合探索去 SWIFT 化的替代方案。中国数字平台公司的全球化速度比中国的银行更快，世界消费金融系统的一部分正在使用中国的支付系统。在资本市场上，中国推出了以人民币计价的原油期货合约。

9·11事件后通过的《爱国者法案》虽然只是美国的国内法律，但是该法律实行"长臂管辖原则"，即如果外国金融机构涉嫌违反美国有关法案的规定，美国财政部有权利传唤该机构并将其列为对金融诚信的威胁，并禁止它们进入美元支付清算系统。2001—2003年，美国赢得了对SWIFT的监控权，SWIFT原本是全球银行的保密报文传送系统。2002—2008年间，美国财政部拿少数冒犯者小试牛刀，迫使军火商维克多·布特乖乖就范，与朝鲜有贸易往来的澳门汇业银行（Banco Delta Asia）认栽倒霉，太平洋岛国瑙鲁因涉洗钱而受到惩戒，紧接着是土耳其国有银行Halk Bankasi。自2008年以来，西方银行也曾因违反美国规定而被罚款，但尚未被禁止进行美元清算。

美国财政部指控澳门汇业银行为朝鲜洗钱，此举引发储户恐慌，其他银行纷纷与其保持距离，澳门特区政府也不得不介入。美国财政部随后禁止美国金融机构为该银行开设代理账户，将汇业银行排除在美国金融体系之外。这似乎印证了金融机构很难摆脱美元的长臂管辖。美元的主导地位反映了经济学家所谓的网络外部性，即使用它的人越多，那它对所有使用者就越有用。美元还受益于其在货币兑换、贸易计价和国际支付结算方面的"中心辐射"（Hub-and-Spoke Model）效应。

全球金融体系就像一张下水道管网，所有的管道都穿过纽约。

这赋予了美国财政部巨大的惩罚权力和司法管辖权。然而，并非所有的美元结算都受美国司法管辖。在东京、香港和其他地方结算美元支付是可能的。但美国的 Fedwire 和 CHIPS 在 2017 年每天处理的交易价值高达 4.5 万亿美元。中国香港通过汇丰银行（HSBC）运行的系统处理了该总额的 0.8%。此外，离岸美元（欧洲美元）可以轻易地在美国银行和金融机构之间流通，而不受制于美国的外汇管制和监管措施。这种境外美元相对自由的流通特点，使得它们在全球范围内具有高度的灵活性和可用性，因此备受市场欢迎。汇丰在纽约处理美元交易的能力，支撑了中国香港金融体系的流动性。

中国正在开发自己的基于人民币的国际支付系统。俄罗斯和中国已同意渐进增加使用本国货币而不是美元来进行贸易。特朗普总统退出了由奥巴马总统和美国盟友所达成伊核协议，结果就是中国在上海推出的以人民币计价的石油期货合约交易量迅猛增加。一些人认为，在石油定价方面，"石油人民币"（petroyuan）是美元的潜在对手。欧佩克对其出口原油的定价仍以美元为单位，而欧佩克的全球出口在国际贸易中占有非常大的比重。增加用美元之外货币进行的原油交易将导致全球金融事实上的逐步去美元化。

在科技领域，近年来美国政府对一些大型外国公司发起了制裁，并将制裁武器化，这引发了令人不安的担忧。首先，任何大公司都无法幸免。不少于 2000 家美国以外的大公司发行美元债券。美国以外的公司所欠的美元债务总额超过 5 万亿美元。跨境供应链意味着大多数公司在某种程度上依赖于美国的技术组件。其次，这些权力可能被政治角色明显地利用，以达到他们的政治目的，或者由于对这些权力的使用方式不当，可能会引发一系列问题和负面影响。

IT 供应链是高度专业化的，而且在全球范围内错综复杂。用军事术语来说，切断公司之间的联系，将相互依赖关系武器化，可能会造成严重的破坏。华为是中国最有价值的高科技公司。它的名字被骄傲地翻译为"中国成就"。1500 亿美元的营收让华为与微软并驾齐驱。三星是唯一一家智能手机销量超过华为的公司。在超高速 5G 移动网络方面，华为是全球的领跑者，拥有大量宝贵的专利，并拥有世界上最强大的电信设备制造能力。美国对华为的制裁可能会引发冲击波，让整个科技界感到战栗。

2019 年 5 月 15 日，特朗普总统禁止美国公司使用"对国家安全构成风险"的公司生产的电信设备。他的决定令人震惊。所有的科技公司都是高度互联的。没有一家科技公司是孤岛。5 月 20 日，谷歌宣布决定停止向华为供应安卓移动操作系统的专有组件。英特尔、高通和美光（Micron）也加入了谷歌的行列，并宣布了停止销售部件的决定。众所周知，相互依存是双向的。华为是美国高科技产业的重要买家。无线通信芯片制造商 Qorvo 有 15% 的收入来自华为。华为也是美光的重要客户。信息技术与创新基金会（Innovation Foudation）估计，出口管制给美国公司带来的成本是 5 年内 560 亿美元的销售损失。[一]美国科技公司的股价因此下跌。过去几年，华为有意识地采取了战略举措，逐渐减少对美国专有技术的依赖，越来越多地利用由其内部芯片设计部门海思半导体设计的芯片，这些芯

---

　　㊀　The Economist，June 1ˢᵗ –7ᵗʰ，2019.

片由台积电为华为生产制造。尽管台积电一度决定继续向华为供货，但最终迫于压力在 2020 年 9 月 14 日起停止对华为出货。中国的芯片工厂没有制造精密海思芯片的能力。尽管中国多年来一直在努力制造自己的计算机芯片来实现自给自足，但 2018 年中国在进口芯片上的支出超过了进口原油的支出。

在全球错综复杂的芯片产业供应链中，许多非美国公司使用美国的零部件和知识产权。因此，它们可能认为自己完全或部分地处于美国禁令所覆盖的范围之内。ARM 是软银（Softbank）旗下一家在英国注册的公司，为世界上几乎所有手机芯片提供架构授权，包括海思芯片。该公司宣布遵守美国商务部的规定，这表明 ARM 不会授予华为新的许可证。

即使未来取消禁令以换取贸易让步，被制裁企业恢复以前的业务似乎也不太可能。美国政府已经露出獠牙，准备扼杀中国大型科技公司。而全球对美国科技公司的信任也因此受到侵蚀。中方为了芯片供应安全，不得不依托自身，建立更加独立的芯片供应链，力图摆脱美方的影响。中方在芯片设计、制造和设备等方面进行全方位投资，如果能够成功，中方对美方的依赖将进一步降低。2022 年，中国（含台湾地区）的半导体项目延续高投资态势，金额高达 1.5 万亿元人民币。另一方面，如果禁令是美国扳倒外国科技巨头战略中的一种策略，那么这些企业就需要寻觅新的芯片和软件供应商。但是目前它们似乎没有其他选项。在美国领导下建立的全球供应链看起来很脆弱。为了实现"让美国再次伟大"的目标，相互依存的产业链已经被武器化了。全球供应链的脆弱性暴露无遗。这些事件一如当年日本大地震和海啸敲响了全球供应链的警钟，暴露了其严重相互依存的关系。

一般来说，发展中国家处于追赶阶段，其国内微芯片行业通常从加工制造的低价值环节开始。中国国内的微芯片行业的相对优势在于芯片组装和封装方面。例如，在上海附近的长江三角洲地区，有数十家企业专门从事此类工作，如中芯国际、天水华天和 TFME 等知名企业。在"技术冷战"时代，中国正在实现从芯片设计到制造链的自主掌控。现状是，中国企业严重依赖于来自英国 ARM 公司的设计。这家由软银拥有的芯片设计公司主导了移动计算业务，并可能成为未来物联网智能设备的主导供应商。根据该公司发布的消息，ARM 公司已经计划进入高性能云计算芯片市场。

对中国公司来说，在制造高科技芯片方面取得进展是一项艰巨的任务。中国的初创企业面临着来自其他国家现有企业的激烈竞争，这些企业积累了令人生畏的专业知识，由最训练有素的工程师组成，拥有数十年的经验。制造是芯片产业中最难复制的环节。半导体制造业本身就是一种不断重复学习的循环。2001 年全球有 29 家拥有高级芯片制造能力晶圆厂，在不断合并后到 2019 年仅剩 5 家。这些晶圆厂的设备供应商更是少之又少，荷兰的阿斯麦是紫外光刻技术的主要供应商。

特朗普总统在推特上抱怨中国公司窃取美国知识产权。然而事实上，西方科技公司对中国科技越来越感兴趣。在某些情况下，他们直接收购了中国竞争对手。此类收购可追溯至 2016 年。大多数交易规模较小，涉及许多小众细分行业。

2016 年，苹果向滴滴出行投资了 10 亿美元，微软入股了人工智能管家来也（Laiye）。全球领先的汽车内饰供应商法国佛吉亚（FAURECIA）公司于 2017 年收购了开发人机界面的江西好帮手电子公司。2018 年，美国芯片制造商赛灵思（Xilinx）收购了北京的机器学习初创企业迪菲科技（DeePhi Tech）。英特尔已经入股了几家中国初创企业，包括 2018 年的一家云服务提供商和 2019 年的一家为无收银员商店编写软件的公司。2018 年，Alphabet 斥资 5.5 亿美元收购了阿里巴巴的电商竞争对手京东不到 1% 的股份。美国人工智能芯片制造商英伟达投资了中国自动驾驶技术公司 WeRide.ai 和自动驾驶卡车企业 TuSimple。2018 年，美国机器人公司 Intuitive Surgical 入股中国初创企业 Broncus。

在过去十年左右的时间里，中国只阻止了一次外国收购——即在 2009 年，可口可乐公司出价 24 亿美元收购汇源果汁。2018 年，中国限制投资领域的"负面清单"从 63 个行业缩减至 48 个行业。中国监管机构没有阻止赛灵思对迪菲科技的收购，这或许让许多人感到惊讶。美国贝恩咨询公司对中美 2016—2020 年之间的投资额度进行了统计和研究，发现双方的投资额从高峰的 620 亿美元下降到 160 亿美元，减幅 75%，科技行业的投资下降达到 96%。科技行业的投资下滑与美方滥加制裁有很大的关系。

总而言之，美国的制裁可能会产生令人不安的反效果。一个现实的担忧是，一些国家将设法摆脱美元的控制。对美国财政部实施的新软实力武器的谨慎研究生成了一份生存者指南，说明一个国家需要哪些东西才能在没有美国许可的情况下生存：首先是半导体行业，紧接着得持仓几种全球货币，然后要构建清算系统和信用评级机构，随后是商品交易所、美国外的全球投资者和航运公司。这暗示了一种趋势，即一些国家在面对美国的制裁时，将寻求摆脱美国对全球金融和经济体系的控制，以避免遭受经济和金融上的打击。这也预示着全球经济格局的变化，可能使得一些国家在未来成为全球经济发展的新引领者。

# 后　记

就像社会史、政治经济史一样，资本主义的历史也许不会重复，但却有相似之处。混乱时期削弱了资本主义私人利润竞争游戏规则的执行，给予了私人利润追求实体改写规则的机会，这反过来又给了政治实体参与改写经济体系规则的理由，不仅通过外交手段，在2022年也以军事手段出现。

这种巨大的趋势性、系统性变革在历史上通常发生在几场非常严重的危机叠加之后：一些是外部因素，如地缘政治军事冲突和流行病；另一些是由于主要的全球竞争者为了追求相互冲突的利益目标而采取的战略举措所导致的，如抢夺自然资源的战略计划、金融崩溃、经济衰退和滞胀。它们在时间和空间上的分布是不规则的，不同的年代和国家之间存在差异。然而，近年来全球能源和金融网络变革的叠加效应，以及全球IT、通信、交通和物流网络受贸易、技术和政策影响而产生同步危机——这些人为的系统性变革非常不寻常，结果尚未可知。

1945年之后，西欧的混合经济体采纳了凯恩斯主义，同时也包含了中央计划元素，被称为"指示性计划"（indictive planning），部分是为了遏制苏联的影响，部分是由于战争余波的蔓延。1980年，在英国，玛格丽特·撒切尔与工会斗争，并将国有企业私有化；在美国，罗纳德·里根将放松管制的理念与个人自由、开放边界与世界主义、全球化与促进所有人的繁荣承诺相结合，将自由市场原则置于人民之上；而在法国，弗朗索瓦·密特朗对银行和大型企业进行了国有化；在北京，邓小平正在探索计划经济与市场调节的结合；在东京，拥抱自由市场经济的政府利用日本银行的货币政策推动了日本股市和房地产泡沫的形成和破裂，同时，对外贸易部利用产业政策扶持着日本的冠军企业，特别是在 1989 年股市和房地产泡沫破裂后。日本崩溃之后，格林斯潘的货币政策引发了美国的互联网泡沫，并在 2000 年 3 月破裂，随之而来的是 2007 年至 2009 年的金融危机，这使许多人相信，对市场的放任自流可能会导致灾难，就像 1929 年那样。格林斯潘执掌美联储时，显而易见的是，在美国货币体系中，信贷创造领域是一个无拘束的私有化权力掌权的地方，它拥有创造货币和全球货币管理的力量。

本书试图通过剖析一系列历史事件，揭示从牛顿物理学中演绎而来的正统新古典主义经济理论的缺陷和失败，它无法解释和预测近期经济史上的灾难性事件，并提出了理解格林斯潘角色的新视角。格林斯潘在美国实施的抑制金融波动的货币政策（1987—2006），导致持续宽松的货币环境，使资产管理资本主义在全球无阻碍地崛起，并在发达世界中造成了长达二十年的经济停滞，公共债务急剧增加，私人财富和收入分配不平等在经济体内外持续上升，尤其是在 2008 年金融危机之前、期间和之后。这创造了一个面临社会不平等、金融不稳定和迫在眉睫的环境灾难威胁的世界经济，越来越多的人失去了安全的生计。

保罗·沃尔克在里根政府时期对大通胀的治理，推动了整体消费者价格的下降。CPI 指数从 1980 年的 13.5% 下降到 1989 年的 2.2%，这是一把双刃剑。它对美国中产阶级的支持微乎其微；中位工资收入进入了一个持续十年的停滞期，几乎没有恢复，但它促使了美国经济结构的转变：从以收入驱动的增长转变为以资产为驱动的增长，使金融资产所有者能够在股票价值因强力通缩而大幅上涨、利率暴跌的情况下获益。到了 20 世纪 90 年代末，从收入型经济向资产型经济的转变已经完成。格林斯潘的美联储监管着美国泡沫状的金融市场，形成了股票、住宅房地产以及最终信贷市场的连续泡沫。不幸的是，收入紧张的美国中产阶级消费者依靠心理财富效应和住房投资的直接资本收益来维持他们习惯的生活方式。当这三个泡沫破裂时——股票在 2000 年 3 月破裂，房地产在 2006 年破裂，信贷在 2008 年破裂——以资产为依赖的美国中产阶级消费者开始削减支出。信贷危机爆发后不久，随之而来的消费衰退是有记录以来最严重的。

在 21 世纪的第二个十年末，全球最大的 200 家公司占据了世界 GDP25% 的份额，但只雇用了全球劳动力的 0.75%。在雷曼兄弟破产后的十年里，媒体报道了第二次机器时代的恐怖故事，声称机器人正在取代人类的工作，但实际上，科技对就业的影响比工业革命以来的任何时候都要小。越来越多的美国人和欧洲人遭受长期失业的困扰。即使美国经济复苏，劳动力参与率也在下降，在 2014 年达到三十年来的最低点。发达世界的大部分地区工资停滞不前，导致人们普遍认为市场规则并未为普通人提供好的结果，而是导致了更多的不公平，尤其是财富不均。

随着日本泡沫经济在 1989 年破灭，美国泡沫经济在格林斯潘的货币政策下蓬勃发展，并最终在 2008 年雷曼兄弟的破产中崩溃。后雷曼时代并不是像本·伯南克所说的储蓄过剩，而是投资荒。追求股东价值最大化侵蚀了金融和非金融公司之间的区别。企业金融业务优先于普通业务运营，因为内部的金融业务占据了越来越大的利润份额。高管薪酬计划鼓励企业使用廉价债务回购股票，而不是进行投资。低利率使僵尸公司能够更长时间地存活，从而导致生产率下降。低利率孕育了僵尸公司，而僵尸公司又导致了更低的利率。超低利率降低了投资的门槛。随着更多的资本被困在低回报的企业中，无论是僵尸公司还是价值数十亿美元的独角兽公司，资本回报率都在下降。伯南克和耶伦等人的超低利率和其他非常规货币政策降低了经济波动性，使经济回归到静止状态。

全球金融危机过后，兼并与收购活动有所增加。美国司法部在 2014 年未能提起任何反垄断案件。然而，2021 年以来，中国加强了对科技互联网企业的反垄断监管，对一些互联网企业巨头的价格歧视和技术滥用行为处以数以亿计的罚款。2022 年，中国修改了《反垄断法》，实施了《互联网平台反垄断监管执法制度规则》。尽管没有明显的反垄断角色，中国人民银行利用金融监管来规范阿里巴巴和腾讯的运营，这两家企业的电子支付系统占据了超过 95% 的市场份额。中国支付系统的成本估计为交易金额的 0.5%。而效率不高的美国支付系统由于信用卡、银行支票和现金的市场主导地位，估计成本为 3.5%~4.5%。自 2021 年 2 月至 2022 年 1 月，这两家中国科技巨头的股市总市值已经蒸发了近万亿美元。美国最大的五家科技公司在同一时期市值增加了 2.1 万亿美元，而上市公司数量在 2016

年之前的二十年里减少了一半。

在金融危机之后，美国的债务成本低于股权成本。这种资金缺口推动了股票回购的发展。回购和资本支出呈反向关系；随着股票回购的增加，投资减少。美国公司在后危机时期在回购上的支出超过了他们在运营方面的投资。作为现金流的一部分，企业投资在2014年达到了历史最低水平。在2010—2014年期间，企业总利润，作为美国国内生产总值的组成部分，较二战后平均水平高出40%。导致企业利润增加的最重要因素是企业借款成本的大幅下降。其中很大一部分利润来自企业的金融部门。2010年后，金融服务占总利润的20%以上，约为二战后平均水平的两倍。金融、保险和房地产行业的产出比制造业高50%。到2008年，只有十分之一的美国工人从事工业工作。经济被金融化了。美国经济中房地产经纪人的数量超过了农民。

全球金融危机并没有扼杀金融化，反而加速了它。美国劳工统计局表明2007—2014年的全要素生产率（TFP）仅为0.5%，与1995—2007年期间每年1.4%的增长相比，出现了显著下降。美国劳动生产率在1947—1983年间平均增长2.8%，在2000—2007年间增长2.6%，而在2007—2014年间仅增长1.3%。这种下降很大程度上是由于全要素生产率水平的降低，全要素生产率是衡量技术和创新贡献最常用指标。考虑到美国50家最大公司的现金资产已超过1万亿美元，实际利率接近零，这种生产率下降的情况尤为令人担忧。本·伯南克和珍妮特·耶伦，作为21世纪头两位全球储备货币的管家，对美国泡沫经济的概念不予理会，本·伯南克因此在2022年获得了诺贝尔经济学奖。

本书试图阐明一个日益全球化的法律体系的发展，该体系把对不同形式的有形和无形资产的保护写入条文，以使其免受国家和法院的追查。它将利益私有化却将环境成本全球化。主要经济体内部和之间的支出与储蓄、储蓄与投资之间持续不平衡，导致不平等加剧，制造业产品过剩、失业增加和美国债务上升，这是对"华盛顿共识"全球一体化承诺的经济和金融扭曲。讽刺的是，自布雷顿森林固定汇率体系瓦解以来，一个更以美元为中心的全球金融体系出现了，而美国作为一个生产率低增长的经济体，拥有着放松管制的创业金融市场（entrepreneurial financial market），成为全球货币供应者，巩固了其在全球价值链中的地位。

自 21 世纪初以来，发达经济体一直在应对一系列重大问题：停滞、不平等——随着劳动力在国民收入份额中的下降，技术、软件和专利等无形资产的价值增加——加剧了系统性脆弱性、竞争失灵以及一种普遍存在的"不真实感"。后世贸的全球经济秩序在 20 世纪末确立，目前正面临压力。美元作为储备货币的地位长期以来一直为人诟病，因为它不仅暴露了其他经济体对美元制裁的脆弱性，同时也使这些经济体暴露在美国的宏观经济波动之下。

随着现金时代的结束，央行数字货币新时代的黎明正在来临。货币、银行和金融即将发生变革。实体货币将成为过去，数字支付系统将成为全球的常态。对于一个重视数据的时代来说，数据是一种宝贵的资源。在数字商业世界中，不仅边际成本趋近于零，而且许多新兴企业提供的信息产品几乎没有存储、运输和复制成本，这使得线性、可预测，甚至是从后牛顿物理学中复制而来的新古典主义经济理论的工具变得无关紧要。全球生态系统高度互联，不确定性极高，难以置信地复杂，并且在不断变化。对变化的认知呈现出一种视角依赖性：观察者的位置和视角会对全球生态的理解和感知产生影响。不同地区、群体或利益相关者可能对某一事件或变化有不同的观点和看法。新冠病毒的大流行就反映了这一点。但与过去的时代相比，我们很幸运，因为我们有更多的技术和工具来应对这种复杂性。

相较于世界上最贫困的二十亿人口，我们是幸运的，我们有幸生活在一个稳定的制度安排下，包括政治制度、法治、公共服务和社会福利等——这是 19 世纪工业化时代的遗产。金融市场的波动是 19 世纪和 20 世纪初的一种现象，现在它又带着所有的政治甚至军事上的解决方案卷土重来了。冲突问题的范围包括以下方面：国家在信贷供应中的角色，因为国家是最大的借款人之一；科技公司或中央银行的权力集中问题；社会控制和政治控制的新潜力；以及新形式战争风险的增加。

未来主要国家的竞争战场涉及货币、技术和地缘政治，斗争既发生在实体领域，也发生在英美金融主导的无形资产经济之间。竞争的中心轴线贯穿于领先技术、人工智能、5G 网络、数字货币和量子计算等领域，每个领域都有潜力重塑经济、网络安全和军事领域的地缘政治平衡。因此，将技术因素纳入地缘政治的范畴有助于我们对当今政治世界的重新理解。